华中师范大学出版基金丛书

学 术 著 作 系 列

长江经济带旅游经济的时空分异及空间治理研究

★2020 年度国家自然科学基金项目"鄂西山区旅游地农户生计脆弱性引致返贫的风险评估及预警机制研究"(项目号:42001172)阶段性成果

★2018 年度华中师范大学出版基金项目阶段性成果

★2016 年度教育部人文社会科学研究基金项目"中国旅游扶贫政策绩效评估及长效减贫机制研究——以鄂西生态文化旅游圈为例"(项目号:16YJC630097)阶段性成果

乔花芳 著

C B J J

華中師範大学出版社

新出图证(鄂)字 10 号

图书在版编目(CIP)数据

长江经济带旅游经济的时空分异及空间治理研究/乔花芳著.—武汉:华中师范大学出版社,2021.5

ISBN 978-7-5622-9345-3

Ⅰ.①长… Ⅱ.①乔… Ⅲ.①长江经济带—区域旅游—旅游业发展—研究 Ⅳ.①F592.75

中国版本图书馆 CIP 数据核字(2021)第 026304 号

长江经济带旅游经济的时空分异及空间治理研究

© 乔花芳 著

责任编辑:陈良军 **责任校对:**罗 艺 **封面设计:**罗明波

编 辑 室:第一分社 **电话:**027—67867317

出版发行:华中师范大学出版社有限责任公司

社址:湖北省武汉市洪山区珞喻路 152 号 **邮编:**430079

电话:027—67861367

网址:http://press.ccnu.edu.cn **电子信箱:**press@mail.ccnu.edu.cn

印刷:武汉兴和彩色印务有限公司 **督印:**刘 敏

字数:250 千字

开本:710mm×1000mm 1/16 **印张:**15.75

版次:2021 年 6 月第 1 版 **印次:**2021 年 6 月第 1 次印刷

定价:78.00 元

欢迎上网查询、购书

序

长江是中国第一大河，具有承东启西、连通南北的独特地缘优势。长江经济带横跨中国东、中、西三大区域，覆盖了长江流域的 11 个省市，总面积约 205 万平方公里，占全国国土面积的 21.35％，人口和生产总值均超过全国的 40％。长江经济带已经发展成为中国经济发展最活跃、综合实力最强、战略地位最重要的区域之一，是中国新一轮国土资源开发中不容忽视的关键区域。2018 年，习总书记指出，生态优先、绿色发展是推动长江经济带高质量发展的核心理念和战略定位，应积极探索绿水青山向金山银山的转化途径。长江经济带拥有丰富的旅游资源和良好的区位条件，旅游业作为低碳、环保的绿色产业，在长江经济带开发中具有特殊的战略意义。长江经济带旅游经济的空间分异是中国区域旅游非均衡化发展的一个缩影，实现长江经济带旅游产业的整体协调发展对中国旅游空间格局的优化具有重要的现实意义。

长江经济带各省市的区域发展环境存在较大差异。如何认识和解析由此引发的旅游经济发展的时空分异特征？如何客观审视流域内旅游经济发展的不平衡现象？如何协调各地区域旅游竞争与合作的矛盾？如何实现全流域旅游经济高质量发展的协同效应？针对诸如此类的问题，乔花芳博士撰写的专著《长江经济带旅游经济的时空分异及空间治理研究》均给予了很好的解答。乔花芳博士是我指导的博士生。在博士学习期间，她非常关注人文地理学的研究理论和方法在旅游经济研究中的应用。本书尝试在人地关系理论的研究框架下，以制度经济地理学为理论指导，遵循“时间演变→空间分异→时空透视→空间治理→空间重构”的逻辑思路展开研究。该专著通过探讨长江经济带旅游经济在时空分异中存在的问题和面临的挑战，寻求以空间治理理论为指导重构区域旅游业，实现区域旅游要素的合理配置，从而推动区域旅游业协调发展。在研究尺度上，乔博士既系统考量了长江经济带全流域旅游经济的时空分异特征，又将视角浓缩至省域，且以中部地区的湖北省为例，重点考察了省域尺度旅游经济发展的基本特征。该论著的总体研究架构是：首先，在大量文献资料和统计数据的基础上，分析了长江经济带全流域和湖北省域旅游经济的发展概况和主要特征。其次，作者采用地理空间分异方法，基于 2001—2016 年的旅游总收入数据，研究了长江经济带流域和省域两个空间尺度旅游经济规模的绝对分异、相对分异和比较优势。然后，作者采用多元回归方法，根据文献研究结果筛选相关影响因子，构建了待检验的多元回归模型，并用逐步回归方法定量模拟和实证检验了影响长江经济带流域和省域旅游经济空间格局的主要因素。在此基础上，该论著还采用内容分析方法，以相关旅游政策和法规为基础数据，揭示了旅游经济背后的管理体制，并提出了空间重构的基本思路。从研究结论来看，长江经济带旅游经济在各省市之间，以及上中下游之间都存在较大的绝对差异，但其相对差异在研究区间呈逐渐缩小的趋势，长江经济带有望形成“一轴、三极、多点”的空间格局。

《长江经济带旅游经济的时空分异及空间治理研究》这部专著，研究的问题是旅游发展，研究的视角则是空间维度，这与作者的专业学习背景有关联。乔花芳博士的本科就读于华中师范大学的旅游管理专业，接着到北京第二外国语学院的旅游企业管理专业读研，毕业后又回到华中师范大学攻读人文地理学博士。作为她的博士生导师，看到以她的博士毕业论文为基础的书稿即将出版，我倍感欣慰。刘开有“学无止境”之言，我祝愿乔花芳博士在学术的路上奋力前行。屈原笔下有“路漫漫其修远兮，吾将上下而求索”之说，我期望乔博士继续秉承执着和坚韧的精神品质，在高等教育事业中实现自己的理想目标。

曾菊新

2019 年 9 月 25 日于桂子山

目　录

1 导论

1.1 研究背景与研究意义

1.1.1 研究背景

（1）理论背景：经济地理学的制度转向

从20世纪50年代开始，经济地理学研究视角的多次转向贯穿了学科发展的历史。二战后，经济地理学的主要研究领域是区域差异，之后计算机技术的兴起引导了经济地理学中的定量研究和实证主义分析方法，产生了以数学模型构建为核心的计量革命。20世纪70年代早期，由于区位论的假设条件与复杂的社会经济现象之间的矛盾日益突出，政治经济学派开始取代新古典学派，尤其是以大卫·哈维为代表的马克思政治经济学派最为著名，他认为空间是社会关系的产物，并将空间要素社会化，强调政治力量和社会因素对区域经济景观的影响。20世纪80年代中期后，随着西方资本主义国家向后福特主义转型，尤其是马克思政治经济学派单纯依靠阶级关系已经很难解释复杂的经济空间结构，因此受到了越来越多的批判。这一时期经济地理学理论建构的一个显著特征就是其理论视角的多元化，经济地理学的制度转向（institutional turn）便是其中之一①②。经济地理学的制度转向继承了马克思政治经济学派的内在逻辑，并吸收了制度经济学、演化经济学和经济社会学的核心观点，认为经济活动是特定社会和制度的产物，开始更加关注制度在经济空间塑造中的作用，经济地理学也因此被称为“制度经济地理学”，新区域主义、空间治理理论等都是经济地理学制度转向的重要特征。制度转向使

---

① 吕拉昌，魏也华．新经济地理学中的制度转向与区域发展［J］．经济地理，2005，25（4）：437-441.

② 苗长虹．变革中的西方经济地理学：制度、文化、关系与尺度转向［J］．人文地理，2004，19（4）：68-76.

经济地理学的研究重点从以结构为核心的形而下研究转变为以制度为核心的形而上研究，理论视角和研究范围得以扩展。

（2）现实需求：旅游业空间管理模式的转变

旅游的跨区域发展要求改革政府空间管理模式。旅游活动在本质上是对空间的重构。一方面，自然条件和社会历史发展环境的约束直接影响了大多数旅游资源的空间分布，并且这种分布往往突破了现有的行政区划，从而造成了旅游资源的跨区域分布状态。另一方面，旅游活动的核心是旅游者的流动，在客观条件允许的情况下，探新求异的出游动机也会促使旅游活动突破行政区划的限制。然而，相对僵化的行政区划在一定程度上阻碍了旅游资源的跨地域分布和旅游客源的跨地区流动，从而限制了区域旅游的可持续发展。因此，旅游主管部门需要顺应旅游活动的发展规律，改革现有的空间管理模式，在旅游资源的开发与保护、旅游企业的跨区域经营、旅游者投诉的受理和处理等方面加强政府部门之间的横向和纵向协调。

同时，旅游业发展中的空间冲突也亟须优化政府管理手段。人地关系是地理学的核心研究课题，早在古代，中国即有“天人合一”“无为自然”等朴素的人地关系思想，反映人与环境的共生关系。一方面，旅游活动作为一项特殊的人类活动，需要地理环境为旅游者提供活动的空间和载体；另一方面，旅游者作为一个能动的个体，不断丰富着地理空间要素，并改变地理景观状态。然而，随着中国城镇化进程的加快，田园牧歌式的农业生产逐渐被机械重复的工业生产取代，不断释放的旅游需求与相对有限的地理空间之间的矛盾日益激化，旅游者与环境之间的空间冲突越来越明显，亟须优化空间管理手段。

综上，旅游业在客观上具有跨区域的空间属性，而目前的行业管理多基于相对僵化的行政区划展开，横向协调受阻。旅游需求和地理空间之间的矛盾持续升级，也需要改革区域旅游业的空间管理方式，实现区域旅游协调发展。

（3）政策保障：国家战略下长江经济带区域旅游发展的政策支撑

长江是中华民族的母亲河，长江经济带是我国改革开放之后综合实力最强、发展速度最快、战略支撑作用最有力的区域之一，在国家区域发展总体格局中具有举足轻重的战略地位。

2014 年 9 月，国务院发布了《关于依托黄金水道推动长江经济带发展的指导意见》（国发〔2014〕39 号）（以下简称《意见》），提出依托黄金水道推动长江经济带发展，将长江经济带建设成为具有全球影响力的内河经济带、东中西互动合作的协调发展带、沿海沿江沿边全面推进的对内对外开放带和生态文明建设的先行示范带；在区域旅游发展方面，充分发挥长江沿线各地独具特色的历史文化、自然山水和民俗风情等优势，打造旅游城市、精品线路、旅游景区、旅游度假休闲区和生态旅游目的地，大力发展特色旅游业，把长江沿线培育成为国际黄金旅游带。

2016 年 9 月，《长江经济带发展规划纲要》正式印发，确立了长江经济带"一轴、两翼、三极、多点"的发展新格局："一轴"是以长江黄金水道为依托，发挥上海、武汉、重庆的核心作用；"两翼"分别指沪瑞和沪蓉南北两大运输通道；"三极"指的是长江三角洲城市群、长江中游城市群和成渝城市群等三个城市群；"多点"是指发挥三大城市群以外地级城市的支撑作用。迄今为止，10 个专项规划和 10 余个不同领域的政策文件相继出台实施，长江经济带区域规划政策体系得到完善，区域经济保持稳定增长势头。

2018 年 4 月，习近平总书记在深入推动长江经济带发展座谈会上的讲话中指出，长江经济带应该实施生态优先、绿色发展的新型发展路径，积极探索绿水青山向金山银山的转化途径，并通过深入推行乡村推广战略，发挥农村的生态资源优势，带动农村地区脱贫增收。

一系列政策的叠加落实为长江经济带区域旅游发展提供了强有力的重要支撑，与此同时，旅游业对相关产业的强大带动能力，及其零污染、高收益的产业属性也有助于促进区域协调发展，并高度契合了长江经济带"生态优先、绿色发展"的发展方向。

1.1.2 研究意义

习近平总书记在中国共产党第十九次全国代表大会报告中指出，我国社会"发展不平衡不充分的一些突出问题尚未解决"，我国区域旅游经济长期以来也存在非均衡发展的特征。改革开放以来，旅游经济的持续发展对旅游目的地的劳动就业、财政收支等方面产生了积极影响，促进了区域经济的繁荣。然而，旅游活动的异地性和历时性决定了旅游经济在空间分布上的非均衡性特征①，

① 赵磊，方成，吴向明. 旅游发展，空间溢出与经济增长：来自中国的经验证据[J]. 旅游学刊，2014，29（5）：16-30.

旅游经济时常表现为较大的区域差异，从而加剧了区域经济发展的非均衡性，影响区域经济的协调发展。

长江经济带是我国国土开发、经济布局“T”字形空间结构战略的重要发展轴，通过研究长江经济带 11 个省市区 2001—2016 年旅游经济的空间非均衡性演化特征，揭示其空间关联规律，有利于系统审视区域旅游发展的演进规律和动力机制，对于深化区域旅游可持续发展的研究，促进区域经济协调发展具有重大的理论价值和现实意义。

1.2 相关研究评述

1.2.1 旅游经济的时空分异研究

旅游业显著的产业带动作用受到了国际组织和各国政府的普遍关注，来自多国的经验表明，旅游业在促进经济发展、增加地方税收、提供就业机会等方面成效明显，发展旅游可以有效促进贫困地区经济发展，缩小区域经济差异①。但是由于不同地区区位条件、交通设施、资源禀赋、经济水平等环境的差异，区域旅游经济时常表现出明显的时间波动性和空间非均衡性特征②，并加剧区域发展的不平衡。因此，区域旅游经济的时空分异成为当今旅游地理学的研究热点③。

（1）国外研究进展

20 世纪 60 年代中期，国外学者开始关注旅游经济的时空分异，主要使用地理学研究中的区位指数、区位熵和洛伦茨曲线等传统空间分析方法研究旅游经济时空分异的主要特征和基本规律。例如，Seckelmann④ 研究了土耳其国内旅游业的空间分异，指出旅游政策调整应从旅游资源开发、旅游地营销

① MASSIDDA C, ETZO I. The determinants of Italian domestic tourism: A panel data analysis[J]. Tourism Management, 2012, 33(3): 603-610.

② 陆林，余凤龙. 中国旅游经济差异的空间特征分析 [J]. 经济地理，2005，25(3)：406-410.

③ 李东和，张捷. 国内旅游现象空间分异研究进展与展望 [J]. 人文地理，2009，24 (5)：96-100.

④ SECKELMANN A. Domestic tourism: Chance for regional development in Turkey [J]. Tourism Management, 2002,23(1):85-92.

等方面展开。Khadaroo 和 Seetanah 等人[①]研究了交通设施在旅游业吸引力中的重要角色，发现高收入的旅游目的地和旅游客源地产生了较高的重游率。Massidda 和 Etzo[②] 等使用动态面板数据的 GMM（Gaussian Mixture Model，高斯混合模型）预测方法研究了意大利旅游业发展与经济变量和非经济变量之间的关系，发现意大利旅游者对主客两地的相对价格差异和政府政策支持较为敏感。

国外学者的研究发现，即使在经济停滞的情况下，旅游业的发展也对区域经济有促进作用[③]。旅游资源开发、旅游地营销、交通设施，以及主客两地的相对价格差异和政府政策[④]，甚至参与主体之间的竞合关系[⑤]都在不同程度上塑造了区域旅游经济的空间格局。

（2）国内研究进展

在我国，区域发展“不平衡不充分的一些突出问题尚未解决”，“社会主要矛盾已经转化为人民日益增长的美好生活需要和不平衡不充分的发展之间的矛盾”，建立更加有效的区域协调发展新机制成为我国社会经济持续健康发展的关键。区域旅游经济发展的时空分异问题也受到了中国学者的关注。他们主要运用地理学的传统空间分析方法，从国家、区域、省域和景区等空间尺度研究区域旅游经济空间格局演化的主要特征、影响因素和基本规律。

在全国层面，对旅游经济时空分异的研究主要体现在以下几个方面：一是采用变异系数、泰尔指数等方法，从地带、省级和市级等空间尺度对

---

① KHADAROO J, SEETANAH B. The role of transport infrastructure in international tourism development: A ravity model approach [J]. Tourism Management, 2008,29(5):831-840.

② MASSIDDA C, ETZO I. The determinants of Italian domestic tourism: A panel data analysis [J]. Tourism Management, 2012,33(3):603-610.

③ TANG C H H, JANG S C S. The tourism-economy causality in the United States: A sub-industry level examination[J]. Tourism Management, 2009, 30(4): 553-558.

④ MASSIDDA C, ETZO I. The determinants of Italian domestic tourism: A panel data analysis[J]. Tourism Management,2012,33(3):603-610.

⑤ DAMAYANTI M, SCOTT N, RUHANEN L. Coopetitive behaviours in an informal tourism economy[J]. Annals of Tourism Research, 2017, 65(1): 25-35.

中国旅游经济差异进行测度和多尺度比较研究，剖析其时空格局演化特征及机理[①②③④⑤]；二是从时空耦合的视角分析省域旅游经济空间格局的时空动态性[⑥⑦⑧]，探究省际差异，分析差异成因；三是从省际旅游经济差异变化的空间结构特征的视角，通过比较分析近年来中国地市入境、国内旅游经济差异的时空演变特征和演进趋势[⑨⑩]，考察省域旅游经济的空间效应和区域收敛[⑪]，并利用全局空间自相关指数、局部空间自相关指数、泰尔指数、重心及标准差椭圆等时空分析技术，对入境旅游与国内旅游经济时空差异进行比较研究[⑫]，揭示区域旅游经济水平与旅游产业地位的分异规律，阐释影响旅游经济空间差异的主要因素，提出缩小地区差异、协调地区旅游业发展的对策[⑬]；

---

① 余凤龙，黄震方，王宜强．中国沿海区域入境旅游经济差异的时空格局演化［J］．地理与地理信息科学，2013，29（6）：105-110.

② 汪德根，陈田．中国旅游经济区域差异的空间分析［J］．地理科学，2011，31（5）：528-536.

③ 方叶林，黄震方，陆玮婷，等．中国市域旅游经济空间差异及机理研究［J］．地理与地理信息科学，2013，29（6）：100-110.

④ 方叶林，黄震方，王坤，等．基于PCA-ESDA的中国省域旅游经济时空差异分析［J］．经济地理，2012，32（8）：149-155.

⑤ 刘佳，王娟，奚一丹．中国旅游经济增长质量的空间格局演化［J］．经济管理，2016（8）：160-173.

⑥ 郭永锐，张捷，卢韶婧，等．中国入境旅游经济空间格局的时空动态性［J］．地理科学，2014，34（11）：1299-1304.

⑦ 刘宏盈，马耀峰．入境旅游流空间转移与省域旅游经济联系强度耦合分析——以上海入境旅游流西向扩散为例［J］．资源科学，2008，30（8）：1162-1168.

⑧ 汤姿，石长波，张娜．黑龙江省旅游经济与生态环境时空耦合研究：基于“坚持人与自然和谐共生”的视角［J］．商业研究，2018（1）：1-9.

⑨ 陈刚强．中国地市旅游经济差异的时空演变特征［J］．地域研究与开发，2012，31（4）：91-95.

⑩ 赵黎明，焦珊珊，姚治国．中国旅游经济发展的分布动态演进［J］．干旱区资源与环境，2018，32（1）：181-188.

⑪ 李如友，黄松．中国旅游经济的空间效应与区域收敛分析：1999—2012［J］．广西师范大学学报（哲学社会科学版），2015，51（6）：86-93.

⑫ 蔡碧凡，陶卓民，方叶林．中国大陆入境旅游与国内旅游经济时空差异研究［J］．中国人口资源与环境，2016，26（5）：297-300.

⑬ 陆林，余凤龙．中国旅游经济差异的空间特征分析［J］．经济地理，2005，25（3）：406-410.

四是从旅游经济规模以及城乡收入差距的视角，探讨中国旅游经济增长与城乡收入差距变异程度之间的关系①，以及城镇化规模和质量对旅游经济影响的直接效应与空间溢出效应②③，并揭示影响旅游经济增长空间关联的因素④；五是基于旅游经济联系强度模型、社会网络分析等方法探讨旅游经济联系强度、网络结构特征及其空间格局等⑤⑥⑦，并通过测度交通客运与旅游经济增长的相互作用水平分析旅游迁徙热度和交通分担率的空间差异格局和成因⑧。

在区域层面，以上海为中心的长三角地区是我国重要的经济发展区域，学界对长三角旅游时空分异的研究也非常多，主要体现在以下几个方面：一是从空间格局演变的视角，对区域旅游经济规模的空间差异和位序变化⑨、区域城市旅游经济发展及其动力因子的空间效应⑩、区域城市旅游经济与城镇化

---

① 夏赞才，龚艳青，罗文斌. 中国旅游经济增长与城乡收入差距的变异关系［J］. 资源科学，2016，38（4）：599-608.

② 王坤，黄震方，余凤龙，等. 中国城镇化对旅游经济影响的空间效应：基于空间面板计量模型的研究［J］. 旅游学刊，2016，31（5）：15-24.

③ 赵金金. 中国区域旅游经济增长的影响因素及其空间溢出效应研究：基于空间杜宾面板模型［J］. 软科学，2016，30（10）：53-57.

④ 马丽君，马曼曼. 基于社会网络分析法的中国典型城市入境旅游经济增长空间关联性分析［J］. 河南科学，2017，35（12）：2023-2030.

⑤ 马丽君，龙云. 基于社会网络分析法的中国省际入境旅游经济增长空间关联性［J］. 地理科学，2017，37（11）：1705-1711.

⑥ 王俊，徐金海，夏杰长. 中国区域旅游经济空间关联结构及其效应研究：基于社会网络分析［J］. 旅游学刊，2017，32（7）：15-26.

⑦ 倪维秋，廖茂林. 高速铁路对中国省会城市旅游经济联系的空间影响［J］. 中国人口·资源与环境，2018，28（3）：160-168.

⑧ 王娟，刘赛. 中国副省级城市综合交通与旅游经济互动效应研究：基于2001—2015年面板数据的实证检验［J］. 中国海洋大学学报（社会科学版），2018，11（2）：55-65.

⑨ 靳诚，徐菁，陆玉麒. 长三角城市旅游规模差异及其位序规模体系的构建［J］. 经济地理，2007，27（4）：676-680.

⑩ 王坤，黄震方，曹芳东，等. 泛长江三角洲城市旅游经济发展的空间效应［J］. 长江流域资源与环境，2016，25（7）：1016-1022.

耦合协调发展①、入境旅游经济的空间格局演化特征②、旅游经济空间集聚及异质性空间格局演化特征③④进行研究，分析长三角旅游经济空间差异，揭示旅游经济发展时空的分异演化规律，并围绕旅游资源禀赋、社会经济发展水平、交通条件解析长三角地区旅游经济时空分异的影响因素；二是从旅游经济网络视角，对长江三角洲都市圈旅游经济的整体网络、国内游网络、入境游网络进行分析，初步定位各城市在旅游经济网络中的角色与功能⑤，定量分析城市间交通通达性的便捷程度⑥；三是从长三角城市群的视角，对该区域旅游经济发展进行定量测度⑦。除了长三角之外，对我国其他区域的研究比较分散，主要对京津冀地区⑧、环渤海地区⑨、东北地区⑩、黄河流域⑪、西部地区⑫⑬、中

---

① 王坤，黄震方．区域旅游经济与城镇化耦合协调发展空间格局及驱动机制：以长三角地区为例［J］．南京师大学报（自然科学版），2016，39（1）：101-107.

② 郝金连，林善浪，王利．长江经济带入境旅游经济时空格局动态性：基于 ESDA & GWR 法［J］．长江流域资源与环境，2017，26（10）：1498-1507.

③ 曹芳东，黄震方，周玮，等．转型期城市旅游经济时空变异及其异质性模拟：以泛长三角地区为例［J］．旅游学刊，2013，28（11）：24-31.

④ 宓科娜，叶持跃，马仁锋，等．长江三角洲地区旅游经济时空分异演化［J］．陕西师范大学学报（自然科学版），2014，42（4）：85-90.

⑤ 朱冬芳，陆林，虞虎．基于旅游经济网络视角的长江三角洲都市圈旅游地角色［J］．经济地理，2012，32（4）：149-154.

⑥ 曹芳东，黄震方，吴丽敏，等．基于时间距离视域下城市旅游经济联系测度与空间整合：以长江三角洲地区为例［J］．经济地理，2012，32（12）：157-162.

⑦ 何调霞，梁双波．长三角城市群旅游经济发展的空间差异［J］．城市问题，2016，4（10）：65-68.

⑧ 杨丽花，刘娜，白翠玲．京津冀雄旅游经济空间结构研究［J］．地理科学，2018，38（3）：394-401.

⑨ 王泽宇，孙然，韩增林，等．环渤海地区滨海旅游经济空间联系变化特征的网络分析及机理研究［J］．海洋开发与管理，2013，10（10）：109-118.

⑩ 郭建科，王绍博，李博，等．哈大高铁对东北城市旅游经济联系的空间影响［J］．地理科学，2016，5（4）：521-529.

⑪ 王开泳，张鹏岩，丁旭生．黄河流域旅游经济的时空分异与 R/S 分析［J］．地理科学，2014，34（3）：295-301.

⑫ 李勇泉，阮文奇．中国西部经济区旅游经济网络时空演化及影响因素：以“十二五”期间成渝经济区为例［J］．旅游资源，2018，34（5）：698-702.

⑬ 赵俊远，苏朝阳，黄宁．西北 5 省（区）区域旅游经济差异变化：基于泰尔指数的测度［J］．资源开发与市场，2008，28（4）：214-217.

原经济区[①]、武汉城市圈[②]、环太湖地区[③]、皖江城市群[④]、淮海经济区[⑤⑥]等区域旅游经济的空间结构、空间分异和空间关联性进行研究。此外，还有学者以武陵山区为研究对象，抓住该区域旅游资源独特、经济贫困两大特色，重点评价公路交通在旅游发展中的影响，探讨交通因素对不同地区旅游经济的影响差异及其耦合关系[⑦⑧]。

在省域层面，对华东、华中、华南、华北、东北、西北、西南等地区各省份的研究均有涉及。对华东省份的研究主要有：周彩屏等人分析了浙江省[⑨]、安徽省[⑩]、江苏省[⑪⑫]等省份旅游业发展规模的位序变化、空间差异、演变规律；姜海宁等人使用泰尔指数、基尼系数等指标对江苏省等不同地域

---

① 毕斗斗，王龙杰，郑鹏. 国家级经济区旅游经济空间结构研究：以中原经济区为例 [J]. 资源开发与市场，2016，32 (11)：1376-1380.

② 王博，吴清，罗静. 武汉城市圈旅游经济网络结构及其演化 [J]. 经济地理，2015，35 (5)：192-197.

③ 张凯，杨效忠，张文静. 跨界旅游区旅游经济联系度及其网络特征：以环太湖地区为例 [J]. 人文地理，2013，7 (6)：126-132.

④ 沈惊宏，陆玉麒，周玉翠，等. 皖江城市群旅游经济空间联系格局 [J]. 长江流域资源与环境，2012，21 (12)：1434-1441.

⑤ 冯亮，史春云，朱传耿，等. 淮海经济区国内旅游经济差异的时空分析 [J]. 旅游资源，2016，32 (10)：1233 1237.

⑥ 周慧慧，史春云，冯亮，等. 淮海经济区旅游经济联系的空间特征研究 [J]. 旅游研究，2016，8 (6)：22-30.

⑦ 王兆峰. 公路交通对旅游经济影响的评价分析：以武陵山区为例 [J]. 湖南师范大学学报（社会科学版），2018，12 (1)：82-88.

⑧ 叶茂，王兆峰. 武陵山区交通通达性与旅游经济联系的耦合协调分析 [J]. 经济地理，2017，37 (11)：213-219.

⑨ 周彩屏，戈冬梅. 旅游规模差异及其位序规模体系研究：以浙江省为例 [J]. 经济地理，2010，30 (2)：345-350.

⑩ 杜丽燕，张鑫，杨艳艳. 安徽省旅游业发展空间差异评价及时空格局演变 [J]. 中国人口·资源与环境，2014，24 (11)：242-245.

⑪ 谢磊，李景保. 江苏省旅游经济空间差异及影响因素分析 [J]. 兰州财经大学学报，2017，33 (1)：94-102.

⑫ 宣国富. 江苏省国内旅游经济区域差异及演变 [J]. 长江流域资源与环境，2012，21 (12)：1442-1448.

旅游业的地带间、地带内差异进行了定量研究①②；沈惊宏等人从区域的绝对差异、相对差异和区域差异程度等数理特性及区域空间中心、极化格局、地带差异格局和市域间差异的发散与收敛格局这一空间特征上分析了安徽省国内旅游经济增长过程中区域差异的演变特点③④；孙勇、史春云基于引力模型构建江苏省旅游经济关系强度网络数据库，采用社会网络分析方法研究江苏省旅游经济网络节点中心性、网络密度以及核心—边缘结构，并探讨其影响因素⑤。对东北省份的研究以吉林省和黑龙江省为主，其中，甘静等人综合运用多种计量模型分析了吉林省和黑龙江省旅游经济的空间格局及其与生态环境的时空耦合特征⑥⑦⑧；王洪桥等人分析了吉林省交通网络不断完善的背景下游客流量的变化，揭示了吉林省旅游经济格局在交通网络影响下的空间动态变化规律⑨；于洪雁等以黑龙江省为例，基于社会网络理论，采用引力模型通过节点的中心度、结构洞和网络的密度、中心势、核心—边缘模型等方法探讨空间结构特征，最终构建旅游地的空间等级体系和空间发展模式⑩。对西北省份的研究以甘肃、陕西、新疆为主，其中，王昱力、吴冰等人分别运用

---

① 姜海宁，陆玉麒，吕国庆. 江苏省入境旅游经济的区域差异研究［J］. 旅游学刊，2009，24（1）：23-28.

② 陈智博，吴小根，汤澍，等. 江苏旅游经济发展的空间差异［J］. 经济地理，2008，28（6）：1064-1067.

③ 程进，陆林. 安徽省区域旅游经济差异研究［J］. 安徽师范大学学报（自然科学版），2010，33（1）：81-85.

④ 沈惊宏，陆玉麒，周玉翠，等. 安徽省国内旅游经济增长与区域差异空间格局演变［J］. 地理科学，2012，32（10）：1220-1227.

⑤ 孙勇，史春云. 江苏省旅游经济网络结构特征［J］. 北京第二外国语学院学报，2013，6（9）：41-46.

⑥ 甘静，郭付友，陈才，等. 吉林省旅游经济差异性及其空间格局研究［J］. 地域研究与开发，2016，35（6）：121-127.

⑦ 杨友宝，王荣成，王昱. 吉林省旅游经济差异时空演变特征与影响因素分析［J］. 旅游资源，2015，31（1）：103-107.

⑧ 汤姿，石长波，张娜. 黑龙江省旅游经济与生态环境时空耦合研究：基于“坚持人与自然和谐共生”的视角［J］. 商业研究，2018（1）：1-9.

⑨ 王洪桥，孟祥君，杜海波，等. 交通轴线约束下吉林省旅游经济格局动态分析［J］. 生态经济，2012，3（4）：107-111.

⑩ 于洪雁，李秋雨，梅林，等. 社会网络视角下黑龙江省城市旅游经济联系的空间结构和空间发展模式研究［J］. 地理科学，2015，35（11）：1429-1436.

变异系数、基尼系数、泰尔指数等方法，对甘肃①、陕西②③、新疆④⑤⑥⑦⑧旅游经济差异的时空格局和空间作用类型进行了初步研究；此外，韩春鲜在旅游资源优势度分析的基础上，对新疆 15 个地、州、市进行了旅游资源等级划分，分别与旅游经济水平、旅游经济增长速度进行耦合分析⑨；暴向平等人基于场强模型，通过空间分析和聚类分析，对陕西旅游经济辐射场强进行研究⑩。对西南省份的研究以四川、云南为主，其中，杨国良等运用位序—规模模型研究了四川省旅游业的位序规模分布⑪，并通过齐夫法则印证了旅游系统空间分形特征的存在⑫；郭向阳等人构建了测度旅游经济与交通耦合协调性的评价指标体系，应用耦合协调模型测度了旅游经济与交通耦合协调态势⑬。对

---

① 王昱力，石培基，王祖静，等. 甘肃省入境旅游经济差异变动的空间分析 [J]. 旅游资源，2014，30 (2)：217-220.

② 吴冰，马耀峰，高楠. 基于 Theil 指数的陕西入境旅游经济区域时空差异研究 [J]. 干旱区资源与环境，2013，27 (7)：186-191.

③ 赵梦元，师谦友. 陕西省旅游经济的时空演进格局分析 [J]. 旅游资源，2016，32 (1)：87-90.

④ 何瑛，唐湘玲. 新疆旅游经济空间差异初步分析 [J]. 湖北农业科学，2011，50 (15)：3225-3228.

⑤ 冯迎，张军民，李茹茹，等. 新疆各地州入境旅游经济时空差异研究 [J]. 湖北师范学院学报（哲学社会科学版），2015，35 (1)：111-115.

⑥ 韩春鲜. 新疆旅游经济发展水平与旅游资源禀赋影响研究 [J]. 生态经济，2009，10 (10)：62-66.

⑦ 冯迎，张军民. 新疆旅游经济空间分异及影响因素 [J]. 地域研究与开发，2017，36 (4)：99-104.

⑧ 冯迎，张军民. 基于 ESDA 的新疆旅游经济发展空间分异规律研究 [J]. 旅游科学，2016，30 (2)：68-77.

⑨ 韩春鲜. 基于旅游资源优势度差异的新疆旅游经济发展空间分析 [J]. 经济地理，2009，29 (5)：871-875.

⑩ 暴向平，薛东前，李庆雷，等. 陕西省城市旅游经济辐射场强格局演变研究 [J]. 干旱区资源与环境，2014，28 (8)：183-188.

⑪ 杨国良，张捷，刘波，等. 旅游流流量位序—规模分布变化及其机理：以四川省为例 [J]. 地理研究，2007，26 (4)：662-672.

⑫ 杨国良，张捷，艾南山，等. 旅游系统空间结构及旅游经济联系：以四川省为例 [J]. 兰州大学学报（自然科学版），2007，43 (4)：24-30.

⑬ 郭向阳，穆学青，明庆忠. 云南省旅游经济与交通系统耦合空间态势分析 [J]. 经济地理，2017，37 (9)：200-206.

华南省份的研究以广东省为主，其中，方应波等人基于区域经济学的角度，通过泰尔指数、旅游经济发展水平、旅游产业地位等方法分析了广东省旅游经济区域差异的特征[①][②]。对华中省份的研究主要有：谢磊、李景保、曹洁以旅游外汇收入为测度指标，分析了湖北省入境旅游经济差异的时空演变特征，并探讨了入境旅游经济的主要影响因素[③]；闫莉莉等人通过对河南省入境旅游收入空间差异的分析，发现河南省入境旅游经济的绝对差异在波动中扩大，相对差异呈波动趋势[④]。对华北省份的研究相对较少，主要是毛先如等人构建民俗旅游发展水平的综合评价体系，采用主成分分析法计分析了京郊民俗旅游经济发展水平空间格局的演化特征及其影响因素[⑤]。

在景区层面，刘智兴、马耀峰和姜嫣等人[⑥]采用地理集中指数、洛伦兹曲线研究了全国百强景区在各省（自治区）空间分布的均衡性，发现其总体分布较为集中，但省域分布不均衡，空间分异特征受地理位置、社会历史等诸多因素的影响。孟祥君等学者运用数理统计和地理信息空间分析方法，研究了 A 级旅游景区的空间结构演化以及空间分布特征，探讨 A 级景区空间结构演化对区域旅游经济产生的影响及其原因[⑦][⑧][⑨]。侯立春等根据环鄱阳湖区域

---

① 方应波，熊宏涛，张中旺，等. 广东省旅游经济区域差异特征研究 [J]. 华中师范大学学报（自然科学版），2014，48（4）：601-605.

② 王建军. 基于 Theil 指数的广东省入境旅游经济时空差异研究 [J]. 地域研究与开发，2012，31（1）：99-115.

③ 谢磊，李景保，曹洁. 湖北省入境旅游经济差异时空演变分析 [J]. 西部经济管理论坛，2017，28（1）：55-62.

④ 闫莉莉，董平，陆玉麒. 入境旅游经济的发展差异及其空间格局实证研究 [J]. 商业时代，2008，2（21）：108-109.

⑤ 毛先如，熊黑钢，王亚龙，等. 京郊民俗旅游经济发展水平空间格局演化研究 [J]. 旅游资源，2017，33（7）：882-886.

⑥ 刘智兴，马耀峰，姜嫣，等. 中国旅游百强景区空间分异研究 [J]. 河南科学，2013，31（9）：1551-1556.

⑦ 孟祥君，王洪桥，孙宝鼎. 景区空间结构演化对区域旅游经济的影响：以吉林省为例 [J]. 中国农学通报，2012，28（35）：116-122.

⑧ 王洪桥，袁家冬，孟祥君. 东北地区 A 级旅游景区空间分布特征及影响因素 [J]. 地理科学，2017，37（6）：896-902.

⑨ 吴清，李细归，吴黎，等. 湖南省 A 级旅游景区分布格局及空间相关性分析 [J]. 经济地理，2017，37（2）：193-200.

旅游经济现状，以该研究区5个地级市所属的国家3A级及以上67个旅游景区为研究对象，测度2003—2015年各地区间旅游经济联系强度及其演变情况，发现环鄱阳湖区域旅游经济联系总量呈现出快速增长且联系紧密、区域差异较明显、交通作用逐渐增强等特征①。

此外，部分学者借鉴了管理学的研究范式，采用波士顿矩阵（Boston Consulting Group Matrix）②③、政策分析矩阵（Directional Policy Matrix）④、因子分析法和聚类分析法⑤⑥等定性分析方法研究了区域旅游业的空间分异，并总结了不同类型地区的旅游业发展战略。

（3）研究评述

综上，国内外学者在研究方法、理论框架等方面对区域旅游经济的空间格局演化进行了持续的探索，并取得了丰硕的研究成果。国内外对旅游经济时空分异的研究几乎无一例外地使用到了统计数据，其权威性、宏观性和连续性很好地契合了区域旅游的研究。由于地理学在空间分析上的绝对优势，相关研究多为地理学者以空间分析的方法而展开。近年来，对旅游经济时空分异的研究也呈现出多学科融合的趋势，例如吸收了区域经济学中的首位度、管理学中的波士顿矩阵和政策分析矩阵、统计学中的标准差和变异系数等。

然而，由于不同学科研究视角的存在，在数据选取、研究方法等方面仍有待进一步完善：从数据来源上看，已有研究多采用截面数据而非面板数据，忽视了更长时间尺度下区域旅游经济空间格局的动态变化过程，难以全面揭示旅游经济的演化规律；从研究方法上看，现有关于区域旅游经济空间格局

① 侯立春，林振山，琚胜利，等. 环鄱阳湖旅游圈旅游经济联系与区域发展策略[J]. 长江流域资源与环境，2017，26（4）：508-517.

② 张艳平，吴殿廷，岳晓燕. 我国省际入境旅游发展空间差异浅析[J]. 旅游论坛，2009，2（5）：748-751.

③ 戴林琳，盖世杰. 北京郊区节事旅游发展时空分异特征[J]. 地理科学进展，2011，30（8）：1056-1064.

④ 章牧，姚丹. 区域旅游业发展的空间格局与战略选择：基于DP矩阵的视角[J]. 经济地理，2014，34（1）：188-192.

⑤ 郭利平，陈忠暖. 中国区域旅游经济综合实力分析和类型划分[J]. 地理学与国土研究，2001，17（3）：88-91.

⑥ 任旺兵，申玉铭. 中国旅游业发展的基本特征、空间差异与前景分析[J]. 经济地理，2004，24（1）：100-103.

的研究多关注空间分异的演变特征，对其影响因素或动力机制的研究较少，且对影响机制的研究多以定性分析为主，较少进行实证检验和定量模拟；从研究视角上看，现有研究仅考虑了传统旅游业态对旅游经济的空间塑造作用，而忽视了民俗、露营地等新兴业态的影响；从空间尺度上看，现有研究多基于全国尺度或省域尺度考量旅游经济的空间演化规律，较少分析跨行政区域范围内的空间分异或多维空间尺度下的区域旅游问题；从研究意义上看，现有研究多以实证研究为主，较少进行理论探讨，且多以空间论空间，少有研究将旅游经济的空间演化与区域合作、区域协调发展等具体问题相联系，凸显空间格局研究的现实意义。

1.2.2 空间治理研究

长期以来，治理是组织学者的研究课题①②。一般地，公司治理（corporate governance）关注董事会在代表和保护股东利益时所承担的角色③。治理也出现在对非营利组织的研究上，重点研究非营利组织在代表和保护成员利益时所起的作用④。在公共管理的研究中，治理主要是政府，尤其是提供公共服务的私人组织对社会公共事务的监管⑤。20 世纪 90 年代以后，治理逐渐成为西方城市规划学、人文地理学等领域的研究热点，空间治理作为资源分配过程中不可回避的工作手段，并广泛应用于区域发展问题的研究⑥。

---

① MIZRUCHI M S. Who controls whom? An examination of the relation between management and boards of directors in large American corporations [J]. Academy of Management Review, 1983, 8(3): 426-435.

② WESTPHAL J D, ZAJAC E J. Who shall govern? CEO/board power, demographic similarity, and new director selection[J]. Administrative science quarterly, 1995: 60-83.

③ FAMA E F, JENSEN M C. Separation of ownership and control[J]. Journal of Law and Economics, 1983, 26(2): 301-325.

④ PROVAN K G. Board power and organizational effectiveness among human service agencies[J]. Academy of Management Journal, 1980, 23(2): 221-236.

⑤ HILL C J, Laurence E L. Is hierarchical governance in decline? evidence from empirical research[J]. Journal of Public Administration Research and Theory, 2005, 15(2): 173-195.

⑥ 张京祥. 城市与区域管治及其在中国的研究和应用 [J]. 城市问题, 2000, 98(6): 40-44.

(1) 国外研究进展

在国外的空间治理研究中，跨越水平和时间的复杂制度安排被称为“密度”或“厚度”①，其关键是肯定非正式组织（例如“社区”）的作用，相关研究主要集中在以下方面：

从农村问题到跨界合作。西方地理学者从 20 世纪 90 年代开始研究治理问题，根据文献检索的结果，第一次在文中提到 spatial governance 的学者是 Terry Marsden，他于 1996 年在 *Progress in Human Geography* 杂志上发表了《Rural geography trend report：the social and political bases of rural restructuring》一文，把空间治理作为农村土地利用的一种手段。随着全球化浪潮的推进，跨区域合作越来越多，尤其在欧洲，空间规划的跨界合作越来越频繁②，体制各异的组织甚至跨越了国界，导致区域社会经济和空间特征发生变化，社会关系在空间范围日益分化，传统的空间规划和管理机构已经不能充分描述和解决跨界所带来的社会问题③。“城市”和“区域”常常难以深刻认识当前多维度的社会问题，而传统的对政府和市场的二分法也忽略了社会问题解决过程中公私部门之间复杂的相互作用，空间治理作为除市场和政府之外的第三条道路，在解决跨界合作中存在一定的优势④。在跨界问题的空间治理研究中的显著热点之一是对欧盟多层次治理的研究。早在 2003 年，Vries 和 Priemus 研究了欧盟的空间治理问题，认为跨境治理的成功依赖于跨部门、公私部门、中央和地方政府等多维度的协调⑤。最近十多年来，区域一

---

① HEALEY P. Building institutional capacity through collaborative approaches to urban planning[J]. Environment Plan, 1998, 30(9): 1531-1546.

② FRICKE C. Spatial governance across borders revisited: Organizational forms and spatial planning in metropolitan cross-border regions[J]. European Planning Studies, 2015, 23(5): 849-870.

③ HAJER M, REIJNDORP A. In search of new public domain[M]. Rotterdam: NAi, 2001.

④ CHEUNG P T Y. Toward collaborative governance between Hong Kong and Mainland China[J]. Urban Studies, 2015, 52(10): 1915-1933.

⑤ DE VRIES J, PRIEMUS H. Megacorridors in north-west Europe: issues for transnational spatial governance[J]. Journal of Transport Geography, 2003, 11(3): 225-233.

体化呈现出微观区域化（Microregionalism）的发展趋势，即治理层级由超国家（supra-national）级延伸至国家、次国家（sub-national）级①。欧盟作为全球区域一体化发展的典范，其政策制定和决策的主体不再局限于国家层级，而是由超国家、国家、次国家、区域，以及地方政府和各利益相关者共同参与政策制定，并在其中相互影响，最终产生了多层次治理（Multi-level Governance）格局②。多层次治理的研究来自学者们对欧盟发展情况的观察和总结，其概念和模式主要适用于欧盟及其成员国的治理上，所取得的成效也与欧盟成员国的政体、国体和民主文化传统等密切相关。

从单一学科到多学科融合。在过去的几十年里，国外对空间治理的研究取得了丰硕的成果。然而，并不存在能够包罗万象的空间治理理论，在社会科学界有不同的研究领域用不同的方法研究空间治理的不同方面，综合这些不同学科似乎更能够全面理解这一理论。因此，经济地理学领域开始转向法学、公共管理学和管理学等，这些学科更关注治理运行的维度和手段，包括区域规划和区域政策等。例如，Morrison③借鉴了新制度主义、公共管理学等学科的研究，构建了区域治理指数，用于研究区域治理潜力。该指数体系包括区域网络的参与水平，政策工具的多样化和协同水平，制度设计的鲁棒性和适应性，财政、行政和民主支持水平等。Hufty 提出以治理分析框架（Governance Analytical Framework，GAF）来研究治理的过程，包括问题、参与者、社会规范，流程和节点④。此外，多位学者采取社会网络分析（Social Network Analysis，SNA）的方法对区域治理中的利益相关者问题进

---

① 杨春. 多中心跨境城市—区域的多层级管治：以大珠江三角洲为例［J］. 国际城市规划，2008，23（1）：79-84.

② FUHR H, HICKMANN T, KERN K. The role of cities in multi-level climate governance: local climate policies and the 1.5℃ target[J]. Current Opinion in Environmental Sustainability, 2018, 30(1): 1-6.

③ MORRISON T H. Developing a regional governance index: the institutional potential of rural regions[J]. Journal of Rural Studies, 2014, 35(2): 101-111.

④ HUFTY M. Investigating Policy Processes: The Governance Analytical Framework (GAF)[G]// WIESMANN U., HURNI H., et al. Research for Sustainable Development: Foundations, Experiences, and Perspectives. Bern: Geographica Bernensia, 2011:403-424.

行定量研究①②③④，他们认为社会网络分析方法可以识别和协调利益相关者，并引导资源的合理配置。

从学习到质疑。目前，国外学者普遍认为，空间治理不再是单一、有限的安排，随着时间的推移和规模的变化，空间治理表现出不同的政策制定和安排、不同的政策工具。因此，空间治理在本质上是关联的、厚实的，并与特定情境相关。然而，这些观点不仅挑战了传统观念中对决策合法性和有效性的理解，而且把治理看作是难以理解和难以操作的⑤⑥。事实上，目前国外空间治理研究的局限性在于还没有证据能够取得一般意义上的实施结果，而不是仅仅提出一些泛泛的原则或案例⑦。在空间治理中，决策权被分散在多个参与者网络中，他们通常没有明确的规则和规范来达成一致的政策措施⑧。因此，空间治理网络形式的合法性常常在文献中被质疑，特别是关注“民主赤字”问题的学者⑨。有文献表明，正式的政府机构和新的治理结构之间存在本质的区别，前者与民主规则有关，而后者的问责机制不是很明确。在缺乏正

① SCOTT M. Re-theorizing social network analysis and environmental governance Insights from human geography[J]. Progress in Human Geography, 2014, 38(5): 1-15.

② WILLIAMS T A, SHEPHERD D A. Mixed method social network analysis: Combining inductive concept development, content analysis, and secondary data for quantitative analysis[J]. Organizational Research Methods, 2017, 20(2): 268-298.

③ BOSCHET C, RAMBONILAZA T. Collaborative environmental governance and transaction costs in partnerships: evidence from a social network approach to water management in France[J]. Journal of Environmental Planning and Management, 2018, 61(1): 105-123.

④ KELLY E, BLISS J. Stakeholder analysis and social network analysis in natural resource management[J]. Society and Natural Resources, 2009, 22(6): 519-537.

⑤ JONAS A E. Region and place: regionalism in question[J]. Progress in Human Geography, 2012, 36(2): 263-272.

⑥ RODRÍGUEZ-POSE A. Do institutions matter for regional development? [J]. Regional Studies, 2013, 47(7): 1034-1047.

⑦ MORRISON T H. Developing a regional governance index: the institutional potential of rural regions[J]. Journal of Rural Studies, 2014, 35(2): 101-111.

⑧ HAJER M. Policy without polity? Policy analysis and the institutional void[J]. Policy Sciences, 2003, 36(2): 175-195.

⑨ AKKERMAN T, HAJER M, GRIN J. The interactive state: democratisation from above?[J]. Political Studies, 2004, 52(1): 82-95.

式的机构、广泛的代表性和透明的问责制度时，这些治理网络很容易受市场力量的左右①。为此，Mandy Lau② 以东英格兰剑桥市为例，借鉴政治学的方法研究了空间治理中灵活性和合法性之间的平衡。

（2）国内研究进展

在中国，治理首先被管理学家引入公司治理的研究，即通过协调公司所有者（主要是股东）与经营者，以及公司与其他利益相关者之间（包括股东、债权人、职工和潜在的投资者等）的关系，从而最终维护公司各方面的利益。之后，相继被政治学家和社会学家采用，分别指“政府治理”或“公共治理”。徐勇③、俞可平④和毛寿平⑤等政治学领域的学者对治理理论的先导性研究为该理论的本土化做出了重要贡献。

进入 21 世纪后，治理也成为中国城市规划学、城市地理学等领域的研究热点⑥，并广泛应用于区域发展问题的研究。地理学者将空间治理作为实现国土空间资源有效配置的手段⑦，顾朝林⑧、沈建法⑨、张京祥⑩、方创琳⑪、吴骏莲和崔功豪⑫等学者最早开始这一方面的研究，成果也较为丰硕，中国地理学者对空间治理的研究维度包括空间尺度和内容尺度两个方面。

在空间尺度上主要包括全球治理、跨区域治理、城市治理和社区治理等

---

① SWYNGEDOUW E. Governance innovation and the citizen: the Janus face of governance-beyond-the-state[J]. Urban Studies, 2005, 42(11): 1991-2006.

② MANDY L. Flexibility with a Purpose: Constructing the Legitimacy of Spatial Governance Partnerships[J]. Urban Studies, 2014, 51(9): 1943-1959.

③ 徐勇. GOVERNANCE：治理的阐释 [J]. 政治学研究，1997（1）：63-67.

④ 俞可平. 治理和善治引论 [J]. 马克思主义与现实（双月刊），1999（5）：37.

⑤ 毛寿龙. 现代治道与治道变革 [J]. 南京社会科学，2001（9）：44-47.

⑥ 刘克华，陈仲光. 区域管治的新探索：厦泉漳城市联盟规划战略 [J]. 经济地理，2005，25（6）：843-846.

⑦ 刘卫东. 经济地理学与空间治理 [J]. 地理学报，2014，69（8）：1109-1116.

⑧ 顾朝林. 论城市管治研究 [J]. 城市规划，2000，24（9）：7-10.

⑨ 沈建法. 城市政治经济学与城市管治 [J]. 城市规划，2000，24（11）：8-11，64.

⑩ 张京祥. 试论中国城镇群体发展地区区域城市管治 [J]. 城市问题，1999，19（5）：44-47.

⑪ 方创琳. 区域规划与空间管治论 [M]. 北京：商务印书馆，2007.

⑫ 吴骏莲，崔功豪. 管治的起源、概念及其在全球层次的延伸 [J]. 南京大学学报（哲学·人文科学·社会科学），2001，38（5）：117-122.

多个层面。全球治理层面，学者们主要通过对欧盟发展情况的观察，分析了多层次治理的发展模式，并尝试将欧盟的多中心治理模式移植到中国；跨区域治理层面，研究热点地区集中在长三角、珠三角、京津冀和厦泉漳等发达地区城市群，希望通过空间治理解决中国区域发展中的行政区经济问题，以及城市化进程中出现的其他一系列矛盾①②③④；城市治理层面，多位学者将空间治理的理念应用到城市规划、行政区划、利益相关者和组织管理体制等方面⑤⑥⑦⑧，以实现城市资源的空间优化；由于缺乏法律支持和制度保障⑨，中国地理学者对在社区层面发挥多元参与的研究相对较少。地理学者对空间治理的理论和实证研究丰富了空间治理的理论体系，对于解决区域旅游发展中的矛盾具有重要的借鉴意义。

在内容尺度上，中国空间治理的研究可以分为理论研究、国外经验借鉴、在规划中的应用、空间治理的方式等方面，现依照内容尺度系统回顾国内的研究情况。

西学东渐中的空间治理理论研究。1999 年，张京祥⑩在《试论中国城镇

---

① 欧时新. 欧洲一体化的区域治理对粤港澳大湾区发展的启示 [J]. 知识经济，2018 (9)：25-26.

② 陈小卉，钟睿. 跨界协调规划：区域治理的新探索：基于江苏的实证 [J]. 城市规划，2017，41 (9)：24-29.

③ 黄金川，林浩曦，漆潇潇. 空间管治视角下京津冀协同发展类型区划 [J]. 地理科学进展，2017，36 (1)：46-57.

④ 杨春. 多中心跨境城市—区域的多层级管治：以大珠江三角洲为例 [J]. 国际城市规划，2008，23 (1)：79-84.

⑤ 秦国伟，董玮. 城市治理现代化的逻辑范式、作用机制与实践路径 [J]. 河南社会科学，2018，26 (5)：84-87.

⑥ 杨宏山，李娉. 城市治理中的双重联盟与冲突解决 [J]. 学术研究，2018 (5)：36-42.

⑦ 马向阳，汪书宇，陈琦，等. 基于利益相关者理论的区域管治模式创新及其综合评价研究：以滨海新区为例 [J]. 科技进步与对策，2011，28 (7)：32-37.

⑧ 符文颖. 区域创新系统的管治框架演化：来自深圳和东莞的对比实证 [J]. 人文地理，2013，28 (4)：83-88.

⑨ 罗小龙，张京祥. 管治理念与中国城市规划的公众参与 [J]. 城市规划汇刊，2001，132 (2)：59-80.

⑩ 张京祥. 试论中国城镇群体发展地区区域/城市管治 [J]. 城市问题，1999，19 (5)：44-47.

群体发展地区区域/城市管治》一文中首次比较了区域/城市治理体系与传统行政管理模式之间的差异，在治理体系中的权力协调涉及的多组织元包括中央元、地区元、非政府组织元和社区元等。此后，更多的学者开始将国外的治理理论系统引入地理学的研究范畴，介绍了治理的内涵、特征、产生背景、理论基础和国外治理理论的研究进展等，认为非常有必要在中国引入治理理论，以解决转型期所面临的突出问题，并提出了治理理论在中国的研究方向和需要注意的问题，为空间治理理论的中国化做出了突出的贡献[①]。

21世纪开始，中国地理学领域的空间治理理论研究不断丰富。张京祥和黄春晓[②]，张京祥、沈建法和黄钧尧等[③]研究了中国城市密集区的行政区经济现象，认为应该借鉴西方的经验从行政区调整的角度建立双层制区域管理架构。许瑞生[④]对比了中美大都市区治理的经验和教训，认为中国区域治理的关键问题是调整行政区划，并合理分配事权和财权。张京祥、李建波和芮富宏[⑤]通过对长江三角洲的实证研究，提出了竞争型区域治理（Competitive Regional Governance，CRG）的概念及其形成机制和基本特征，并将其划分为以撤县并市为代表的区划调整、空间整合型模式，以长江三角洲地区的生态环境治理为代表的多边协调、协议框架型模式，以苏锡常都市圈规划为代表的区域规划、政策引导型模式，以江阴-靖江合作工业园区为代表的要素互补、跨区开发型模式和以太湖流域综合治理为代表的项目推动、共同维护型模式。安树伟和吴银峰[⑥]认为为了实现善治需要提高大都市区的治理效率，降低治理成本，后者包括社会为实现某一治理目标所付出的长期成本和各利益

---

① 吴骏莲，崔功豪. 管治的起源、概念及其在全球层次的延伸［J］. 南京大学学报（哲学·人文科学·社会科学版），2001，38（5）：123-127.

② 张京祥，黄春晓. 管治理念及中国大都市区管理模式的重构［J］. 南京大学学报（哲学·人文科学·社会科学版），2001，38（5）：111-116.

③ 张京祥，沈建法，黄钧尧，等. 都市密集地区区域管治中行政区划的影响研究［J］. 城市规划，2002，26（9）：40-44.

④ 许瑞生. 都市区的区域管治：地区发展中政府间的协调与管理［J］. 城市规划，2006，30（11）：82-88.

⑤ 张京祥，李建波，芮富宏. 竞争型区域管治：机制、特征与模式：以长江三角洲地区为例［J］. 长江流域资源与环境，2005，14（5）：670-674.

⑥ 安树伟，吴银峰. 我国大都市区管治成本研究［J］. 青岛科技大学学报（社会科学版），2012，28（1）：1-4.

主体的行为所产生的短期成本。洪世键和张京祥①从新区域主义的视角阐述了大都市区治理的创新理念与模式，即“没有郊区的政府”“城市区域”和“区域同盟”等。黄叶君②基于城市群空间治理中分区失效的原因、影响因素和空间善治的目标，提出了包括基本治理区和特定治理区在内的双层制空间治理分区模型。在该概念模型中，基本治理区能够覆盖整个区域，而特定治理区只能覆盖部分区域。周立③提出了在信息时代数字城市的空间治理。胡燕、孙羿和陈振光④介绍了十年来人文地理学对城市和区域治理的研究进展，比较了不同社会科学对治理研究的不同尺度，即全球治理、区域治理、城市治理和社区治理，并指出了治理研究的新进展——协作治理，强调社会管理模式从单一的政府管理向多元主体的共治转型。符文颖⑤通过比较东莞和深圳两市在区域创新机制上的差异，从治理视角构建了区域创新机制的理论框架，揭示了不同的制度设计对区域创新能力带来的影响。来自中国科学院的刘卫东⑥研究员在《地理学报》发表了《经济地理学与空间治理》，系统阐述了中国空间治理的政治文化基础和主要手段，认为中国的空间治理研究应该立足于中国的国情，加强经济地理学中的空间治理研究对于国家战略决策具有重要的参考价值。

对国外空间治理实践的借鉴。中国的地理学者对国外先进空间治理经验的借鉴也从未停止，并以借鉴西方发达国家为主。顾朝林⑦、胡萍和卢姗⑧认为国外区域管治的经验包括建立统一的大都市区政府、发挥城市联合组

---

① 洪世键，张京祥. 新区域主义视野下的大都市区管治［J］. 城市问题，2009，170（9）：73-77.

② 黄叶君. 城市群空间管治分区方法探析［J］. 规划师，2010，26（7）：19-24.

③ 周立. 数字城市空间管治体系模式的探讨［J］. 地球信息科学，2003（3）：22-25.

④ 胡燕，孙羿，陈振光. 中国城市与区域管治研究十年回顾与前瞻［J］. 人文地理，2013，28（2）：74-78.

⑤ 符文颖. 区域创新系统的管治框架演化：来自深圳和东莞的对比实证［J］. 人文地理，2013，28（4）：83-88.

⑥ 刘卫东. 经济地理学与空间治理［J］. 地理学报，2014，69（8）：1109-1116.

⑦ 顾朝林. 发展中国家城市管治研究及其对我国的启发［J］. 城市规划，2001，25（9）：13-20.

⑧ 胡萍，卢姗. 国外区域管治的实践及其对我国的启示［J］. 上海城市管理职业技术学院学报，2007（4）：27-30.

织的横向合作能力、组建具有某一特殊职能的跨界组织和政府职能的重组再造等方面。在中国的区域治理中应该处理好政府之间的关系，吸收非政府组织参与社会公共事务，并在区域治理中注意多方利益关系的协调。靖学青①研究了西方国家不同类型的大都市区组织管理模式，包括松散型和统一型，单层制和双层制，认为在长江三角洲城市群应建立具有跨界职能的协调管理机构。李潇②分析了德国项目导向型的“区域公园”战略，认为该战略成功的关键在于建立跨行政区界线、跨职能部门、跨利益主体的协作平台，多元化的融资渠道，以及法定规划和弹性规划之间的融合管理等。“区域公园”战略对中国的借鉴意义在于在规划中实施区域统筹和多元共治。唐燕研究了德国斯图加特的区域联盟、汉诺威的区域协作的“水平”结构、柏林—勃兰登堡的跨州区域规划机构和莱茵鲁尔多中心区域管治③，认为在中国的大都市区区域治理中应考虑建立正式的区域协调机构和多元化的社会协作网络，并重视非正式的区域制度。刘涛等④回顾了国际大都市区空间组织和协同治理的区域化趋势和基本规律，提出了提升北京都市区空间治理能力的具体建议。

空间治理在中国的应用。空间治理在中国的应用主要集中在规划领域。2003 年编制的《珠江三角洲城镇群协调发展规划（2004—2020）》建立了跨行政区的政府协商互动机制，开始了区域空间治理在中国的探索，被认为是中国最早进行区域治理的案例。此后空间治理在中国的应用研究也以规划领域居多，规划在本质上是对空间资源的配置，先天具有空间治理的特征。宋劲松和罗小虹⑤研究了广东省在《珠江三角洲城镇群协调发展规划（2004—2020）》中区域空间治理思想的转变，认为其实现了对土地利用的差异化开发

---

① 靖学青. 西方国家大都市区组织管理模式：兼论长江三角洲城市群发展协调管理机构的创建［J］. 社会科学，2012（12）：22-25.

② 李潇. 德国“区域公园”战略实践及其启示：一种弹性区域管治工具［J］. 规划师，2014，30（5）：120-126.

③ 唐燕. 德国大都市区的区域管治案例比较［J］. 国际城市规划，2010，25（6）：58-63.

④ 刘涛，周强，刘作丽，等. 国际大都市区空间发展规律与空间治理：兼论对北京的启示［J］. 城市发展研究，2017，24（11）：64-69.

⑤ 宋劲松，罗小虹. 从“区域绿地”到“政策分区”：广东城乡区域空间管治思想的嬗变［J］. 城市规划，2006，30（11）：51-56.

和区域协调共治。黄卓、宋劲松和杨满伦等①通过佛山市区域绿地专项规划和深圳市基本生态控制线两个案例介绍了广东省“一级空间管治区”规划，提出在编制和实施规划时应实现各级政府和相关部门之间的协调合作，并提出在规划编制的过程中落实和衔接上层次规划和各专项规划，通过专题会议协调相关部门之间和地方政府之间的意见，通过规划公示征询公众和专家意见，在规划实施中征求相关部门和各级政府的意见、实现省市政府的协作联动等具体的技术方法。韩守庆、李诚固和郑文升②在长春市城镇体系规划中提出了分区差异化开发、区域内部和区际协调管理等空间治理主张。艾勇军和肖荣波③归纳了非建设用地规划的不同类型，并从空间治理的角度提出其发展转向和规划方法。以上在规划中贯彻空间治理思想的多是城市规划领域的学者，在行文中多用“空间管治”代替“空间治理”。

空间治理的实证研究。空间治理的实证研究多集中在经济发达地区。张京祥④在回顾中国区域规划发展历史的基础上，分析了尺度重构对中国区域治理的影响。国内学者更多的是通过对某一案例地的分析，考量对该地空间治理的方式方法、体制机制等，研究成果也较为丰富，其中以长江三角洲等经济发达地区居多。例如顾朝林和王颖⑤将城市群治理划分为政府中心模式、政府诱导模式、多机构/利益相关者模式、私人强制/诱导模式，提出了绍兴城市群治理的建议；吴蕊彤和李郇⑥以广州—佛山为例，将中国同城化跨界地区的区域治理分为上级政府主导和当地政府互动主导两种模式，并对比了中欧跨境区域治理的异同；孙莉和吕拉昌⑦从利益相关者分析的角度提出从政府、

---

① 黄卓，宋劲松，杨满伦，等．“协调规划”与“规划协调”：珠三角“一级空间管治区”的规划与实施［J］．城市规划，2007，31（12）：15-19.

② 韩守庆，李诚固，郑文升．长春市城镇体系的空间管治规划研究［J］．城市规划，2004，28（9）：81-84.

③ 艾勇军，肖荣波．从结构规划走向空间管治：非建设用地规划回顾与展望［J］．现代城市研究，2011（7）：64-66.

④ 张京祥．国家—区域治理的尺度重构：基于“国家战略区域规划”视角的剖析［J］．城市发展研究，2013，20（5）：45-50.

⑤ 顾朝林，王颖．城市群规划中的管治研究：以绍兴城市群规划为例［J］．人文地理，2013，28（2）：61-66.

⑥ 吴蕊彤，李郇．同城化地区的跨界管治研究：以广州—佛山同城化地区为例［J］．现代城市研究，2013（2）：87-93.

⑦ 孙莉，吕拉昌．政府主导下大都市区的管治：以珠江三角洲为例［J］．城市观察，2013（1）：150-157.

市场、公众和非政府组织等方面建立珠江三角洲大都市区的治理机制；虞阳、申立和古蕾蕾①重点关注了我国滨海城镇化过程中所出现的环湾型、陆岛型和新城型等三种空间发展模式及其生态效应，认为应通过链式治理加强对滨海区域生态过程的监管。

(3) 研究评述

空间治理理论源自西方发达国家，植根于新自由主义和高度民主化的政治土壤。以多层次治理理论为例，该理论直接源于欧盟区域一体化的实践，是从欧盟的发展中总结出来的理论，即理论源自实践，而不是以多层次治理理论指导欧盟的发展。西方对空间治理的研究呈现出多学科融合的趋势，更加注重借鉴政治经济学、公共管理学等相关理论。中国对空间治理的研究经历了西学东渐的过程，由于受政治经济制度和体制机制的限制，中国学者在对西方空间治理理论的学习过程中，充分考虑了中国的国情，逐步推动空间治理理论的中国化进程。从内容上看，空间治理的研究多集中在城市治理和跨区域治理方面，侧重于使用空间工具解决城市和区域发展中的问题。在中国的空间治理中，政府仍然处于主导地位，其他利益相关者常常是被动参与或事后参与，多元互动和沟通不够充分，因此中国空间治理的实施机制往往难以全面反映治理的本质，其治理政策多集中在规划分区和区域协调机构/机制的建立上。出于对地理学中空间思维的路径依赖，中国的地理学者在研究空间治理问题时也强调了空间区划、空间结构在区域发展中的作用，在制度设计上多倾向于组建跨区域联合政府，以自上而下的方式实现空间治理。

1.2.3 旅游治理研究

(1) 国外研究进展

一直以来，政府在旅游业中的作用和旅游政策研究都是国外学者的研究热点之一②。20 世纪 90 年代以来，旅游政策研究的关键词已经逐步由“政

---

① 虞阳，申立，古蕾蕾. 中国滨海城镇化：空间模式、生态效应与管治策略 [J]. 资源开发与市场，2014，30 (9)：1106-1110.

② YEH C M. Does board governance matter for foreign institutional investors to invest in listed tourism firms?[J]. Tourism Management, 2018, 68(1): 66-78.

府”（government）向“治理”（governance）转变①②③。“治理”是政治学和公共政策研究的核心概念，它植根于特定的政治、经济背景，同一个治理模式在不同的国家可能出现不同的效果④⑤。鉴于此，国外旅游学者对治理的研究几乎全部采取了政治经济学的研究方法，定性研究较为多见，相关研究主要集中在实证研究方面，以及旅游地的治理类型和治理方法，或更加具有普适性的研究等。*Journal of Sustainable Tourism* 期刊在 2010 年和 2011 年密集刊出了大量关于“旅游治理”的文章，此后，*Tourism Management* 和 *Annals of Tourism Research* 等重要的旅游学术期刊也刊登了数篇相关文章，旅游治理得到了更多学者的关注，并成为近期的研究热点。现按照研究内容的不同，对国外旅游治理的研究成果进行梳理。

可持续旅游发展与旅游治理。在全球化和新自由主义的影响下，地方政府越来越多地支持一个超越经济发展的旅游政策，关注旅游营销和促销，以及 PPP 模式（public-private partnership，公共私营合作制）的构建。这一方法强化了某些领域的地方观念，在这些领域，人们认识到治理安排和组合政策指导能带来更大的利益。在持续的经济发展中，旅游政策的讨论在不同程度上影响了可持续、社区福利和扶贫的研究。近二十多年来，可持续发展和环境保护已经成为全球旅游发展中最主要的政策问题，旅游地可持续旅游的实现往往需要集体行动的参与，而治理正是这些集体行动的基础⑥。旅游企业和其他相关组织之间的协作和联合模式在促进可持续旅游发展上的作用也越

---

① GREENWOOD J. Business interest groups in tourism governance[J]. Tourism Management, 1993, 14(5): 335-348

② HALL C M. Rethinking collaboration and partnership: A public policy perspective[J]. Journal of Sustainable Tourism, 1999, 7(3-4): 274-289.

③ JOB H, BECKEN S, LANE B. Special Issue: Protected areas, sustainable tourism & neo-liberal governance policies: issues, management and research[J]. Journal of Sustainable Tourism, 2017, 25(12): 1697-1894.

④ NUNKOO R, RIBEIRO M A, SUNNASSEE V, et al. Public trust in mega event planning institutions: The role of knowledge, transparency and corruption[J]. Tourism Management, 2018, 66: 155-166.

⑤ DINICA V. Tourism concessions in National Parks: Neo-liberal governance experiments for a conservation economy in New Zealand[J]. Journal of Sustainable Tourism, 2017, 25(12): 1811-1829.

⑥ BRAMWELL B. Governance, the state and sustainable tourism: a political economy approach[J]. Journal of Sustainable Tourism, 2011, 19(4-5): 459-477.

来越重要。在可持续旅游治理的研究中应更多地使用社会学理论，通过社会学中的政治经济学方法可以从辩证的角度解释国家干预对旅游业可持续发展的影响。在旅游治理的参与者中，基于本地关注（local concerns）和内生动力（endogenous dynamics）的地方性协作（local collaboration）和自助网络（self-help networking）在不断增长①。令人遗憾的是，在具体的治理实践中，来自可持续发展的环境激励往往会让位于自身的经济利益。尽管关于旅游网络角色的争论还在增加，但是由于研究方法的限制，现有研究还难以解释治理网络促进可持续发展的程度究竟如何。

旅游治理的模式。当前对不同地方旅游治理方法优缺点的研究比较欠缺，而地方旅游治理模式的实证研究越来越普遍。Beaumont 和 Dredge② 参考 Provan 和 Kenis③ 于 2007 年所提出的治理模式，研究了澳大利亚雷德兰市地方旅游治理的变迁，发现在当地同时存在三种旅游治理模式，即议会主导型网络治理结构（council-led network governance structure）、参与者主导型社区网络治理结构（participant-led community network governance structure）和当地旅游组织主导型产业网络治理结构（local tourism organization-led industry network governance structure）等，这些地方治理网络在运作方式、特点和效果等方面存在差异（见表 1.1）。

表 1.1 地方旅游治理网络的特征

特征	议会主导型（Council-led network）	参与者主导型（Participant-led network）	当地旅游组织主导型（LTO-led network）
推动者	旅游发展协调者	可持续发展协调者（由LTO、议会、北斯特德布鲁克岛旅游可持续发展委员会雇佣）	总经理（由 LTO 董事会聘用）

① ERKUŞ-ÖZTÜRK H, ERAYDIN A. Environmental governance for sustainable tourism development: Collaborative networks and organisation building in the Antalya tourism region[J]. Tourism Management, 2010, 31(1): 113-124.

② BEAUMONT N, DREDGE D. Local tourism governance: A comparison of three network approaches[J]. Journal of Sustainable Tourism, 2010, 18(1): 7-28.

③ PROVAN K G, KENIS P. Modes of network governance: Structure, management, and effectiveness[J]. Journal of Public Administration Research and Theory, 2008, 18(2): 229-252.

续表

特征	议会主导型（Council-led network）	参与者主导型（Participant-led network）	当地旅游组织主导型（LTO-led network）
网络社区	雷德兰市议会和红地旅游咨询网络	北斯特德布鲁克岛旅游可持续发展委员会/与LTO有一年的合同管理	地方旅游组织行业成员
定位	克利夫兰地方政府经济发展机构中的旅游部门	LTO	克利夫兰游客信息中心
网络行动重点	市场和经济发展；旅游促销；在旅游事务方面联系议会	旅游、社区和自然环境的可持续发展	管理LTO业务，对成员关注做出反应；为游客提供信息服务，在地区网络中代表LTO的利益
经费来源	议会（100%）	联邦地区性协作项目（50%）；雷德兰市议会、红地旅游和当地经营者（50%）	议会（20%）
角色和责任	起草可持续旅游战略；制定和履行旅游营销战略；产品开发；树立雷德兰市品牌；培养导游；协调旅游咨询网络	参与实施可持续旅游战略；与相关社会团体共同开发环境项目；平衡淡旺季差异，以实现旅游经济的可持续性；与土著酋长和社区团体共同完成社会文化工作；可持续旅游调查	管理游客信息中心；地方旅游产品促销；与当地旅游企业保持联络；为北斯特德布鲁克岛制定可持续旅游战略；为雇佣可持续旅游协调员筹集经费；在区域旅游网络中代表地方旅游组织和地方旅游行业

资料来源：Beaumont N，Dredge D．Local tourism governance：A comparison of three network approaches [J]．Journal of Sustainable Tourism，2010，18（1）：7-28.

基于国家干预、自我管制，以及政策参与者和操作模型之间的关系，可以将治理分为等级制度（hierarchy）、市场（market）、网络（network）和社区（community）四种类型①。这些类别一方面来自国家或公共权力机构之间的关系；另一方面来自利益相关者的自主权。其中，最具权威性的是等级制度，市场的权威性最低，而网络和社区治理结构在目的地经济发展中展现出不同程度的公私伙伴关系和社会参与。在内源性和外源性的双重压力下，地方旅游治理具有明显的路径依赖特征，并被锁定在“促增长”的治理模式（pro-growth model of governance）中。由于受特定的社会经济和制度环境限制，乡村社区得到的旅游效益有限，一个公平有效的社区旅游协同治理方法则有助于为乡村社区带来积极的社会经济收益②。

旅游治理中的利益相关者。旅游活动的形式、过程和结构正在不断变化。随着旅游供求的全球化，许多国家需要重新思考与其相关的结构和过程，包括国家的特殊角色。对于多数发展中国家而言，集权制的政治体制较为常见。而旅游治理理论则源自西方国家民主、平等的政治土壤和市场经济体制，因此，旅游治理在发展中国家的实施往往相对迟缓。Göymen③ 研究了在独特的政治、社会和经济背景下，土耳其旅游的发展阶段。在大部分时期，国家起到了主导性作用。但是从 20 世纪 80 年代以来，不断变化的治理触发了从国家支持（state-sponsored）和管理发展到不同形式的公私合伙公司的根本性渐变；然而，其独特的政治文化缩短了这一过程。马克思主义政治经济学认为，经济基础决定上层建筑。在中国，快速发展的市场经济带来了中央治理的分散化，地方的积极性促进了新的社会秩序的形成。印花税下放后，地方政府控制了更大规模的税收比例，而且在保持土地公有制的前提下，城市有权通过出售土地发展房地产④。因此，地方政府正从计划经济时代的调控者转变成为促进地方发展的企业代理人。地方政府自主性的增加有利于在区域治理中构建多元参与的协商机制。在遗产地的遗产保护和旅游发展的政策抉择方面，政府干预也发挥了重要作用。Wang 和 Bramwell⑤ 采用政治经济学的方法研

---

① HALL C M. A typology of governance and its implications for tourism policy analysis[J]. Journal of Sustainable Tourism, 2011, 19(4-5): 437-457.

② KEYIM P. Tourism collaborative governance and rural community development in Finland: The case of Vuonislahti[J]. Journal of Travel Research, 2018, 57(4): 483-494.

③ GÖYMEN K. Tourism and governance in Turkey[J]. Annals of Tourism Research, 2000, 27(4): 1025-1048.

④ WANG Yi, BRAMWELL B. Heritage protection and tourism development priorities in Hangzhou, China: a political economy and governance perspective [J]. Tourism Management, 2012, 33(4): 988-998.

⑤ WANG Yi, BRAMWELL B. Heritage protection and tourism development priorities in Hangzhou, China: a political economy and governance perspective [J]. Tourism Management, 2012, 33(4): 988-998.

究了杭州西湖的两个遗产地在宽松的政治和经济环境中，遗产保护和旅游发展的政策制定；不同利益群体在旅游治理方案中的作用和影响；不同的利益群体对政策的观点等。研究发现，作为拥有长期计划经济传统的国家，中国已经开始考虑其他参与者的观点，但是在与遗产地相关的旅游决策中，促进旅游业发展仍然是其重要的动力。

但是，合作容易提倡却难以实现，国际经验证明，在不同国家合作的结果是不同的。英国的地方治理从 1980 年就开始了“革命性”的变革，但是旅游业并未因此受益，“原有状态下的组织惰性和既得利益集团似乎获得了旅游发展的相对边界特性，治理所期望的灵活性和网络特征并未实现”①。在旅游业中，“利益共享”（benefit-sharing）的概念指的是旅游带来的利益应该在广泛的利益相关者之间分配。实现参与治理过程的利益相关者之间的协同互动，是保护区内旅游业有效分享利益的先决条件②。

地方旅游善治。在旅游业的治理研究中，关于“善治”（good governance）或治理效率的思考较为有限。作为一个辩证的概念，善治只能以特定的“内部”网络和价值体系为基础进行定义。而且，由于地方政府系统在世界各地的差异，对比这些来自不同地区的研究是有问题的。更好的治理应当清楚反映当地的、区域的和民族的特色，体现社区意志，在最大化旅游发展的利益的同时，降低其副作用③。在旅游业方面，有效的地方治理安排应当为旅游活动的参与者、政策制定者和实施者提供一个信息共享、讨论和协商的平台④。善治依赖于网络中各利益主体的预期、价值观及其决定⑤。也有人认为，善治

---

① THOMAS H, THOMAS R. The implications for tourism of shifts in British local governance[J]. Progress in Tourism and Hospitality Research, 1998, 4(4): 295-306.

② HESLINGA J, GROOTE P, VANCLAY F. Strengthening governance processes to improve benefit-sharing from tourism in protected areas by using stakeholder analysis[J]. Journal of Sustainable Tourism, 2017, 25(1): 1-15.

③ TROUSDALE W. Governance in context-Boracay Island, Phillipines[J]. Annals of Tourism Research, 1999, 26(4): 840-867.

④ BRAMWEL B, LANE B. Editorial: priorities in sustainable tourism research[J]. Journal of Sustainable Tourism, 2008, 16(1): 1-5.

⑤ GOOD GOVERNANCE ADVISORY GROUP. Good governance guide: the principles of good government within local government[R]. Melbourne: The Municipal Association of Victoria, 2004.

应当有效改善旅游管理结构及其实践效果①。联合国环境规划署②认为，有效的地方治理应该以全面而平衡的方式来实现可持续旅游。在“好的旅游业”（Good Tourism）（如可持续旅游、负责任的旅游、旅游扶贫）的背景下，决定地方旅游治理有效性，即“地方旅游善治”（good local tourism governance）的因素包括：积极的文化、建设性的沟通（constructive communication）和根植社区（engaged communities）；透明度和责任感；愿景和领导力；接受多样性，追求公平和包容③；知识学习和经验分享；参与者明确的角色和职责、清晰的操作结构和网络过程④。相关学者也开发出一套可适应任何旅游目的地的指标体系，以实现对地方旅游治理的度量⑤。

（2）国内研究进展

与国外日益丰富的旅游治理研究相比，治理在国内旅游学研究中的应用并不多见，更多的学者在旅游规划⑥⑦、旅游景区⑧⑨⑩、乡村旅游⑪

---

① STEPHEN B. “Appropriate” policy knowledge, and institutional and governance implications[J]. Australian Journal of Public Administration, 2004, 63(1): 22-28.

② UNITED NATIONS ENVIRONMENT PROGRAMME. Tourism and Local Agenda 21: The role of local authorities in sustainable tourism[EB/OL]. [2013-05-23]. http://www.unep.fr/shared/publications/pdf/3207-TourismAgenda.pdf.

③ JAMAL T, CAMARGO B A. Tourism governance and policy: Whither justice? [J]. Tourism Management Perspectives, 2018, 25(2): 205-208.

④ BEAUMONT N, DREDGE D. Local tourism governance: A comparison of three network approaches[J]. Journal of Sustainable Tourism, 2010, 18(1): 7-28.

⑤ PULIDO-FERNÁNDEZ J I, DE LA CRUZ PULIDO-FERNÁNDEZ M. Proposal for an indicators system of tourism governance at tourism destination level[J]. Social Indicators Research, 2018, 137(2): 695-743.

⑥ 康宏成，李永文. 论旅游规划管治主体的职能［J］. 消费导刊，2010（5）：109-111.

⑦ 李永文，康宏成. 旅游规划管治问题及其对策研究［J］. 人文地理，2011，26（2）：122-127.

⑧ 王海勇，王卫红. “管治”对文化遗产保护与利用规划研究的启示［J］. 江苏城市规划，2005（2）：41-45.

⑨ 刘俊. 中国旅游度假区治理结构及变迁［J］. 旅游科学，2007，21（4）：57-62.

⑩ 黄向. 基于管治理论的中央垂直管理型国家公园 PAC 模式研究［J］. 旅游学刊，2008，23（7）：72-80.

⑪ 王兴贵，税伟，唐德华，等. 水电开发对景区边缘型乡村旅游的影响与管治研究：以紫石乡锅浪跷水电开发为例［J］. 中国人口·资源与环境，2010，20（S3）：193-196.

和生态旅游①②等方面的研究中体现了治理的思想，例如在旅游规划中被广泛提及的“公众参与”“利益相关者”等概念。但较少有学者明确提出“旅游治理”或“区域旅游治理”。相对于国外的旅游治理研究，中国的研究成果相对较少，但是正日益受到越来越多的关注。

2013 年 11 月 12 日，党的十八届三中全会《中共中央关于全面深化改革若干重大问题的决定》指出，全面深化改革的总目标是完善和发展中国特色社会主义制度，推进国家治理体系和治理能力现代化。其中有关“政府治理”和“社会治理”的思想是在我国转型时期为解决国家和社会事务问题，对面临的复杂利益关系进行调整而做出的重大战略部署，也促使中国旅游管理体制从“旅游管理”到“旅游治理”的变革③

旅游治理模式。关于旅游治理模式的探讨在中国目前的研究成果中相对较多，许多学者在借鉴了西方的治理理论后，希望将这一理论应用于中国，并探索在某一地理区域的实践。按照组织体系的不同，旅游治理模式可以分为“自上而下”和“自下而上”两种，为了激励当地居民对旅游治理的参与，实现旅游业可持续发展，可以针对旅游开发的不同阶段，对治理的对象、内容与采取的措施进行适当的调整，构建“自上而下”和“自下而上”相结合的组织体系，即以当地居民为乡村旅游发展的主体，“政府主导＋非政府组织协作＋当地居民积极参与＋旅游产业部门推动”的治理模式④。

虽然分权使地方旅游发展取得一定的主动权，但是在跨行政区的旅游地中，由于分权缺乏合法性和规范性，旅游治理将因此走向碎片化⑤。以政府部门为代理人、以社区为核心的行政型网络治理模式（network administration

---

① 徐敏. 苏州水域景观生态旅游与生态管治体系构建 [J]. 合作经济与科技，2010 (20)：22-24.

② 王谊. 生态旅游“非生态”异化现象与生态管治体系的构建 [J]. 电子科技大学学报（社科版），2010，12 (2)：11-16.

③ 刘庆余. 从“旅游管理”到“旅游治理”：旅游管理体制改革的新视野 [J]. 旅游学刊，2014，29 (9)：6-7.

④ 王兴贵，税伟，唐德华等. 水电开发对景区边缘型乡村旅游的影响与管治研究：以紫石乡锅浪碗水电开发为例 [J]. 中国人口·资源与环境，2010，20 (S3)：193-196.

⑤ 黄爱莲. 分权与旅游治理：基于欠发达地区的实证分析 [J]. 广西民族研究，2012，108 (2)：178-183.

organization，NAO）是改善社区旅游绩效的一种制度创新。其中，政府部门与社区是基于权力的强制性行政关系；私人部门、游客与社区之间是经济利益基础上的市场关系；非营利组织与社区之间是直接以可持续旅游发展为前提的社会关系①。此外，还应当将社会文化和生态系统管理融入旅游治理中，寻求社区和社会、市场与管理之间的均衡协调机制②③④。来自多地的经验表明，基层政府、村委会以及多元产业对乡村振兴有重要作用⑤。在乡村旅游发展过程中，基层政府和村委会的治理功能分别发挥了不同的作用，共建共治共享是乡村旅游发展的基本理念，也是基层社会治理的格局⑥。对于景区类旅游公司而言，应建立利益相关者共同治理模式，在股东、债权人、经营者、职工、政府、社区和游客等利益相关者之间建立一套有效的制衡机制和监督机制⑦。

区域旅游合作与治理。区域旅游合作与治理之间存在先天性的内在关系，即困扰区域旅游合作的核心问题是如何有效协调不同行政区之间的关系，而区域治理则是解决区域协调问题的关键途径。在区域合作最为成功的欧盟，多层次治理模式取得了较好的效果。吴国清和杨国玺⑧认为长三角地区在形成多中心旅游城市区域的同时，网络状的多层次治理也正逐步形成，并成为区域旅游合作的重要机制，他们从国家、区域和城际三个不同的层面构建了长三角区域旅游协调与治理体系。三个层次职能明确、分工合理，其中，国家层面的区域治理主要通过制定区域政策促进区域发展；区域层面的区域治理

---

① 锁利铭，马捷，经戈. 社区旅游的网络治理框架：一个案例分析［J］. 生态经济，2012（5）：119-123，127.

② 刘金龙，金萌萌. 构建国家公园基层治理体系的设想：来自老君山国家公园的经验［J］. 环境保护，2018，46（6）：62-65.

③ 颜安，王福帅. 苗族文化在旅游村寨治理中的价值研究：以西江苗寨为例［J］. 凯里学院学报，2018（2）：15-19.

④ 黄晓杏，胡振鹏，傅春，等. 生态旅游主要利益相关者演化博弈分析［J］. 生态经济，2015，31（1）：142-146.

⑤ 时少华，孙业红. 社会网络分析视角下世界文化遗产地旅游发展中的利益协调研究：以云南元阳哈尼梯田为例［J］. 旅游学刊，2016，31（7）：52-64.

⑥ 刘欢，张健. 乡村旅游发展中的基层社会治理［J］. 学理论，2018（4）：94-96.

⑦ 王跃伟，曹宁，陈航. 景区类旅游公司利益相关者共同治理模式研究［J］. 辽宁大学学报（哲学社会科学版），2016，44（4）：77-83.

⑧ 吴国清，杨国玺. 长江三角洲区域旅游合作与多层次管治研究［J］. 华东经济管理，2010，24（9）：39-43.

主要为区域内部的合作和交流提供座谈会、发展论坛等平台；而城际层面的区域空间治理则主要解决两个或多个城市政府之间的具体问题。

（3）研究评述

中国的旅游治理研究在产生背景、产生原因、研究重点和研究内容等方面与国外也存在差异（见表 1.2）。国外的研究成果主要体现在旅游治理的实证研究方面，例如探讨某地区的旅游治理模式、政府干预在旅游治理体系中的角色、旅游治理对可持续旅游的作用、旅游治理的评价指标等。由于国内外的政治经济背景并不相同，这些研究成果并不能直接用于中国，但是可以从中汲取有益部分用以中国旅游治理的研究和实践。例如澳大利亚雷德兰市存在的旅游治理模式中，政府主导型网络治理结构在一定程度上对应于中国目前的政府主导型的旅游管理体制，而其他两种模式在一定程度上可以代表中国未来旅游治理的发展方向，即先在治理主体中突出行业协会的作用，直至所有的利益相关者都能更充分地参与旅游治理。再如，当前国外的旅游治理研究几乎都采取了政治经济学的研究方法，其数据搜集的方法主要为观察法、访谈法、焦点小组访谈法①和文献分析法②等，重在从区域旅游发展的实践从提炼和归纳出治理的目标、内容和主体，这些研究方法的使用充分考虑了治理理论对当地政治经济环境的依赖性，对中国旅游治理研究也具有一定的启示作用。本书将进一步深化对上述研究成果研究，以便更好地把国外先进经验与中国国情相结合。

表 1.2 国内外旅游治理及其研究的比较

区别	国外旅游治理及研究	国内旅游治理及研究
产生背景	地方政府具有很大的自治性和独立性；地方政府职能简单化，经济管理职能有限	自上而下的层次体系；缺乏横向协调机制和跨区域性的政府组织；缺乏地方自治空间
产生原因	应付日益多元化的社会力量	补充单一政府管理的不足

① 焦点小组座谈（focus groups）是一种常用的定性市场调查方法，由一个经过训练的主持人以一种无结构的自然的形式与一个小组的被调查者交谈，从而获取对一些有关问题的深入了解.

② 文献分析法选取的文献除了学术书刊外，还包括新闻报道、政府文件、企业规划和地方旅游战略等.

续表

区别	国外旅游治理及研究	国内旅游治理及研究
研究重点	可持续旅游、政府干预	社区参与、政府职能
研究内容	治理模式、善治、旅游治理与可持续发展的关系	借鉴国外的治理模式，并适当中国化
研究方法	实证研究	比较研究、实证研究

而国内对旅游治理的研究才刚刚起步，长期政府主导型旅游发展战略的实施在一定程度上切断了治理理论研究的现实土壤，所以国内的研究成果不够系统全面，研究深度和广度也有待进一步挖掘。一方面，国内对国外研究成果的借鉴较为生硬，例如将某些治理模式移植到中国，并不考虑其产生背景和内在价值，只是简单地带上中国的帽子，或将中国现行的旅游管理体制适当调整后冠以“治理”的名称，这些并不能从根本上解决现实问题；另一方面，中国转型期面临着一系列新的问题和挑战，这些是国外的研究成果所无法回答的。如何解决中国旅游业的时空失衡与空间管理之间的矛盾？如何进行合理的制度设计以同时满足民主合法性和政治稳定性？如何在旅游治理的框架下调整政府职能？……这些中国式的问题也需要有中国式的答案。

综上所述，国内外学者在旅游经济的时空分异、空间治理和旅游治理等方面开展了持续的研究，并取得丰硕的研究成果。地理学对空间治理研究的贡献在于强调空间尺度，使空间治理的政策实施在中国更具有可操作性，丰富了空间治理的实证研究和理论内涵；旅游学对治理研究的贡献在于切入社区治理的微观视角，既遵从了治理的本质概念，又使治理在中国的实践找到了最具可行性的空间尺度。区域旅游发展中的空间治理研究是一项新的研究领域，其应用需要结合当地的社会政治制度和经济发展水平。国内外现有的研究成果对空间治理的研究起到了积极的推动作用，其研究范围和研究深度还无法满足中国转型期区域旅游空间治理的现实要求。中国旅游领域对空间治理的研究和对中国空间治理的研究都处于初级阶段，目前仍有很大的研究空间，对该领域的研究不仅将有助于解决旅游业在转型期的种种矛盾，也有助于将这些研究成果在旅游领域试验后进行改进和调整，使其更具有中国特色。

1.3 研究思路与技术路线

本书将以制度经济地理学为理论基础，聚焦长江经济带，基于2001—2016年长江经济带区域旅游经济的面板数据，从流域和省域两个空间尺度综合衡量区域旅游经济的时间波动性和空间非均衡性特征，系统剖析影响长江经济带时空格局演化的主要因素，深刻透视长江经济带旅游管理现状，为区域旅游空间治理提供对策和建议。

1.3.1 主要研究内容

本书的研究重点主要聚焦在：如何选择科学、合理的统计指标和研究方法，系统评价长江经济带旅游经济的空间结构特征？如何结合区域旅游发展的历史演进和现实问题，有针对性地取舍区域旅游空间格局的影响因子？如何客观评价各影响因子的作用方向和影响力度？如何科学度量长江经济带旅游管理现状？基于此，主要研究内容如下：

（1）长江经济带旅游经济的历史演进

基于数据的可得性和科学性，以案例地2001—2016年的旅游总收入为基础数据，分析近二十年来长江经济带旅游经济规模的年度特征和年际差异，全面剖析长江经济带区域旅游经济发展的阶段性特征。

（2）长江经济带旅游经济的空间格局演化

从绝对非均衡性、相对非均衡性和比较优势等三个维度方面阐释长江经济带旅游经济的空间格局演化。

区域旅游经济的空间非均衡性是影响区域旅游竞合关系的主要因素之一。本书拟从流域和省域等两个空间维度分析2001—2016年长江经济带旅游经济的绝对非均衡性和相对非均衡性，以期对长江经济带的旅游经济空间差异进行多维测度和多角度的比较研究，深入剖析其时空演化进程，理解区域旅游经济非均衡性的作用机制。

区域间的比较优势也构成了区域旅游竞合的天然基础。本书仍从流域和省域等两个空间维度探究长江经济带旅游经济的比较优势，刻画区域旅游经济不同空间维度下的空间相互作用，找寻未来区域协调发展的现实基础。

（3）长江经济带旅游经济空间格局的影响因素

已有研究发现，影响区域旅游经济空间格局的主要因素包括区域经济发展水平、旅游资源分布、旅游服务设施、基础设施状况、对外开放程度和突发事件等。根据前述分析，构建待实证检验的模型，运用回归分析方法，利用2001—2016年长江经济带中流域和省域等两个空间尺度的面板数据，实证检验区域旅游经济空间格局的影响因素。

（4）长江经济带旅游经济的管理现状

以湖北省为例，聚焦旅游主管部门的管理行为，透视长江经济带旅游管理的现状。基于湖北省及各市（自治州）旅游相关管理制度的文本数据，从管理主体、管理客体和管理内容三个方面系统剖析湖北省旅游管理体制的现状。同时，深入回顾国内外先进的旅游管理经验，为湖北省旅游经济的空间治理提供借鉴。

（5）长江经济带旅游经济的空间治理

基于长江经济带旅游经济的时间波动性和空间非均衡性特征，剖析影响区域旅游经济协调发展的主要因素，结合长江经济带的历史发展轨迹和现实政策环境，提出长江经济带区域旅游经济空间治理的对策和建议。

1.3.2 研究方法

空间治理理论正处于不断发展中，尚属于探索中的新兴学科，科学、系统的理论体系还未完全成形，本书立足多学科视角，主要采用文献分析法、比较分析法、数理统计分析法、地理空间分析法等研究方法，并将理论归纳与案例分析相结合、规范分析与实证分析相结合、宏观研究与微观分析相结合，进行综合研究。

（1）文献研究法

广泛、系统地检索与本研究相关的现存文献，通过对文献的研究进行非定量分析，从而建构本书的研究支撑。文献搜集渠道主要包括华中师范大学图书馆、城市与环境科学学院资料室、CNKI中国学术期刊网络出版总库、重庆维普系列数据库、Elsevier Science Direct Online、EBSCO ASP（Academic Source Premier）综合学科参考类全文数据库、SAGE电子期刊（人文社科）等中外学术文献数据库，百度、谷歌等搜索引擎，相关统计主管部门和旅游主管部门的官方网站，相关统计年鉴、旅游便览。通过以上途径获取了空间治理、旅游治理和旅游经济时空分异等方面的相关文献和长江经济带2001年以来的相关统计数据及政府文件。在对文献进行整理、汇总、分析的基础上梳理国内外相关理论的研究进展，据此构建了本书的研究框架，并为本书提供了研究的理论基础，国内外关于空间治理、旅游治理和旅游经济时空分异等理论的研究进展等；在对统计数据和政府文件进行定量分析和定性研究的基础上获取长江经济带旅游经济发展的阶段性特征和旅游管理现状。

（2）比较分析法

比较是事物认知的起点，比较两个或两个以上同类事物的异同点是获取事物内在规律性的一种手段。本书主要在分析长江经济带旅游经济时空分异的特征、问题和原因时使用了比较分析法。例如通过比较长江经济带各省份旅游经济规模的区域差异、类别差异和时序变化，归纳旅游经济空间分异的特征和规律，并研究不同变量之间的相关关系。

（3）数理统计分析法

以旅游总收入为基础数据，采用变异系数、基尼系数等数理统计分析方法研究长江经济带旅游经济的绝对非均衡性和相对非均衡性，概括长江经济带旅游经济的空间非均衡性特征；根据文献研究结果筛选相关影响因子，据此构建待检验的多元回归模型，采用逐步回归方法定量模拟和实证检验长江经济带区域旅游经济空间格局的影响因素。

（4）地理空间分析法

通过 ArcGIS 的空间分析模块和功能拓展模块，配合社会经济统计数据分析，全面识别长江经济带旅游经济的空间特征；采用空间自相关分析，从流域和省域两个空间尺度定量分析不同地域之间的发展差异和空间联系，实现区域旅游经济空间格局演化特征的可视化。

1.3.3 技术路线

本书将遵循“现状考察—特征透视—成因剖析—经验借鉴—对策建议”的逻辑思路开展研究，具体研究思路如下：首先，在文献研究的基础上，系统考察 2001—2016 年长江经济带旅游经济发展的阶段性特征；其次，从空间非均衡性全面总结长江经济带旅游经济发展的空间格局特征；再次，根据文献研究的结果和案例地的具体情况提炼影响因子，构建待实证检验的多元回归模型，定量模拟影响长江经济带旅游经济空间格局的主要因素；然后，客观分析湖北省旅游管理现状，系统梳理国内外先进的旅游管理经验；最后，在文献研究和实证分析的基础上，提出实现长江经济带区域旅游空间治理的合理化建议。

本课题的技术路线图如下（见图 1.1）：

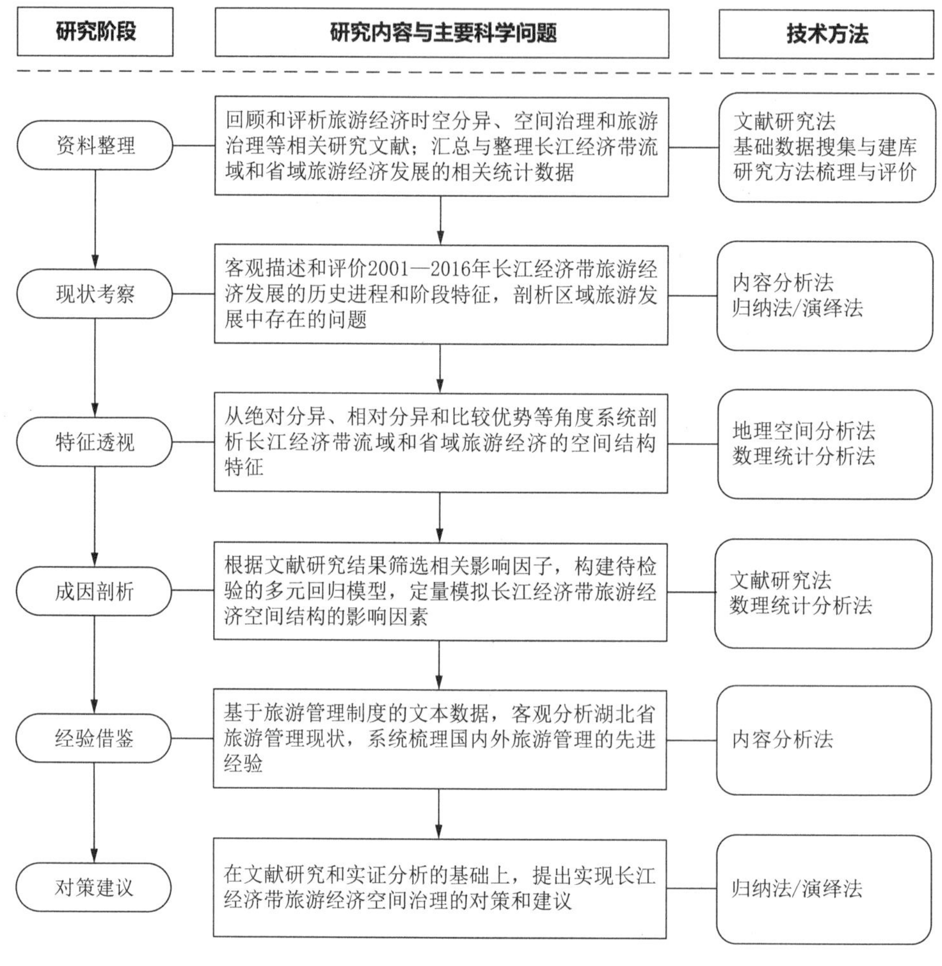

图 1.1　技术路线图

2 现代系统论视角下的制度经济地理学

2.1 概念辨析

2.1.1 “治理”研究缘起

“治理”来自英文governance，也译作“管治”，少数学者称之为“治道”[①]。该词最早出现于17世纪左右，源自古拉丁语和古希腊语中的“领航”(steering)一词，原指与控制、引导或操纵相关的活动或行为方式，经常与“统治”(government)交替使用。长期以来，“治理”一词主要被用于与“国家公务”相关的法律执行活动，以及处理各类利益相关者的特定机构或专业单位[②]。从20世纪60年代开始，西方国家开始进入以平等、多元等社会价值观为基础的后工业社会[③]，加之全球化进程的加速，世界经济活动不仅要跨越国界和区域，更需要对不同组织、个人进行控制和相互协调。传统的政府管理体系或市场调节机制已经无法适应快速变化中的经济、政治和文化环境。在全球化和新自由主义的影响下，政府再造成为许多西方国家的普遍特征[④]。然而，由于信息技术的发展和社会中各种正式、非正式组织的成长壮大，传统的管理(government)和控制(control)方式已经不足以解释政治、公共政策和共同利益集团之间的变化和相互关联[⑤]。20世纪70年代末80年代初，

---

① 毛寿龙. 现代治道与治道变革［J］. 南京社会科学，2001 (9)：44-47.

② JESSOP B. The rise of governance and the risk of failure: the case of economic development[J]. International Social Science Journal, 1998, 50(155):29-45.

③ 张京祥、庄林德. 管治及城市与区域管治：一种新制度性规划理念［J］. 城市规划，2000，24 (6)：16-21.

④ LE GALES P. Neoliberalism and urban change: Stretching a good idea too far?[J]. Territory, Politics, Governance, 2016, 4(2): 154-172.

⑤ WELLENS L, JEGERS M. Effective governance in nonprofit organizations: A literature based multiple stakeholder approach[J]. European Management Journal, 2014, 32 (2): 223-243.

英国政府针对传统官僚体制进行了激进式改革，改革的内容包括从行政管理到管理主义的转变，更加重视基于市场经济的政策工具，并主张公共、私人和非官方部门之间采取合作联盟和合伙组织等①。国家向市场和社会的分权逐渐动摇了传统的行政模式，并削弱了国家的地位和作用。20 世纪 80 年代中期以后，英国的改革开始向欧陆、北美和大洋洲国家传播，联合国、世界银行等国际组织又进一步把改善国家行政管理状况的治理手段推广到亚洲、非洲和中美洲等发展中国家。在国际层面，由于各国的政治、经济和社会背景存在差异，这些变化也是非均衡的。一些西方学者将这一行政体制改革过程总结为从“地方政府”到“地方治理”，可以说，地方治理的实践要早于对地方治理理论的解释。

20 世纪 90 年代前后，一些国际组织大大推动了治理理念的传播。基于对后工业社会和全球化的价值判断，强调多元、分散、网络型以及多样性的“治理”理念应运而生，其最早的提出来自国际组织对环境问题的关注。冷战结束后，西方资本主义经济体系持续扩张，在这一过程中，各类国际组织、非政府组织和跨国集团在国际事务中日益活跃，它们与传统的民族国家之间的关系日益错综复杂并相互依赖，共同影响全球政治、经济和文化新格局。1989 年，世界银行用“治理危机”（crisis in governance）来描述当时非洲紧张的环境局势，在当时引起巨大的社会反响②。此后，治理理念逐渐从环境问题引入处理国际、国家、城市等各个地理尺度中对多种力量的协调和平衡上，并促使西方国家重新探讨适应其民主政治传统与后工业时代的制度管理模式。在国际政治局势中，治理理念已经成为思考国家能力和国际关系的新路径。国际货币基金组织（International Monetary Fund，IMF）、世界银行（World Bank）和联合国（United Nations，UN）等组织为了扩大援助第三世界国家的成效而将“善治”（good governance）作为新的改革目标。于 1993 年 4 月在东京召开的全球大都市治理会议强调治理的参与性层面，

---

① SIDDIKI S, GOEL S. Assessing collaborative policymaking outcomes: An analysis of US marine aquaculture partnerships[J]. The American Review of Public Administration, 2017, 47 (2): 253-271.

② 张京祥，黄春晓. 管治理念及中国大都市区管理模式的重构 [J]. 南京大学学报，2001，38 (5)：111-116.

认为治理是包含政府间关系和自下而上的决策过程，由各级政府和非政府组织的有关人员参与①。1992 年，联合国成立了全球治理委员会（Commission on Global Governance），该组织在 1995 年的报告《我们的全球邻居》（*Our Global Neighborhood*）中，将治理定义为“各种公共、私人的组织或个人管理共同事物的多种方式的总和”②。它认为，治理是一个持续的过程，在该过程中，不同的甚至相互冲突的利益得以调和，并共同合作。治理既包括具有较强权威性的正式机构和制度，也包括各种基于共同利益的、非正式的制度安排。全球治理委员会所提出的管治的四个基本特征也被很多学者引用至今：“治理不是一系列规则或一种活动，而是一个持续的过程；治理的基础不是控制，而是协调；治理既包括政府部门，也涉及私人部门；治理不是正式的制度安排，而是社会各利益相关者之间的持续互动过程。”

治理理论不仅成为学术研究的热点，而且引起了政治家的关注。随着经济全球化的快速发展、各国分权化改革的推进和信息技术的普及，治理理论在地方层面的具体应用更加广泛。以克林顿、布莱尔、施罗德等为代表的“第三条道路”或“新中派”明确地把“少一些统治，多一些治理”（less government，more governance）作为新的施政目标，并构成“第三条道路”的重要内容③。作为继市场失灵和政府失灵之后的“第三条道路”，治理被认为是社会、政治和行政参与者有目的地引导、操纵、控制、管理社会（部分或方面）的活动④。一方面，依靠治理机制可以调动社会资源，发挥各利益主体的作用，共同解决社会公共问题；另一方面，基于治理理论改革地方政府管理体制，可以缓和政府与企业、社会组织和公众之间的关系。

显而易见，在全球的许多地方，高度集中和规则约束影响了政策实施的效果。此外，人口特征的变化和社会经济的发展要求政府职能做出相应变化，

---

① Organization for Economic Cooperation and Development (OECD). Governance in transition OECD[R]. Paris: OECD, 1995: 26.

② Commission on Global Governance. Our global neighborhood[EB/OL]. (1995-02-16)[2012-08-20]. http://www.gdrc.org/u-gov/global-neighbourhood/index.htm.

③ 俞可平. 全球治理引论 [J]. 马克思主义与现实（双月刊），2002（1）：20-32.

④ COLVIN R M, WITT G B, LACEY J. The social identity approach to understanding socio-political conflict in environmental and natural resources management[J]. Global Environmental Change, 2015, 34(2): 237-246.

并向公众让出更多的话语权①。这一状况迫使国家和社会之间形成新的关系，有必要强调国家、区域和地方层面的“合作管制”（coregulation）、“合作操纵”（costeering）、“合作生产”（coproduction）、“合作管理”（cooperative management）和公私合作关系②。至此，从20世纪90年代开始，“治理”开始成为西方社会科学领域的流行术语，并广泛应用于经济学、管理学等研究领域③。在社会科学中，治理是一个具有多重含义的术语，它有时被宽泛地用来表示一般的管理过程，然而，更多时候被用来表示政府与企业、个人和一些非政府组织一起参与社会管理的过程。与此同时，经济生产方式和社会管理方式的变化也引起了地理学家的关注，在区域经济景观的形成过程中，地方治理扮演了重要角色，在西方经济地理学研究中也出现了“制度”（institution）、“制度厚度”（institutional thickness）、“社会嵌入性”（social embeddedness）、“网络”（networks）及“治理”（governance）等术语④，并直接引领了经济地理学的制度转向。

然而，治理主体的多元化并不意味着政府在区域管理中失去了原有的重要性。与此相反，在治理所依赖的合作联系和网络动员方面，“国家机构通常是核心……地方政府机构是重要的经济参与者。例如，在一些地方，当地政府是最大的雇主，并且地方当局是主要的买方，同时促进和/或提供了大量的地方物品和服务；这些服务从休闲设施到教育，从废弃物处理到公共停车场。除了这种直接的影响之外，地方政府机构还经常运用源自中央的不同程度自主权来实施经济战略。……代表性的战略包括：用多样化刺激来吸引国内投资、对地方中小企业的发展援助，提供基础设施、土地利用规划、培训和教育。这些策略中的每一个都涉及动员地方内的大量参与者，包括公共部门机构、私人企业和非政府组织；一句话都是地方管治”⑤。虽然治理包含了传统

---

① Organization for Economic Cooperation and Development (OECD). Governance in transition OECD[R]. Paris: OECD, 1995.

② CIZEL B, AJANOVIC E, CAKAR K. Prerequisites for effective and sustainable destination governance[J]. Anatolia, 2016, 27(2): 155-166.

③ 刘克华，陈仲光. 区域管治的新探索：厦泉漳城市联盟规划战略［J］. 经济地理，2005，25（6）：843-846.

④ 罗恩·马丁. 经济地理学中的制度方法［G］// 埃里克·谢泼德，特雷弗·J. 巴恩斯. 经济地理学指南. 汤茂林，谈静华，李江涛，译. 北京：商务印书馆，2008：79.

⑤ 乔·佩因特. 国家和管治［G］// 埃里克·谢泼德，特雷弗·J. 巴恩斯. 经济地理学指南. 汤茂林，谈静华，李江涛，译. 北京：商务印书馆，2008：371.

的、纵向单一的行政管理关系，然而，在经济地理学中，治理更多地用来表示政府和其他组织或个人之间的特定关系。与基于层级关系的等级化协调形式，以及通过交易合同而运作的市场调节形式相比，治理则通过网络和合作关系进行协调。因此，由于治理代表了政府行政、公众参与、非政府组织作用和企业影响的共同行为，所以也被作为“对现有政府和市场两种不同的经济社会管理方式的替代和完善”①，即对市场失灵和政府失灵的应对措施。

综上所述，一般认为，治理是指通过多种集团的对话、协调和合作以最大程度地动员资源，并补充市场交换和政府调控的不足，最终实现双赢的社会治理方式②。治理既包括具有行政权威性的正式制度和规则，也包括基于共同利益而达成的非正式制度安排。因此，作为一种社会管理方式，治理也可以看作管理体制的一种。

2.1.2 “治理”与“管制”

在社会科学领域，治理的应用非常广泛，主要包括：将治理视为公司治理（Governance as Corporate Governance），将治理视为新公共管理（Governance as the New Public Management），将治理视为“善治”（Governance as Good Governance），将治理视为国际间之相互依赖（Governance as International Interdependence），将治理视为社会操纵系统（Governance as a Socio-Cybernetic System），将治理视为新政治经济（Governance as the New Political Economy），以及将治理视为网络（Governance as Networks）等③④。在实际的应用中，“治理”与“管制”的概念很容易引起混淆，在本书的研究中有必要对这对概念进行辨析。“管制”（regulation）与“治理”（governance）分别代表了传统区域主义和新区域主义在资源配置上的不同价值取向。

---

① 黄王丽. 国外大都市区治理模式［M］. 南京：东南大学出版社，2003：5.

② 张京祥，庄林德. 管治及城市与区域管治：一种新制度性规划理念［J］. 城市规划，2000，24（6）：16-21.

③ RHODES A W. Governance and Public Administration［G］// Jon Pierre. Debating Governance: Authority, Steering and Democracy. New York: Oxford, 2000: 54-90.

④ BRYSON J M, CROSBY B C, BLOOMBERG L. Public value governance: Moving beyond traditional public administration and the new public management［J］. Public Administration Review, 2014, 74(4): 445-456.

在起因和背景上，管制源自对市场失灵的反应。在自由资本主义经济发展的过程中，出现了古典自由主义无法解释的市场失灵问题，即市场均衡状态偏离帕累托配置。主要表现为：无法纠正外部不经济、不能完全承担公共产品的供给、无法避免信息不对称、忽视公共福利，以及难以界定市场主体的产权边界等。因此，单纯依靠市场机制的力量无法实现区域经济的协调发展，必须通过政府干预来弥补市场失灵，纠正市场运行所产生的负面影响，以达到资源的优化配置。为了克服20世纪30年代的大萧条，以及进行第二次世界大战后的经济复苏，西方国家越来越多地采用了法制、行政规章等手段对微观经济进行制约和干预，管制的概念应运而生，一般指"依据一定的规则对构成特定社会的个人和构成特定经济的经济主体的活动进行限制的行为"①。从20世纪30年代开始，政府干预逐渐成为资本主义国家在市场机制条件下应对市场失灵的普遍对策。但是，政府管制并不是万能的，政府同市场一样也会出现失灵，治理概念的提出就源自对市场和政府双重失灵的反应。从20世纪60年代开始，全球化进程加速，国际贸易的规模和范围不断扩大，国家、国际组织和跨国公司之间的互动日益频繁，非政府组织在发展壮大后对政治参与的热情日益高涨，而以平等、多元等社会价值观为基础的后工业社会也在西方世界大行其道。特别是20世纪70年代中期起应付刚出现的大西洋福特主义危机的企图失败，以政府干预为主要特征的凯恩斯主义也无法应对资本主义世界的危机。这些状况使西方世界认识到除了可能存在市场失灵外，单纯依靠政府计划和命令的手段，也无法实现资源的最优配置，因此，以市场调节和政府干预相结合、集权与分权相结合、正式组织和非正式组织相结合的治理理念逐渐被接受，并用于弥补市场和政府协调的失败。

在实现途径上，管制依靠政府的行政权威，以颁布法律、制定政策等正式规则进行自上而下的统治。而治理则强调各利益相关者之间的沟通、协调和合作，强调通过平等的多元互动来实现共同目标。因此，在权力运行方向上，管制是单一的，自上而下的；而治理则是多元互动的。

在参与主体上，管制的主体是政府机关，是政府机关依靠行政权威和政策法规对市场主体进行限制的行为；而治理的参与主体较为多元化，除了政

---

① 植草益．微观规制经济学［M］．北京：中国发展出版社，1992.

府机关外，还包括了企业、非政府组织和公众等其他利益相关者。

在基本特征上，管制代表政府依靠一系列政策法规对被管制者的约束和控制，凸显了政府的权威性和高度集权，被管制者是被动服从的角色。而治理则主张采用民主、平等、协调、分权、参与和多元化的手段，因此，治理过程中的各类主体，无论是政府部门，还是企业、社会团体或个人，它们之间的地位是平等的。

在管理模式上，管制的模式比较单一，强调政府的强制型主导作用，政府在整个管理模式中位于绝对的核心地位；而治理模式更为多元化，在管理体系中，政府、企业、非政府组织和公民多元参与和互动，即使政府在某种情况下起主导作用，但也是在协调、沟通基础上的有条件的主导。

在约束性上，政府管制通常要依据特定的法律法规或规章，因此有较为权威和强制性的法律规定和约束。例如文化和旅游部依据《旅游法》和《旅行社条例》对旅行社进行准入许可。而治理并没有特定法律的约束，治理过程的实现是在多集团对话、协调和合作的基础上达成的。

在管理范围上，管制主要限于对社会公共事务的管理；而治理则可以适用于所有的社会事务（见表 2.1）。

表 2.1 “治理”与“管制”的概念辨析

区别	管制（regulation）	治理（governance）
产生背景	20 世纪 30 年代西方资本主义国家经济大萧条	20 世纪 60 年代后工业时代和全球化浪潮
原因	发生市场失灵时需要政府干预	在市场失灵和政府失灵的情况下，需要多方利益相关者通过对话协商达成一致
定义	相关的政府机关依据一定的规则对市场主体进行限制的行为	通过多种集团的对话、协调、合作以达到最大程度动员资源的统治方式，以补充市场交换和政府自上而下调控之不足，最终达到双赢的、综合的社会治理方式
实现途径	依靠行政权威或正式的法律实行自上而下的统治	各利益相关者通过沟通、协商与合作实现共同目标

续表

区别	管制（regulation）	治理（governance）
基本特征	约束、控制、制约、集权	民主、平等、协调、分权、参与、多元化
参与主体	政府	政府、企业、非政府组织和公众
管理模式	政府强制性主导；单一模式	政府有条件主导；政府、企业、非政府组织和公民参与和互动
约束性	有特定法律规定和约束	无特定法律规定和约束，但可以通过立法提高效率
管理范围	公共事务	所有
权力运行方向	单一，自上而下	多元互动，上下互动

资料来源：李铭，方创琳，孙心亮．区域管治研究的国际进展与展望［J］．地理科学进展，2007，26（4）：107-120；谢正观，黄叶君．中外城市群空间管治分区比较研究［J］．城市问题，2009，170（9）：78-81．有改动。

所以，治理和管制都代表了一种社会管理理念，都需要政府发挥一定的作用。但是治理的外延比管制更加广泛，内容也更加丰富；而管制在一定程度上是治理体系的一个组成部分或一种具体方式，是治理体系中具有权威性和约束性的制度安排部分。

2.1.3 空间治理释义

空间治理是治理理论在城市、跨区域等空间层面的应用①，地理学者将空间思维加入了治理理论的研究，从而催生了空间治理的概念。与治理相比，空间治理意指通过利益相关者之间的协调和对话，实现资本、土地、劳动力等生产要素在地域空间的优化配置。由于空间概念的多维性和治理内涵的丰富性，学术界对空间治理的定义尚未达成一致，比较具有代表性的定义如下表所示，其中方创琳对空间治理的研究得到了更多的认可。

---

① 樊杰．我国空间治理体系现代化在“十九大”后的新态势［J］．中国科学院院刊，2017，32（4）：396-404.

表 2.2 “空间治理”定义一览

序号	文献	定义
1	方创琳. 区域规划与空间管治论［M］. 北京：商务印书馆，2007.	空间治理是区域内多种不同利益集团和社会团体之间通过对话、协调与合作等自组织方式，在政府与市场之间运用政治权威管理和控制国家资源，解决矛盾冲突，进行区域利益平衡再分配，最大限度地补充市场交换和政府控制不足，最终达到双赢的治理模式
2	杜黎明，薛立波. 城市空间管治视野下的文化产业发展研究［J］. 经济问题探索，2011（9）：74-77.	空间治理是空间管理和空间问题治理的统一，空间管制和空间问题治理的集合，不仅要求科学合理有效地利用空间，而且要求对过去空间开发的遗留问题进行治理
3	张京祥. 西方城市规划思想史纲［M］. 南京：东南大学出版社，2005：223	空间治理是经济、社会、生态等的可持续发展以及资本、土地、劳动力、技术、信息、知识等生产要素综合包融在一起的、整体地域治理概念
4	宋劲松，罗小虹. 从“区域绿地”到“政策分区”：广东城乡区域空间管治思想的嬗变［J］. 城市规划，2006，30（11）：51-56.	空间治理是对空间发展、建设进行的治理，涉及不同层级政府或发展主体之间、同级政府之间的协调发展问题，其主体是多元和多层次的。在横向方面，需要重点协调区域内各主体之间的利益；在纵向方面，是一种多层次的政府事务，需要事权进行多层次划分
5	黄金川，肖磊，孙贵艳. 县域空间管治区划的理论与方法［J］. 安徽农业科学，2011，39（1）：453-457，534.	空间治理是通过地理学的区划方法划分为不同类型区，分别制定相应的管治政策，从而指导城镇建设活动的布局
6	谢正观，黄叶君. 中外城市群空间管治分区比较研究［J］. 城市问题，2009，170（9）：78-81.	空间治理是通过多元互动达成的空间资源共同治理，主要依据不同地域的特点制定不同的发展政策，并对不同地区的空间控制与发展提出相应的实施措施

一般认为，“空间管制”（spatial regulation）和“空间治理”（spatial governance）之间存在本质的区别①，它们分别反映了传统区域主义和新区域主义在空间资源分配上的价值取向。空间管制是一种规划技术，强调对空间资源的控制和强制措施，可以作为空间治理中的技术手段或组成部分。最具代表性的空间管制是城市总体规划中对已建区、适建区、限建区、禁建区的分区划定和规划管理中对“红线”“蓝线”“绿线”“紫线”的控制等。而空间治理更加关注对空间资源的全面治理、有效整合和协调管理，侧重于从各区域的个性和差异出发，充分协调区域内各类利益相关者的诉求，制定差异化的区域发展政策，实现对空间资源的合理优化配置。

综上，空间治理源自社会科学领域，其落脚点是“治理”，隶属管理学的范畴，但是“空间”则是该理论的核心和灵魂，尤其对于中国而言，空间规划手段才决定了其现实生命力，“空间治理”是治理理论中国化的有效途径。关于“空间治理”的内涵可以从两个方面来理解：一方面，空间治理表现为政府、市场和社会等利益相关者之间的多元协商、沟通和互动；另一方面，空间治理还表现为对区域资源和生产要素的空间配置，可达到科学有效的空间利用。因此，空间治理是空间规划手段和多元治理的统一，本身即具有多学科研究的潜质。因此，对空间治理的研究应从多学科、多元化的视角展开。参考国内外学者对空间治理的研究，尤其是跨学科的研究方法，本书将从三个维度诠释空间治理的内涵：首先，从地理学意义上，空间治理代表一种改造空间的技术手段，通过空间重构修复各区域、各主体在空间资源分配中的不平衡和不对等，实现空间资源的均衡配置；从公共管理学视角上，空间治理需要政府间的相互协调；从旅游学角度看，空间治理仍然需要各利益相关者之间相互协商和合作。

作为通过政府、市场和社会之间的多元协调，实现要素和资源合理配置的空间管理方式，空间治理正成为解决大都市区区域发展问题和跨区域合作的重要手段。目前对空间治理理论有三种主要的研究方向：以政府为主导的传统区域主义（Regionalism）、以分权化解决区域问题的公共选择学派

---

① 谢正观，黄叶君. 中外城市群空间管治分区比较研究［J］. 城市问题，2009，170（9）：78-81.

（Public Choice）和建立综合性区域网络的新区域主义（New Regionalism）[①]。

传统区域主义认为，碎片化的行政单位是造成区域分裂的主要根源，主张通过行政区划调整组建区域联合政府，以促进区域协作，优化资源配置。在长期地方自治的许多西方国家，区域行政权力过于分散的现象比较显著，即在某一区域存在大量拥有独立自治权的地方政府。传统区域主义倡导通过集权式管理应对政治权力的过度分散。传统区域主义的空间治理理论之所以主张以集权式政府取代分散化的地方政府，在于其认识逻辑：分散化、多中心的区域地方政府倾向于追求各自的地方利益，从而造成资源配置的重复和缺失同时存在，导致一系列的区域矛盾，即分散的地方政府最后会产生有组织的区域发展障碍。

与传统区域主义相反，公共选择学派则认为多中心的区域管理体系有助于引入竞争机制，达到权力之间的相互制衡，从而实现区域协调发展。区域内多样化的地方政府可以供给更多的公共服务，公民通过“用脚投票”的方式促使地方政府在相互竞争中提高公共服务提供的有效性和针对性。因此，公共选择学派不主张改变区域中地方政府的分散状态，主张在充分竞争中建立多中心的区域管理结构。

20世纪90年代以来，在全球化的影响下，新区域主义成为空间治理理论的主流思潮。新区域主义认为区域合作的关键在于构建多元参与的区域合作网络，通过政府、市场和社会的相互协商和互动实现区域一体化。新区域主义认为空间治理有三种实现途径：多层级模式（multitiered approach）由不同层级的政府提供不同范畴的公共服务，功能链接方法（linked functions approach）主张地方政府间建立区域合作协议，复杂网络模式（complex networks approach）主张通过多主体、多层次的区域合作网络来实现空间治理[②]。新旧区域主义都反对区域权力的分散化，但是新区域主义强调建立沟通、合作和共同发展的区域网络。

---

① 唐燕. 德国大都市地区的区域治理与协作［M］. 北京：中国建筑工业出版社，2011：8-11.

② SAVITCH H V, Vogel Ronald K. Introduction: Paths to New Regionalism[J]. State and Local Government Review, 2000, 32(3): 158-168.

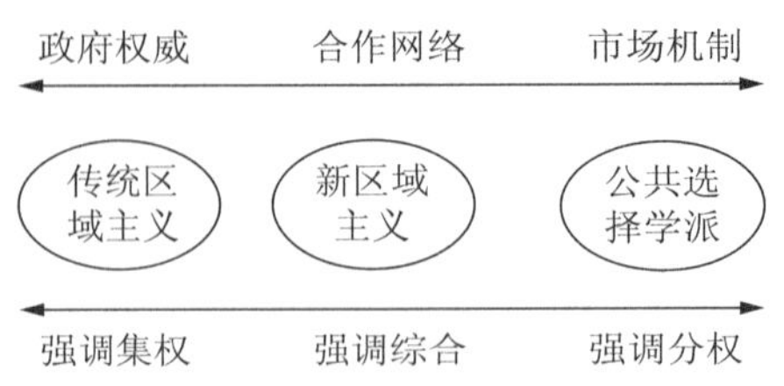

图 2.1 三种空间治理理论之间的关系

资料来源：唐燕. 德国大都市地区的区域治理与协作 [M]. 北京：中国建筑工业出版社，2011.

2.2 理论基础

本书的研究对象具有很强的综合性和复杂性，无论对旅游业时空分异的研究还是对空间治理的探讨都需要跨学科、多元化的视角，因此本书以现代系统论为科学指导，从地理学和管理学等多学科视角开展研究。

2.2.1 科学支撑：现代系统论

系统论是指导本书研究的“上层建筑”。“系统”（system）一词最早出现于 17 世纪初，源自希腊语中的“共同”（syn）和“组合”（set up）二词。系统论的创始人美籍奥地利科学家贝塔朗菲认为，系统是“处在一定相互联系中与环境发生关系的各组成部分的整体”[①]。系统是由多个相互联系的部分所组成的整体，各个部分之间相互作用、相互依存，共同构成了有机整体。半个多世纪以来，系统论经历了从经典系统论到现代系统论的演变[②]。二者的主要区别在于：经典系统论的研究对象是整体和整体性，混淆了系统和整体之间的区别；而现代系统论将系统作为整体和部分的统一，其研究对象是系统内部的整体与部分之间的相互关系，整体是系统的核心属性，对系统具有决定性作用，但是只有把整体和部分有机统一才能真正认识系统。此外，现代系统论认为，系统内部的要素、结构、功能和环境相互作用共同推动了整体的发展变化，而整体的变化最终引起了系统的发展。因此，现代系统论更能够准确反映系统论的内容，并被广泛用于自然界和人类社会。

---

① 曾菊新. 空间经济：系统与结构 [M]. 武汉：武汉出版社，1996：54.

② 常绍舜. 从经典系统论到现代系统论 [J]. 系统科学学报，2011，19 (3)：1-4.

关于旅游业构成的“六要素说”认为，旅游业包含“行、住、游、食、购、娱”六大要素。上述六要素中的每一个要素都可以构成一个独立的传统行业，而这六个传统行业又共同以旅游者为服务对象，为其旅游活动创造便利条件。因此，旅游业具有很强的综合性、复杂性等特征，非常适合以现代系统论为科学支撑认识和研究旅游业中的问题。在现代系统论的研究框架下，可以将区域旅游业作为一个巨系统，“行、住、游、食、购、娱”六大要素分别构成一个子系统，旅游地、客源地和旅游通道可以分别构成一个子系统，旅游企业、旅游主管部门、旅游者和旅游地居民等利益相关者也可以分别构成一个子系统。

2.2.2 学科基础：经济地理学的制度转向

制度经济地理学。西方国家的经济发展、社会科学的影响，以及经济地理学自身的调整共同促使了经济地理学的制度转向这场学术变革，从而产生了制度经济地理学（Institutionalist economic geography）①②③。经济地理学的制度转向突出了制度对资源空间配置的影响，“治理”“新制度主义”等术语被用来指制度研究的重要性④。制度经济地理学家质疑新古典经济学的行为假设，他们研究正式的规则，也承认非正式的约束（例如禁忌、习俗，传统和行为准则）⑤。（1）西方国家的经济发展为其提供了实证基础。20世纪70年代以来，西方发达国家的生产方式由标准化生产、大众化消费的福特主义向柔性化生产、个性化消费的后福特主义转型，在此背景下，国家和社会组织都在积极寻找与之相适应的制度框架，一些国家开始实施放松管制（deregulation）和私有化策略。80年代中期，英美的新自由主义兴起，引起诸多国家效仿。与此同时，日益加速的全球化进程也对制度实施的空间尺度

---

① 李小建. 经济地理学［M］. 2版. 北京：高等教育出版社，2006：370-373.

② 吕拉昌，魏也华. 新经济地理学中的制度转向与区域发展［J］. 经济地理，2005，25（4）：437-441.

③ MARTIN R. Institutional approaches in economic geography [G]// TBARNES, E SHEPPARD, etc. A Companion to Economic Geography. Blackwell, Oxford, 2000:77-94.

④ HALL P, TAYLOR R. Political science and the three new institutionalism [J]. Political Studies, 1996, 44(5): 936-957.

⑤ COWELL R, MARTIN S. The joy of joining up: modes of integrating the local government modernisation agenda [J]. Environment and Planning, 2003, 21(2): 159-180.

提出了挑战，国家对经济的控制出现弱化。在此背景下，制度重建被提到议事日程。（2）一些社会科学学派的研究成果为其提供了理论借鉴。20 世纪 70 年代的世界经济危机打破了政府干预的神话，凯恩斯主义经济学的影响力日趋减弱，“制度主义”（institutionalism）的因素得到了经济学、社会学和政治学等社会科学的关注，这些学科也经历了“制度主义”的发展。经济学认为，从企业结构、市场运行，到政府干预，制度因素在所有经济层面都扮演着关键角色；社会学认为经济行为也是一种社会行为，社会制度在经济生活中也同样具有重要性；而政治学家则越来越重视政治的组织体制，以及组织体制的国家差异如何对政治、社会和经济产生影响。因此，从 20 世纪六七十年代开始，制度主义的方法开始在这些社会科学中流行，随着社会科学之间的边界日益模糊，制度主义也开始被经济地理学家们所接受。

在这一背景下，经济地理学出现了制度转向，关注社会规范和经济过程的相互作用，认识到经济活动应该放在社会习俗、经济秩序和政治结构中来理解。在制度转向中，地理学家不仅研究法律、政府等正式制度，也研究地方文化、地方社会网络等非正式制度；不仅研究国家层面的空间经济，也关注区域层面的经济发展。经济地理学的制度转向试图解决以下基本问题：制度结构如何使资本主义经济发展产生地理空间上的不平衡？其程度和方式如何？为了解决上述问题，经济地理学的制度转向主要研究了以下几个主题：（1）制度塑造经济空间。在经济运行的过程中，制度安排不仅影响了经济组织的存在和变化，而且可以反过来塑造制度环境，也对此进行修正。制度和经济又会对其地理空间产生依赖，二者的相互作用因空间而发生变化，所产生的空间差异及其对区域经济景观的塑造是经济地理学制度转向所要研究的中心问题。（2）制度依赖改变经济景观。制度是历史沉淀的产物，具有路径依赖的基本特征，制度在塑造经济空间的过程中将路径依赖传递给经济发展过程。因此，由于不同地区的制度体制和制度路径不同，经济景观也不可避免地产生差异性。（3）制度环境促进技术创新。特定的制度环境使技术创新和学习的地方化特征得以强化，技术变化依赖于特定制度背景的社会文化活动，直至产生产业集群。产业集群一旦建立，就会反过来促进更有效的制度环境；制度环境也会促使技术创新在地方经济发展和企业中产生溢出效应，从而使其具有更强的植根性。（4）文化因素影响制度路径。社会结构、消费习惯和生活方式等社会文化因素会影响非正式规则（如风俗习惯、社会禁忌）

的形成，这些非正式规则也会影响区域经济的发展。同时，文化因素在一定程度上能传承知识和价值观，因此成为决定制度路径依赖的关键因素。文化因素在不同地理尺度上会对空间经济产生不同的影响。

总之，经济地理学的制度转向具有多样性和丰富性，在这一过程中，经济景观比市场更加重要，政治干预、文化发展、技术创新和路径依赖等综合因素共同推进了经济地理学的制度转向。制度经济地理学不仅研究特定制度及其在规范经济空间上的作用，而且研究空间经济演化的独特方式。

新区域主义。经济的全球化和新自由主义浪潮不仅促进了经济、社会、文化、政治的全球化进程，而且改变了政府、企业和非政府组织等发展主体所处的环境。传统的地理空间正在消融，行政边界的作用已经无法适应全球化的发展。全球化环境中的新区域管理方式必须“既能体现跨越边界的区际差异，又能强调区际之间的控制和协调”。在当今社会，政府并不需要垄断一切的合法权力，非政府组织（Non-Governmental Organizations，NGO）也可以在社会经济管理中发挥积极的调节作用①。

新区域主义（new regionalism）是以生产的技术和组织变化为基础、以提高区域在全球经济中的竞争力为目标而形成的区域经济发展的理论、方法和政策导向。新区域主义强调社会发展要适应市场化与资源配置全球化的趋势，重视公众参与，重视区域人文和社会的全面协调发展，偏重于通过多元互动达成的空间资源共同治理。新区域主义的基本特征主要体现在以下几个方面②：强调经济行为的社会基础和区域化特征，主张区域应成为经济政策的焦点；提倡自下而上的、长期性的区域政策，该政策应基于多元主体而产生，并能激发其内生发展潜力；政策的关键在于强化合作网络（networks of associations）和集体行动能力；政府和市场之外的社会组织应作为政策的重要内容。

综上，新区域主义更强调经济行为的社会基础和区域化特征，认为区域的竞争力与活力是源于区域内公共机构、私人机构及非营利组织之间的自发协商和分享，它试图超越政府干预与市场调节的两难选择，“主张综合运用竞

---

① 李铭，方创琳，孙心亮. 区域管治研究的国际进展与展望［J］. 地理科学进展，2007，26（4）：107-120.

② 苗长虹，樊杰，张文忠，等. 西方经济地理学区域研究的新视角：论新区域主义的兴起［J］. 经济地理，2002，22（6）：644-650.

争与合作两种机制来解决区域问题”①，强调“区域内部力量”的动员和竞争优势的培育，最终目的是在政府、非政府组织及公众之间建立起区域战略伙伴关系。由此，“新区域主义”的主要政策方向集中于通过协商和合作来改进区域发展的经济、制度和社会基础，培育区域的持续发展能力。

2.2.3 多元视角：管理学

空间治理理论脱胎自社会科学领域的管理学研究，因此对管理学相关理论的梳理有助于明确空间治理的本质和内涵。

新公共管理理论。在全球化背景下，面对政府、企业、非政府组织等力量的重组，需要一个公平、公开又具有竞争力的区域协调系统，以保证区域的可持续发展。针对这种状况，20 世纪 70 年代开始，西方国家开始了持续的政府改革，发达国家普遍进行了“重塑政府”、再造公共部门的新公共管理运动（New Public Management)，由此催生了新公共管理理论。新公共管理理论将一些治理权力向区域层面转移，包括国家权力的下放和城市间通过联盟方式将某些权力上交（形成大都市区政府、区域性组织等）两个方面，以形成新的制度竞争优势。新公共管理理论将企业管理的理念、方法运用于公共部门管理。

与传统的公共行政理论相比，新公共管理理论具有以下特征：（1）管理理念市场化。新公共管理理论认为，政府应该关注的是管理活动的产出和效益，而不是管理过程和投入，应当以管理效果为依据进行资源配置，使公共资金发挥最大功效②。此外，新公共管理理论还借鉴了私营企业管理的经验，提出了构建“企业式政府”的目标，把公众作为政府的顾客，政府服务以顾客需求为导向。在评价公共管理的效果时，注重顾客的参与，并以顾客为评价的主体，使公共服务满足顾客的需求。在这种情况下，政府不再是凌驾于社会之上的官僚机构，政府和社会之间的关系更加平等。（2）管理方式分权化。等级森严的集权制结构阻碍了政府机构对新情况的反应速度。与传统公共管理理论采取的集权方式不同，新公共管理理论倡导用分权、授权的方式进行管理，使政府机构更加灵活和高效。此外，新公共管理理论还更加重视

---

① 汪书宇．基于利益相关者的区域管治模式创新研究：以滨海新区为例［D］．天津：天津大学管理与经济学部，2010：8.

② 谭和义．新公共管理理论对我国行政改革的启示［J］．湖北社会科学，2002（9）：67-68.

人力资源管理，并采取绩效工资制的方法挖掘人员的工作潜力和积极性。（3）管理主体多元化。在公共管理理念下，“企业式政府”的转变使得政府不再是唯一的管理主体，其管理职能从掌舵变为划桨①，即政府的核心职能是政策的制定而非执行。因此，政府的职能是有限的，而不是面面俱到的。除了有限政府外，公共事务的管理主体还包括企业、非政府组织等利益相关者，政府在这些多元利益主体中处于核心地位②，并担当组织者和协调者的角色。

近十几年来，新公共管理理论逐渐得到中国政府的重视，并在若干政府改革中得以实践。2003 年爆发的 SARS（Severe Acute Respiratory Syndrome，严重急性呼吸系统综合症）疫情在一定程度上加速了中国政府由传统的“行政管理”向“公共管理”的转变③。中共十八届三中全会提出，必须“切实转变政府职能，深化行政体制改革，创新行政管理方式，增强政府公信力和执行力，建设法治政府和服务型政府”。在新公共管理理论的指导下，传统的高度集权的行政管理应树立“有限政府”“服务性政府”的管理理念，放宽决策的参与主体、严格控制管理效果。

利益相关者理论。“利益相关者”的概念第一次出现在 20 世纪 60 年代，1963 年，斯坦福大学研究所（Stanford Research Institute，SRI）第一次明确提出了“利益相关者”的定义，“利益相关者是这样一些团体，没有其支持，组织就不可能生存”。此后的学者不断对该定义进行完善，其中以 Freeman 在 1984 年对利益相关者的定义最具有认可度，他认为企业的利益相关者是“任何能够影响企业组织目标的实现或受这种实现影响的个人或群体”④。利益相关者理论正式产生于 20 世纪 80 年代的公司治理理论，在 80 年代中期以前，普遍认为股东拥有对公司的绝对所有权⑤，是唯一的公司治理主体。80 年代

---

① 金莲. 新公共管理理论与新公共服务理论对我国政府改革的启示［J］. 企业研究，2011（8）：132-134.

② 王亚伟. 新公共管理理论对我国公共管理的启示［J］. 中共郑州市委党校学报，2011，114（6）：61-63.

③ 陈华栋，顾建光，裴锋. 新公共管理理论及实践模式探析［J］. 求索，2005（7）：42-44.

④ 李维安，王世权. 利益相关者治理理论研究脉络及其进展探析［J］. 外国经济与管理，2007，29（4）：10-17.

⑤ 付俊文，赵红. 利益相关者理论综述［J］. 首都经济贸易大学学报，2006，8（2）：16-21.

中期之后，股东中心论的观点受到了质疑，质疑者认为企业的所有权应当属于所有的利益相关者，他们共同对企业投资，承担一定的风险，并取得收益。此后，利益相关者理论受到社会学、法学等学科的广泛关注，于20世纪80年代末被应用到旅游规划、可持续旅游发展、社区旅游等多个领域的旅游研究中，并出现了“旅游利益相关者”这一术语①。

按照利益相关者理论，所有能够影响旅游发展的个人或群体也应当参与到旅游治理中。一般认为，旅游利益相关者主要包括旅游者、旅游地居民、政府部门、旅游企业、旅游从业人员等。其参与的方式至少包括两个方面：一是参与旅游决策过程从而影响旅游政策的制定，实现公共利益；二是通过旅游就业参与旅游经济利益的分享，实现个人利益②。针对利益相关者参与后产生的矛盾，学者们提出了“旅游利益相关者分而治之”的解决模式。该模式认为，不同的利益相关者具有不同的影响力，他们对旅游发展的看法也存在差异，因此应当对其进行分类治理。而在不同旅游利益相关者的影响力差异上，多数学者认为，旅游地居民在现实中难以成为旅游发展中的决定性力量，政府和开发商在很大程度上控制着旅游开发行为，但是他们仍需要获得旅游地居民、旅游者等各利益相关者的认同和协作。

综上所述，根据国内外研究进展，可进一步明确“治理”“空间治理”等核心概念。“治理”是指通过多种集团的对话、协调和合作以最大程度地动员资源，并补充市场交换和政府调控的不足，最终实现双赢的社会治理方式；“空间治理”是区域内多种不同利益集团和社会团体之间通过对话、协调与合作等自组织方式，在政府与市场之间运用政治权威管理和控制国家资源，解决矛盾冲突，进行区域利益平衡和再分配，最大程度地补充市场交换和政府控制的不足，最终达到双赢的治理模式。基于以上核心概念，本书将以现代系统论作为科学支撑，并系统梳理制度经济地理学、新区域主义、空间治理理论、新公共管理理论、利益相关者理论等相关理论，主要从经济地理学的制度转向出发，以多学科、多元化的分析视角展开研究。

---

① 郭华. 国外旅游利益相关者研究综述与启示［J］. 人文地理，2008，100（2）：100-105.

② TIMOTHY D J. Participatory planning：A view of tourism in Indonesia［J］. Annals of Tourism Research，1999，26（2）：371-391.

3　旅游经济的基本格局

3.1　长江经济带概况

长江是中国第一大河，自西向东流经我国中部的九省二市。长江流域降水充沛、气候温暖，具有承东启西、连通南北的独特地缘优势，自古是我国经济、文化和科技的中心，战略地位显著。

长江经济带覆盖了长江流域的 11 个省市，面积约 205 万平方千米，占全国国土面积的 21.35%。截至 2016 年底，长江经济带各省市总人口 59140 万人，占全国总人口的 42.77%；2016 年长江经济带各省市地区生产总值为 337181.94 亿元，占同期全国国内生产总值的 45.35%。长江经济带已经发展成为我国经济发展最活跃、综合实力最强、战略地位最重要的区域之一，是我国新一轮国土资源开发中不容忽视的关键区域。

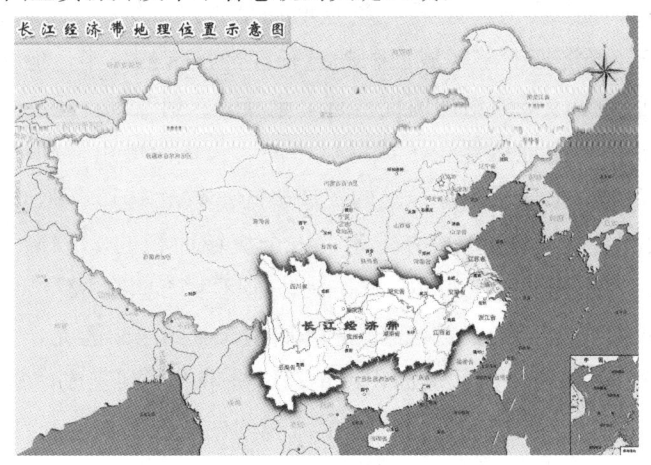

图 3.1　长江经济带地理位置示意图

资料来源：国务院. 国务院关于依托黄金水道推动长江经济带发展的指导意见[EB/OL]. (2014-09-25) [2015-01-04]. http://www.gov.cn/zhengce/content/2014-09/25/content_9092.htm.

2014年9月，国务院发布《关于依托黄金水道推动长江经济带发展的指导意见》(国发〔2014〕39号)(以下简称《意见》)，提出了“依托黄金水道推动长江经济带发展，打造中国经济新支撑带”等相关指导意见。此后一系列政策的出台为长江经济带的加快发展提供了政策支撑，其区域战略地位愈发重要。

按照长江干流的流向可将长江经济带11个省市分为上游、中游和下游三个区域。其中，长江经济带上游区域包括四川省、云南省、贵州省和重庆市三省一市，以重庆市为中心城市，以成都市、贵阳市和昆明市为副中心城市；长江经济带中游区域包括湖北省、湖南省和江西省三个省份，以武汉市为中心城市，以长沙市和南昌市为副中心城市；长江经济带下游区域包括上海市、浙江省、江苏省和安徽省三省一市，以上海市为中心城市，以南京市、杭州市和合肥市为副中心城市。

长江经济带上游地区的资源优势和产业优势在我国西部地区较为突出，尤其是成渝两地的经济实力和旅游业发展水平都已经处于西部的领先地位，并形成了以重庆市和成都市为核心的双核联动格局①。截至2016年底，长江经济带上游区域面积合计1134567平方千米，占全流域面积的55.12%；常住人口19636万人，占全流域总人口的33.20%；地区生产总值77240.28亿元，占全流域GDP的22.91%；第三产业增加值36258.88亿元，占全流域的21.91%。长江经济带上游区域面积超过长江经济带的一半，但是常住人口、地区生产总值和第三产业增加值仅占整个流域的二到三成，经济体量较小。

长江经济带中游地区涵盖了武汉城市圈、长株潭城市群和环鄱阳湖城市群等多个城市群，形成了三足鼎立的发展格局。截至2016年底，长江经济带中游区域面积合计564600平方千米，占全流域面积的27.43%；常住人口17299万人，占全流域总人口的29.31%；地区生产总值82715.75亿元，占全流域GDP的24.55%；第三产业增加值36748.43亿元，占全流域的22.24%。长江经济带中游区域面积占长江经济带的不到三成，常住人口、地区生产总值和第三产业增加值仅占整个流域的两成左右，与长江经济带上游地区相当。

---

① 马远方. 长江经济带旅游合作现状、动力机制与对策研究［D］. 武汉：华中师范大学，2017：45.

长江经济带下游地区区域经济发达，基础设施完备，旅游资源丰富，是我国城市化水平最高的区域，各城市之间共享资源、互为市场，良好的区域社会经济环境有力支撑了旅游业的发展，目前已基本形成了多节点、多轴线的网状格局。截至 2016 年底，长江经济带下游区域面积合计 359140 平方千米，仅占全流域面积的 17.45%；常住人口 22205 万人，占全流域总人口的 37.55%；地区生产总值 177225.90 亿元，占全流域 GDP 的 52.56%；第三产业增加值 92464.39 亿元，占全流域的 55.88%。长江经济带中游区域面积仅占长江经济带的不到两成，但常住人口占整个流域的近四成，地区生产总值和第三产业增加值超过全流域半数，是当之无愧的流域增长极。

表 3.1 2016 年长江经济带上游、中游和下游区域概况

区域	省市	面积（平方千米）	常住人口（万人）	GDP（亿元）	第三产业增加值（亿元）
上游	重庆市	82400	3048	17740.59	8538.43
	四川省	486000	8262	32934.54	15556.29
	云南省	390000	4771	14788.42	6903.15
	贵州省	176167	3555	11776.73	5261.01
	小计	1134567	19636	77240.28	36258.88
	比例（%）	55.12	33.20	22.91	21.91
中游	江西省	166900	4592	18499.00	7764.93
	湖北省	185900	5885	32665.38	14351.67
	湖南省	211800	6822	31551.37	14631.83
	小计	564600	17299	82715.75	36748.43
	比例（%）	27.43	29.31	24.55	22.24
下游	上海市	6340	2420	28178.65	19662.90
	江苏省	107200	7999	77388.28	38691.60
	浙江省	105500	5590	47251.36	24091.57
	安徽省	140100	6196	24407.62	10018.32
	小计	359140	22205	177225.91	92464.39
	比例（%）	17.45	37.55	52.56	55.88

资料来源：国家统计局．地区数据[EB/OL]．(2018-01-01)[2018-07-31]．http://data.stats.gov.cn/easyquery.htm?cn=E0103.

3.2 流域旅游发展现状

就全国范围而言，长江经济带流域旅游经济也占据重要地位，无论是从经济总量而言，还是旅游产业发展状况都可圈可点。

3.2.1 流域旅游经济规模较大，增长迅速

长江经济带经济发达、人口密集、旅游资源丰富，旅游业发展具有先天优势。2001 年至 2016 年，长江经济带流域旅游发展平稳，各省市旅游总收入和旅游总人数发展趋势较为接近，分别以 19.98%和 16.49%的年均增长率稳步增加，高于我国同期全国旅游总收入和旅游总人数的增长速度（分别为 11.68%和 16.25%）。

按其年均增长率可以大致将 2001 年至 2016 年长江经济带流域旅游发展分为四个阶段：第一个阶段为 2001 年至 2003 年，旅游总收入和旅游总人数的年均增长率分别为 13.25%和 6.70%，增长速度最低；第二个阶段为 2004 年至 2008 年，旅游总收入和旅游总人数的年均增长率分别为 19.20%和 16.19%，流域旅游经济开始加速发展；第三个阶段为 2009 年至 2013 年，旅游总收入和旅游总人数的年均增长率分别为 22.92%和 21.33%，流域旅游经济发展进入快车道；第四个阶段为 2014 年至今，旅游总收入和旅游总人数的年均增长率分别为 22.91%和 14.25%。可见，从 2009 年开始，长江经济带流域旅游总收入保持了高于 20%的年均增长率，且增长速度持续高于旅游总人数的增长速度，流域旅游经济开始进入内涵式发展阶段。

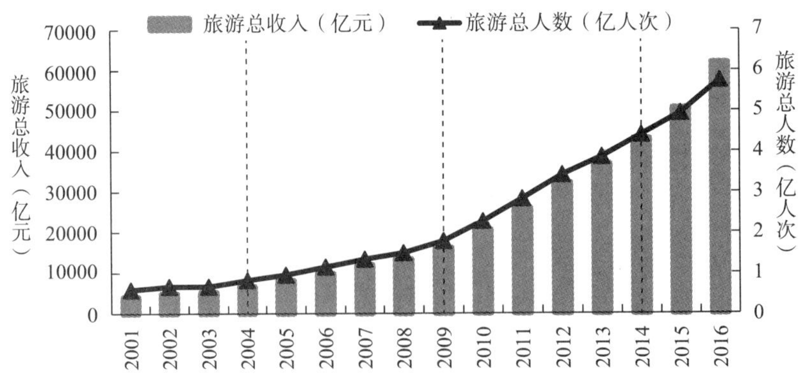

图 3.2　2001—2016 年长江经济带旅游总收入和旅游总人数

资料来源：国家旅游局．中国旅游统计年鉴 2001—2017［M］．北京：中国旅游出版社，2001-2017.

3.2.2 旅游资源品类丰富，等级较高

旅游资源是旅游业发展的前提和基础。长江经济带各省市旅游资源种类丰富，各具特色，不同旅游资源之间具有较好的互补性。例如，上海市以现代都市景观为主要特色，江苏省以古典园林、江南古镇等旅游资源为主，浙江省以吴越文化见长；湖北省和湖南省以荆楚文化、三国文化为主，云贵两省以奇山秀水和民族风情为主要特色，四川、重庆地区以巴蜀文化和地方美食为特色。流域内各省市旅游资源特色突出，省市之间的差异性显著，有助于打造独具特色的旅游形象，实现差异化竞争和区域旅游合作。

此外，流域内旅游资源的等级也相对较高，拥有众多闻名中外的旅游资源，国家5A级旅游景区①、国家历史文化名城和世界遗产等高等级旅游资源的数量均占全国总数的40%以上，在全国位居前列。其中2007年至2016年，流域内年均拥有国家5A级旅游景区60个，平均占全国总数的44.65%；2001年至2016年，流域内年均拥有国家历史文化名城48座，平均占全国总数的43.07%；2001年至2016年，流域内年均拥有各类世界遗产18处，平均占全国总数的47.33%，其中2015年世界遗产的数量更是占到全国总数的62.50%（见表3.2）。

表3.2 2001—2016年长江经济带旅游资源情况

年份	国家5A级旅游景区		国家历史文化名城		世界遗产	
	数量（个）	比例（%）	数量（座）	比例（%）	数量（处）	比例（%）
2001	—	—	43	42.57	10	35.71
2002	—	—	43	42.57	10	35.71
2003	—	—	43	42.57	12	41.38
2004	—	—	43	42.16	12	40.00
2005	—	—	44	42.72	12	38.71
2006	—	—	44	42.72	13	39.39
2007	26	39.39	47	43.12	16	45.71
2008	26	39.39	47	43.12	17	45.95
2009	27	40.30	48	43.64	17	44.74

① 国家旅游局自2007年开始评定国家5A级旅游景区，因此对国家5A级旅游景区的统计从2007年开始。

续表

年份	国家5A级旅游景区		国家历史文化名城		世界遗产	
	数量（个）	比例（%）	数量（座）	比例（%）	数量（处）	比例（%）
2010	36	47.37	48	43.24	19	47.50
2011	50	42.02	51	43.59	22	53.66
2012	66	45.52	51	42.86	23	53.49
2013	82	46.86	53	43.09	24	53.33
2014	85	46.20	54	43.20	27	57.45
2015	98	46.01	56	43.75	30	62.50
2016	105	46.67	58	44.27	31	62.00
平均	60	44.65	48	43.07	18	47.33

资料来源：国家5A级旅游景区和国家历史文化名城数据根据网络公开资料整理；世界遗产数据来自：UNESCO. World Heritage List［EB/OL］.（2018-07-02）［2018-07-31］. http://whc.unesco.org/en/list/.

由于独特的地理条件和历史背景，长江经济带各区域的旅游资源分布情况也存在显著差异，国家级自然保护区等自然旅游资源在上游地区分布较广，下游地区则拥有更多人文旅游资源。截至2017年，长江经济带共有国家级自然保护区136处，其中，上游四省市拥有63处国家级自然保护区，占全流域的46.32%，中游三省拥有52处国家级自然保护区，占全流域的38.24%，下游四省市拥有21处国家级自然保护区，占全流域的15.44%；全流域共有国家历史文化名城59座，其中，上游四省市拥有17座国家历史文化名城，占全流域的28.81%，中游三省拥有13座国家历史文化名城，占全流域的22.03%，下游四省市拥有29座国家历史文化名城，占全流域的49.15%；全流域共有国家5A级旅游景区114处，其中，上游四省市拥有33处国家5A级旅游景区，占全流域的28.95%，中游三省拥有28处国家5A级旅游景区，占全流域的24.56%，下游四省市拥有53处国家5A级旅游景区，占全流域的46.49%。

3.2.3 星级酒店数量众多，经营绩效仍有发展潜力

以2017年第四季度为例，长江经济带流域星级饭店数量共计4002家，相当于全国星级饭店总数的40.94%，基本占据了全国星级饭店的半壁江山，彰显了流域内较强的旅游接待能力。在全国各省区市中，星级饭店数量超过500家的省区市共6家，其中有一半来自长江经济带，分别是浙江省（604

家）、江苏省（541 家）和云南省（521 家）。

从经营绩效来看，2017 年第四季度长江经济带星级饭店的营业收入总计 261.61 亿元，占全国星级饭店营业总收入的 45.28%；各省市星级饭店平均房价 330.97 元/间夜，与全国平均水平基本持平；流域各省市星级饭店平均出租率 59.53%，略高于全国星级饭店的平均出租率；流域各省市星级饭店的 RevPAR 为 20257.60 元/间夜，高于全国星级饭店平均 RevPAR（见表 3.3）。虽然流域内星级饭店的经营绩效相较于全国平均水平而言尚可，但是与其旅游经济规模和星级饭店数量相比，仍有发展的空间。

表 3.3　2017 年第四季度长江经济带星级饭店概况

地区	数量（家）	比例（%）	营业收入（亿元）	比例（%）	平均房价（元/间夜）	平均出租率（%）	RevPAR*（元/间夜）
全国	9775	100	577.7	100.00	352.23	57.71	20327.19
上海	219	2.24	63.07	10.92	737.54	70.59	52062.95
江苏	541	5.53	47.18	8.17	364.58	62.66	22844.58
浙江	604	6.18	54.35	9.41	374.93	59.87	22447.06
安徽	291	2.98	13.81	2.39	274.26	55.84	15314.68
江西	283	2.90	8.53	1.48	230.39	54.17	12480.23
湖北	398	4.07	15.36	2.66	296.89	59.79	17751.05
湖南	369	3.77	15.53	2.69	245.89	65.95	16216.45
重庆	189	1.93	10.59	1.83	343.46	58.91	20233.23
四川	357	3.65	17.38	3.01	320.03	58.58	18747.36
云南	521	5.33	10.1	1.75	188.76	51.93	9802.31
贵州	230	2.35	5.71	0.99	263.94	56.58	14933.73
合计/平均	4002	40.93	261.61	45.28	330.97	59.53	20257.60

资料来源：国家文化和旅游部. 2017 年第四季度全国星级饭店统计公报[EB/OL]. (2018-03-19) [2018-07-31]. http://zwgk.mct.gov.cn/auto255/201803/t20180319_832378.html?keywords=.

* RevPAR（Revenue Per Available Room），即每间可供租出的客房所产生的实际营业收入，一般用平均房价乘以出租率表示，是衡量饭店经营业绩的重要指标。

3.2.4　旅行社数量占全国四成，组织接待能力较好

旅行社是旅游业中连接旅游者和旅游供应商的中介组织，一个区域旅行

社的发展情况彰显了旅游业的组织水平。以 2016 年第二季度为例，长江经济带流域旅行社数量共计 11449 家，占全国旅行社总数的 41.10%。其中，江苏省旅行社数量为 2240 家，在全国各省区市中排名第一，浙江省旅行社的数量略低于山东省，位居全国第三。

此外，长江经济带旅行社的组织接待能力也可圈可点。以 2016 年第二季度旅行社组织接待国内旅游情况为例，长江经济带流域内各旅行社共组织国内旅游者 22264574 人次，接待国内旅游者 23587478 人次，分别占全国国内旅游组织、接待人次数的 57.39%、59.82%；长江经济带流域内各旅行社共组织国内旅游者 64113659 人天次，接待国内旅游者 50605633 人天次，分别占全国国内旅游组织、接待人天数的 55.25%、54.20%。长江经济带平均每家旅行社组织、接待国内旅游者 1945 人次、2060 人次，分别比全国平均水平高出 39.62%、45.54%；平均每家旅行社组织、接待国内旅游者 5600 人天次、4420 人天次，分别高于全国平均水平 34.43%、31.88%（见表 3.4）。

表 3.4　2016 年第二季度长江经济带旅行社组织接待国内旅游情况

地区	数量	人次数		人天数	
		组织	接待	组织	接待
全国	27856	38797963	39432122	116035971	93362154
上海	1299	3901127	2270647	9533371	3856830
江苏	2240	5640012	5370136	14506113	9170336
浙江	2054	4212492	4902732	9709189	10370554
安徽	1085	1213057	1638880	3921250	3099802
江西	757	409755	467781	1217045	1223941
湖北	1044	2040343	2887379	6305736	5769191
湖南	814	1447325	1841390	4235087	4604104
重庆	526	1784820	661181	8579221	1144886
四川	483	1059045	1028838	3847800	3507957
云南	820	301635	2139361	1435550	6780169
贵州	327	254963	379153	823297	1077863
合计	11449	22264574	23587478	64113659	50605633
比例（%）	41.10	57.39	59.82	55.25	54.20

资料来源：国家文化和旅游部. 国家旅游局关于 2016 年第二季度全国旅行社统计调查情况的公报[EB/OL].(2016-09-05)[2018-07-31]. http://zwgk.mct.gov.cn/auto255/201609/t20160905_832362.html?keywords=.

3.2.5 区域旅游合作初见成效，但持续深入受限

长江经济带是中国旅游经济最发达的区域之一，也是中国区域旅游合作治理的重要实践区和示范区，在区域旅游发展的过程中呈现出以政府为主导、参与主体多元化的发展格局。

在长江经济带的区域旅游发展中，政府通过召开联席会议或举办高峰论坛等形式共同制定促进区域旅游发展的政策①，在一定程度上推动了区域合作。在这些区域合作中尤以长江经济带下游，尤其是长江三角洲地区的互动最为频繁。例如长三角旅游城市高峰论坛、沪苏浙旅游市场联席会议、沪苏浙旅游市场论坛等。这些会议或者论坛为长江经济带区域旅游发展提供了良好的沟通平台，促进了多元主体之间的互信和交流，并在旅游交通、旅游人才教育培训、区域旅游标准化、旅游市场规范以及旅游信息化建设等方面取得了一定的成效（见表 3.5）。

表 3.5　长江经济带区域旅游合作成果

序号	类别	内容
1	旅游营销	在欧洲市场联手打造以“中国东部”为主打品牌的旅游产品；以“苏浙沪走进大西北”为主题赴青海、宁夏、甘肃等地举行旅游推介与交流活动；组成“长三角——苏浙沪赴美旅游宣传促销团”，对美国客源市场成功开展旅游促销活动；2004 年在上海举办的中国国际旅游交易会上，江浙沪首次区域性联合参展，推出“同游江浙沪、阳光新感受”的主题口号；共同举办“苏浙沪旅游年活动”；联合推出“相约世博会，畅游长三角”的宣传口号；联合开展以旅游市场整顿为主要内容的“曙光行动”安排双向挂职工作；举办旅游管理人员培训班；落实职工实习基地；联合推出
2	人才培训	《长三角精华旅游景点导读》，并将该书籍列为江浙沪三地导游年审培训和日常培训的必备教材；旅游从业人员资质等级相互认可
3	标准化	建立旅游标准一体化工作联席会议制度；共同编制《苏浙沪旅游标准化文件汇编》；共同推出《长江三角洲旅游景区（点）道路交通指引标志设置规范》

① 朱红兵．长三角区域旅游合作发展模式研究［D］．上海：上海师范大学，2011：64.

续表

序号	类别	内容
4	公共服务	联合推出《江浙沪旅游交通地图》
5	信息化	上海都市旅游卡覆盖上海和苏州景区，并实现长三角地区部分公共交通线路、出租车、加油站等交通领域的刷卡消费

资料来源：根据网络公开资料整理。

然而，这些旅游合作多集中在长三角地区，合作形式多是提出一些倡议或就某一问题达成共识，或对未来的区域合作进行宏观规划，较少形成实质性的、具有可操作性的成果，难以对区域旅游产生明显的推动作用。例如，2015 年“合作共赢，共话未来”长江经济带旅游产业合作论坛在上海举办，长江经济带 11 个省市的旅游主管部门共同签署了长江经济带旅游产业推广联合宣言，共同推动长江流域旅游业融合发展的大格局，将长江旅游带打造成为国际黄金旅游带。会议的成果仅限于提出了未来发展愿景，并未形成具体的行动。

除此之外，旅行社作为旅游业中的中介组织，在促进区域旅游发展也发挥了自己独特的作用。一些大型旅行社集团通过一体化实现企业内部对区域旅游资源的优化配置，例如上海春秋国际旅行社在全国的全资分公司共计 34 家，江浙沪地区占 12%。此外，更多的中小旅行社通过建立企业联盟的形式开展合作，例如中国旅游万里行合作联盟、长三角旅行社峰会、中国老年旅游联合体等，它们以联盟的方式与长三角内外的旅游主管部门或景区开展合作，以联合采购来降低成本，以增强竞争优势。然而，由于缺乏必要的监管，在此过程中可能会存在旅行社恶意压价而景区受损的情况。长江经济带地区的旅游行业协会主要通过举办研讨活动、开展联谊交流和协助外地旅游企业在本地举办推介会或考察交流等途径促进区域旅游发展。

综上，长江经济带在区域旅游一体化发展上做出了许多尝试，然而由于区域内各省市之间旅游经济发展水平差异悬殊，旅游合作多集中在各流域内部，尤其以长江经济带下游地区为甚。行政性壁垒的存在也在一定程度上削弱了市场调节作用，使区域旅游一体化的实施效果受到了限制，旅游规划的衔接、旅游景点的开发协调等方面还存在障碍，区域合作至今难以持续深入。

3.3 省域旅游发展沿革：以湖北省为例

改革开放以来，在宏观经济环境和各项利好政策的多重刺激下，长江经济带各省市旅游业基本都实现了由弱到强的发展过程。现以典型中部省份湖北省为例，从省域角度系统描绘长江经济带旅游经济的发展过程。

3.3.1 湖北省旅游发展概况

湖北省位于中国中部，东邻安徽，南界江西、湖南，西连重庆，西北与陕西接壤，北与河南毗邻，长江自西向东流经省内 26 个县市。全省面积 18.59 万平方千米，在长江经济带各省市中位居第四；2016 年末全省常住人口 5885 万人，在长江经济带各省市中位居第五；2016 年全省旅游接待总人数 5.73 亿人次，在长江经济带各省市中位居第四；2016 年全省旅游总收入 4879.24 亿元，在长江经济带各省市中位居第七（见表 3.6）。就土地面积、人口、地区生产总值、旅游总人数和旅游总收入等统计数据来看，湖北省在长江经济带各省市中都处于中等水平，具有一定的代表性，本书涉及省域旅游研究的部分将都以湖北省为例加以分析。

表 3.6 2016 年长江经济带各省市主要统计数据

地区	面积（万平方千米）		人口（万人）		地区生产总值（亿元）		旅游总人数（亿人次）		旅游总收入（亿元）	
	数量	排名	数量	排名	数量	排名	数量	排名	数量	排名
上海市	0.63	11	2420.00	11	28178.65	6	3.05	11	3893.35	10
江苏省	10.72	8	7999.00	2	77388.28	1	6.81	1	10263.60	1
浙江省	10.55	9	5590.00	6	47251.36	2	5.84	3	8093.00	2
安徽省	14.01	7	6196.00	4	24407.62	7	5.25	7	4932.40	6
江西省	16.69	6	4592.00	8	18499.00	8	4.71	8	4993.29	5
湖北省	18.59	4	5885.00	5	32665.38	4	5.73	4	4879.24	7
湖南省	21.18	3	6822.00	3	31551.37	5	5.65	5	4707.40	9
重庆市	8.24	10	3048.00	10	17740.59	9	4.51	9	2645.21	11
四川省	48.60	1	8262.00	1	32934.54	3	6.30	2	7705.50	3

续表

地区	面积（万平方千米）		人口（万人）		地区生产总值（亿元）		旅游总人数（亿人次）		旅游总收入（亿元）	
	数量	排名	数量	排名	数量	排名	数量	排名	数量	排名
云南省	39.41	2	4771.00	7	14788.42	10	4.31	10	4726.25	8
贵州省	17.62	5	3555.00	9	11776.73	11	5.36	6	5027.54	4

资料来源：国家统计局. 地区数据[EB/OL].（2018-01-01）[2018-07-31]. http://data.stats.gov.cn/easyquery.htm?cn=E0103.

湖北长江经济带处于长江流域中心位置，具有良好的区位条件，对外交通便利，自然资源丰富，产业基础较好，城镇体系完备，是湖北省东、西两大区域联系的天然纽带。改革开放以来，湖北省旅游业基本保持了高速增长的发展态势。2001—2016 年，旅游总人数增长了约 8.34 倍，旅游总收入增长了约 16.29 倍。“十一五”期间，湖北省旅游总收入相当于全省国内生产总值的 9.25%，旅游业在国民经济和社会发展中的地位进一步增强。

随着中部崛起、“两型社会”建设、长江经济带等多项国家政策的叠加落实，以及高铁、城铁等交通设施的完善，湖北省旅游业迎来了千载难逢的发展机遇。2010 年 6 月，湖北省委、省政府下发的《中共湖北省委湖北省人民政府关于加快培育旅游支柱产业推进旅游经济强省建设的决定》提出，致力于“把旅游业建设成为我省国民经济的战略性支柱产业和人民群众更加满意的现代服务业，努力实现我省由旅游资源大省向旅游经济强省的跨越”，显示了省政府对发展旅游业的决心。近年来，湖北省致力于建设“以武汉为龙头，加快建设武汉城市旅游圈，积极构建鄂西生态文化旅游圈”的“一城两圈”旅游发展战略，旅游业在全省国民经济中的地位进一步提升。2016 年，湖北省共接待游客 5.73 亿人次，实现旅游收入 4888.51 亿元（见图 3.3），相当于当年地区生产总值的 14.94%，全省第三产业增加值的 34.00%。目前，全省星级饭店总数达 527 家，旅行社 1057 家，A 级旅游景区景点 368 家，湖北旅游强县 21 个，湖北旅游名镇 24 个，湖北旅游名村 97 个，湖北旅游名街 11 条，四、五星级农家乐 444 家，全省取得导游资格证人员 32549 人，上岗导游 23592 人。

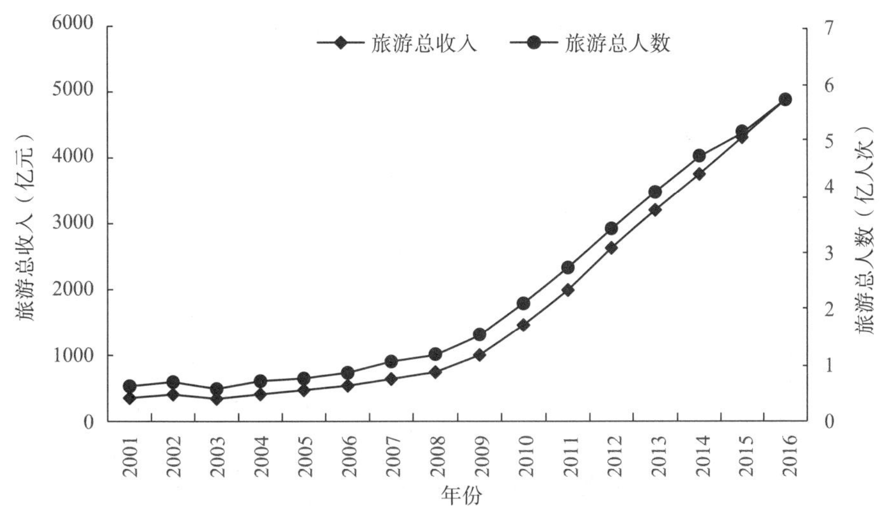

图 3.3　2001—2016 年湖北省旅游经济基本情况

资料来源：湖北省旅游发展委员会. 湖北旅游便览 2001—2017[EB/OL].(2017-10-12)[2017-12-25].http://lyw.hubei.gov.cn/news/tjsj/20171012/news-91694.html.

3.3.2　阶段性的年际变化

参考相关研究成果①②，考虑到数据的代表性、连续性和权威性，对湖北省统计局官方网站（http://www.stats-hb.gov.cn）和《湖北旅游便览》中有关外汇旅游收入的数据进行遴选和整理，得出 1979 年至 2016 年湖北省入境旅游（外汇）收入的数量指标。从图 3.4 可知，改革开放近 40 年来，湖北省旅游业在国际、全国社会经济环境的变革中跌宕起伏，经历了从弱到强的发展过程，大体可以划分为四个阶段：①起步阶段（1979—1988 年），湖北省旅游业处于发展初期，旅游收入和旅游接待人数的绝对数量较小，且增长速度缓慢；②波动阶段（1989—1998 年），受国内外局势变化和错误营销宣传的影响，湖北省旅游业进入改革开放以来最剧烈的震荡波动时期；③调整阶段（1999—2008 年），受亚洲金融危机和世界经济危机的影响，以入境旅游为主导的湖北省旅游业再次遭遇低谷，并开始了卓有成效的结构性调整；④深化

① 王昕. 重庆旅游经济发展时空分异研究 [J]. 经济地理，2010，30 (3)：519-523.

② 戴林琳，盖世杰. 北京郊区节事旅游发展时空分异特征 [J]. 地理科学进展，2011，30 (8)：1056-1064.

阶段（2009 年至今），随着一系列促进措施的出台，湖北省旅游业迎来高度增长的发展时期。

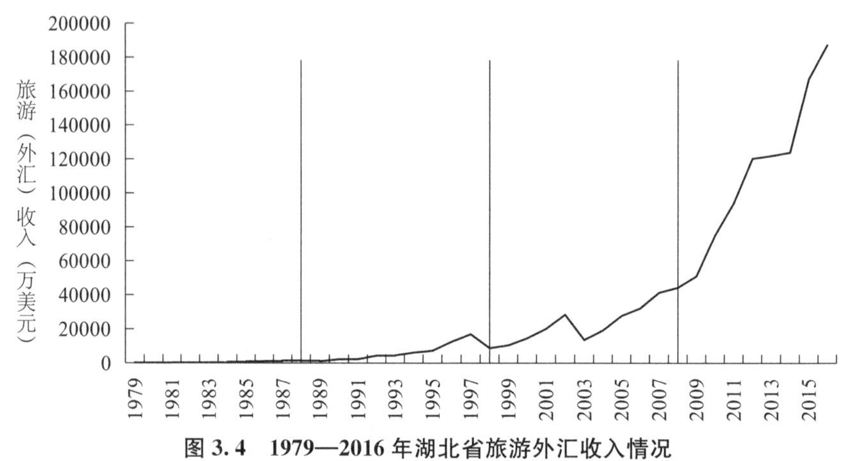

图 3.4　1979—2016 年湖北省旅游外汇收入情况

资料来源：湖北省旅游发展委员会. 湖北旅游便览 2017[EB/OL].(2017-10-12)[2017-12-25].http://lyw.hubei.gov.cn/news/tjsj/20171012/news-91694.html.

（1）起步阶段（1979—1988 年）

1979 年至 1988 年，湖北省旅游业进入发展初期。改革开放后，中国进入了以经济建设为中心任务的历史时期，为旅游业的发展提供了有利的社会背景。由于国家财政困难，党中央提出了利用国内资源和国外资源两个资源、打开国内市场和国外市场两种市场的方针，中国旅游业的迅速发展使旅游业显著的创汇能力日益受到关注。同时，国家开始对国有企业放权让利，提高生产和经营的自主性和积极性，旅游产业规模不断扩大，并逐渐向经济创汇行业转轨。

改革开放初期，中国国门的打开得到了世界的关注，古老、神秘的东方文明对海外旅游者具有很强的吸引力，入境旅游者数量增长迅速。以入境过夜游客为例，1978 年中国接待入境过夜游客 71.6 万人次，实现国际旅游外汇收入 2.63 亿美元，而到了 1988 年，这一组数据分别为 1236.10 万人次和 22.50 亿美元，分别增长了 16.26 倍和 7.56 倍。面对入境旅游人数的不断增加，中国原有的接待能力已经明显不足，从国家层面解决旅游业发展中的供求矛盾，并促进旅游产业规模的扩大和旅游服务的规范，旅游基础设施和旅游产业主体的完善成为这一阶段的主要任务。

在此背景下，1984年7月，国务院批转国家旅游局《关于开创旅游工作新局面几个问题的报告》，准许采取国家、地方、部门、集体、个人一齐上，自力更生和利用外资一齐上的原则开展旅游基础设施建设，即“五个一起上”。“五个一起上”方针的提出对于巩固旅游产业基础发挥了重要作用，在该方针的激励下，从1984年起，全国掀起了旅游饭店建设的热潮，大大调动了各类投资主体发展旅游业的积极性，极大缓解了旅游建设中的资金短缺，旅游基础设施的缺口在短期内得到突破，旅游业形成了多种经济形式并存的经营格局。在1985年之前，中国的旅游外联工作被限定于少数几家旅行社负责，其分支社和其他旅行社不得直接对外招徕入境游客，入境旅游业的发展受限。1985年至1986年间，在全民办旅游的浪潮中，更多旅行社加入到旅游市场中，而不断增长的国际旅游需求和旅游外联权的绝对短缺之间的矛盾不断激化。1985年1月，国务院批转国家旅游局《关于当前旅游体制改革几个问题的报告》，决定向省级旅游主管部门下放外联权和签证通知权，以增加招徕渠道，形成较为灵活的外联调控模式。

“五个一起上”方针和外联权的下放极大地刺激了湖北省旅游业的发展，1986年，湖北省共接待访华人员10.65万人次，遍及60多个国家和地区，实现旅游外汇收入1003万美元，比1985年增长了15.7%。

经过十年的发展，湖北省旅游业已经初具规模，1988年，湖北省共接待旅游者1219.30万人次，实现旅游总收入3.56亿元，其中接待入境旅游人数11.30万人次，实现外汇收入1411.80万美元，接待国内旅游人数1208万人次，实现国内旅游收入2.40亿元。

（2）波动阶段（1989—1998年）

湖北省旅游业的波动阶段为1989年至1998年。这一时期，受国内外局势和“告别三峡游”错误宣传口号的影响，湖北省旅游业处于不断震荡波动的历史时期。

1989年，由于受宏观环境的影响，全省旅游客源和外汇收入大幅下降，全年累计接待入境旅游者89716人次，实现外汇收入72.02万美元，分别比上年下降了38.3%和32.6%。1992年，国家通过了《关于兴建长江三峡工程决议》，部分旅行社出于短期商业利益的考虑，以“告别三峡游”的广告词向国内外开展宣传，使客源市场误认为三峡大坝截流后，长江三峡的景观将随之消失。此后，随着三峡工程的推进，业内又出现了类似的炒作行为。

“告别三峡游”的误导宣传对湖北省旅游业造成了深远的负面影响，长江三峡长期以来是湖北省的传统旅游产品，在国内外享有盛誉，被誉为中国旅游的黄金水道。急功近利的宣传在短期内起到了重振旅游市场的作用，但是旅游者在未来的旅游需求受到遏制，短期内激增的客流也误导了资本对市场的判断，大量饭店和游船等旅游接待设施急速增加，加剧了旅游设施在特定区域的聚集，恶性价格竞争在所难免。1992 年、1997 年、2003 年，随着三峡工程的不断推进，误导宣传的影响不断显现，前来“告别”三峡的国内外游客不断增长，从而使湖北省 1993 年和 1998 年两年的入境旅游者数量出现了不同程度的下降。以 1998 年为例，湖北省旅游外汇收入和入境旅游人数分别骤降至 8831.40 万美元、29.60 万人次，比上年下降了 47.98%和 48.97%。

为了减轻“告别三峡游”的负面影响，湖北省相关旅游主管部门加大了对外营销的力度，1995 年，湖北省旅游局共办理了赴海外旅游促销团组 30 批次，参加国际性旅游展会 8 个，旅游企业自主外联的促销团组 22 批，涉及日本、美国、加拿大等 13 个国家和地区。此外，湖北省还出台多项优惠政策引导旅游投资，提高三峡旅游产品的市场吸引力。在 1991 至 1995 年中国第八个五年计划期间，旅游产业被确立为湖北省的支柱产业，旅游供给能力逐步满足了市场需求。

从改革开放一直到 20 世纪 90 年代初期，中国出于政治外交的目的和出口创汇的需要，选择了“先发展国际入境、后发展国内旅游”的旅游业发展道路，主要发展了入境旅游业。20 世纪 80 年代末 90 年代初，受国内外局势的影响，入境旅游人数和国际旅游外汇收入严重下滑。入境旅游市场的严重打击使旅游主管部门在积极恢复国际市场的同时，也开始关注国民旅游市场，并出台了一系列刺激国内旅游和出境旅游的政策措施。1993 年底，国务院办公厅转发国家旅游局《关于积极发展国内旅游业的意见》，对国内旅游工作提出“搞活市场、正确引导、加强管理、提高质量”的方针，并提出国内旅游要纳入国民经济和社会发展计划等意见，国内旅游市场因此在地方层面也开始得到更多的重视。

（3）调整阶段（1999—2008 年）

1999 年至 2008 年为湖北省旅游业的调整阶段。这一阶段中央和地方政府都开始重视和支持旅游业的发展，伴随着旅游系统的政企分开、旅游法律法规体系的逐步完善，湖北省旅游业也迎来了结构性调整时期。

由于受SARS和世界金融危机的影响，湖北省旅游外汇收入和入境旅游人数的增长速度在2003年和2008年出现下滑，甚至出现负增长。2003年，湖北省实现旅游外汇收入13626.90万美元，接待入境旅游人数40.50万人次，分别比上年下滑了52%和60.45%。2008年，湖北省旅游外汇收入略有增加，但是入境旅游接待人数下降了9.91%。

这一阶段，政府对旅游业的空间管理能力也有所增强。2001年，湖北省确立了"一江两山"（"一江"即"三峡"，"两山"即"神农架、武当山"）重点旅游区发展战略，逐步培育"一江两山"区域旅游品牌，以提高湖北省旅游业的市场吸引力。此外，湖北省还编制了《湖北省旅游发展总体规划纲要》，明确了湖北旅游发展的形象定位、产品布局和旅游业的空间规划。2008年12月，省委、省政府作出"两圈一带"战略决策，即在继续推进武汉城市圈、鄂西生态文化旅游圈建设的同时，加快湖北长江经济带新一轮开放开发。湖北省旅游主管部门迅速跟进湖北省委、省政府关于构建鄂西生态文化旅游圈的重大工作部署，大力开展宣传推广活动，组织开展旅游发展规划调研和编制工作，初步确定了"三大旅游集散地、三大旅游板块、六大精品旅游区、六条精品旅游线"的空间布局。

（4）深化阶段（2009年至今）

随着2009年《国务院关于加快发展旅游业的意见》（国发〔2009〕41号）等一系列旅游促进政策的出台，湖北省也加大了对旅游业的支持力度。2011年，湖北省开始实施"两圈一带"战略，作为促进中部地区崛起重要战略支点。其中，"两圈"即武汉城市圈和鄂西生态文化旅游圈，"一带"为长江经济带。2018年7月，湖北省旅游委主任办公会研究通过《建设长江国际黄金旅游带核心区，推进旅游服务业提速升级工作方案》。方案提出，到2020年，湖北长江沿线基本成为旅游转型升级的先行区、优质旅游品牌的集中区和生态旅游的示范区，把湖北建设成为长江国际黄金旅游带核心区和旅游强省。

在政策激励下，湖北省旅游业迎来了黄金发展时期，整体保持了较为稳定的快速增长，成为湖北省重大支柱产业。2009年至2016年，湖北省旅游总人数和旅游总收入的年增长速度均超过20%，分别达到20.87%、20.90%。其中，入境旅游接待人数和入境旅游（外汇）收入的年均增长速度分别为14.17%、20.41%；国内旅游接待人数和国内旅游收入的年均增长速度分别为21.03%、25.93%，接待国内游客人数超过500万人次的市州达12个，超过千万人次的达6个。旅游经济的快速发展进一步彰显了旅游业的综合带动效应，旅游业在全省经济社会发展中的地位不断增强。“十二五”期间，湖北省旅游新增直接就业42.6万人，带动间接就业165.5万人，旅游发展使42万人脱贫，占全省“十二五”减贫总人口的18.6%①。

3.3.3 特征性的年内变化

20世纪80年代末90年代初的国际政治局势动荡，以及随后于1997年爆发的东南亚金融危机使中国政府重新审视旅游发展方针，原先以创汇为目的大力发展入境旅游的做法，使中国旅游业的发展受国际环境的影响较大。加之平衡国际贸易的需要，通过发展国内旅游拉动内需也成为90年代中后期中国旅游业发展的一大任务。1999年，中国借鉴了日本在四月底五月初上挪下移的放假方法，开始实施黄金周长假制度，具体是将春节、“五一”和“十一”的3天法定假日与前后的两个双休日（共4天）拼接，从而形成7天的长假，因此被称为“黄金周”。黄金周长假制度的实施目的是拉动国内需求，也因此集中释放了大量国内旅游需求，也造成了热门旅游景点人满为患。从2008年开始，中国取消了“五一”黄金周，改为三天小长假，本书为了叙述的方便仍统称春节、“五一”和“十一”为“黄金周”。

由于受旅游地旅游资源季节性和客源地休假制度季节性的双重影响，湖北省旅游业出现了三个年内峰值，即春节、“五一”和“十一”。鉴于数据的可得性和代表性，本章以2001年至2016年湖北省黄金周旅游接待人数和旅游收入为基础数据，分析十余年来湖北旅游业在黄金周期间的分布特征。

（1）黄金周是湖北省旅游旺季

2001年至2016年，每年黄金周的天数占全年总天数的4.66%至5.75%，但黄金周期间湖北省年均旅游接待人数2887.84亿人次，占全省年均国内旅游接待人数的12.98%；黄金周期间年均旅游收入118.75亿元，占全省年均国内旅游收入的7.18%。

从三个黄金周来看，2001年至2016年，湖北省在春节、“五一”和“十一”期间的旅游接待人数和旅游收入增长迅速。其中，湖北省在春节、“五

① 湖北省政府．省人民政府关于印发湖北省旅游业发展“十三五”规划纲要的通知[EB/OL].（2016-05-31）[2018-08-01]. http://www.hubei.gov.cn/govfile/ezf/201606/t20160629_1032842.shtml.

一”和“十一”期间的旅游接待人数分别为 10342.11 万人次、11635.1 万人次和 24228.29 万人次，年均增长速度分别为 21.24%、8.78%、16.07%；对应的旅游收入分别为 380.81 亿元、436.96 亿元和 1082.27 亿元，年均增长速度分别为 20.25%、13.62%、24.41%。“十一”是湖北省旅游业中旺季的旺季。除鄂西的高山地区外，湖北省大部分区域为亚热带季风性湿润气候，每年的十月天气相对舒适且假期较长，因此吸引了大量旅游者。

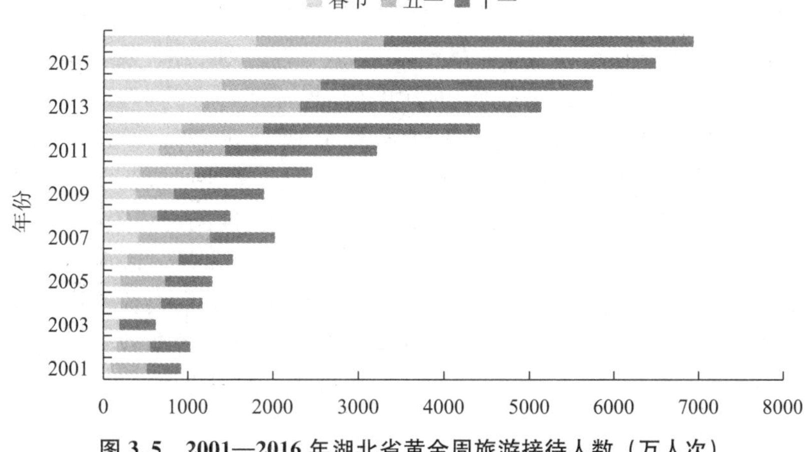

图 3.5 2001—2016 年湖北省黄金周旅游接待人数（万人次）

资料来源：湖北省旅游发展委员会. 湖北旅游便览 2017[EB/OL].(2017-10-12)[2017-12-25].http://lyw.hubei.gov.cn/news/tjsj/20171012/news-91694.html.

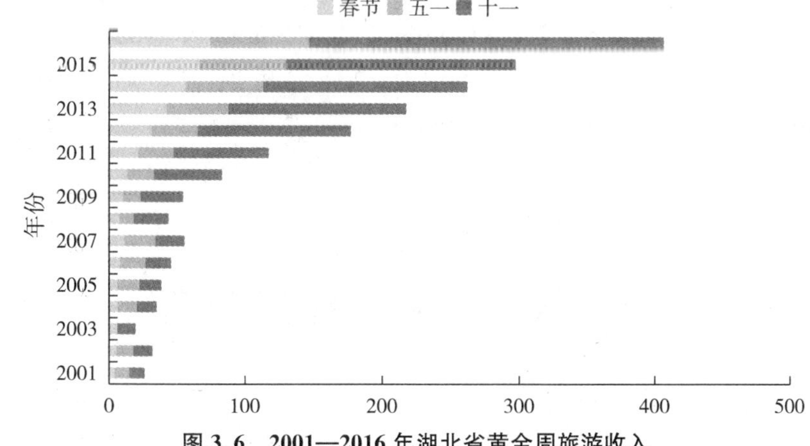

图 3.6 2001—2016 年湖北省黄金周旅游收入

资料来源：湖北省旅游发展委员会. 湖北旅游便览 2017[EB/OL].(2017-10-12)[2017-12-25].http://lyw.hubei.gov.cn/news/tjsj/20171012/news-91694.html.

（2）黄金周旅游数据与全年旅游数据高度相关

为了了解湖北省 2001 年至 2016 年黄金周旅游人数与全省全年国内旅游人数、入境旅游人数和旅游总人数等指标之间的相关关系，将以上四组数据使用 SPSS 18.0 软件进行相关分析，分析结果如表 3.7 所示。

从表中可见，黄金周旅游人数与国内旅游人数和旅游总人数之间的相关系数同为 0.994，p 值$=0.000<0.01$，具备显著的统计学差异，因此黄金周旅游人数与国内旅游人数之间、黄金周接待人数与旅游总人数之间都为高度的正相关关系；黄金周旅游人数与入境旅游人数的相关性系数为 0.978，p 值$=0.000<0.01$，具备显著的统计学差异，因此，黄金周旅游人数与入境旅游人数也具有高度的正相关关系。同样的，黄金周旅游收入与国内旅游收入、入境旅游收入和旅游总收入之间的相关系数分别为 0.990、0.971 和 0.988，p 值$=0.000<0.01$，具备显著的统计学差异，因此黄金周旅游收入与国内旅游收入之间、入境旅游收入和旅游总收入之间都为高度的正相关关系。

由于黄金周期间增加的旅游流主要源自国内旅游市场，因此黄金周期间的旅游接待人数和旅游收入与湖北省全年的国内旅游接待人数和国内旅游收入之间的相关性最高。通过以上分析可得，湖北省黄金周期间的旅游接待人数、旅游收入等指标在一定程度上可以反映该省全年旅游业的接待规模和经济规模。

表 3.7　2001—2016 年湖北省黄金周旅游人数的相关分析

		国内旅游人数	入境旅游人数	旅游总人数
黄金周旅游人数	相关系数	0.994*	0.978*	0.994*
	p 值	0.000	0.000	0.000
		国内旅游收入	入境旅游收入	旅游总收入
黄金周旅游收入	相关系数	0.990*	0.971*	0.988*
	p 值	0.000	0.000	0.000

* 在 0.01 水平（双侧）上显著相关。

3.4　区域旅游发展问题剖析

作为我国战略地位最突出的区域之一，长江经济带旅游经济总量大，旅游资源种类丰富，星级饭店和旅行社也几乎占据了中国整个行业的半壁江山。但是长江经济带各省市之间的旅游合作仍处于培育阶段，在区域旅游协调发展中仍面临诸多问题。

3.4.1 区域经济发展水平差距悬殊

2000年以来，长江经济带各省市地区生产总值都保持了12%以上的年均增长速度，但是地区之间的差异较为显著且相对稳定。以2000年和2016年两个时间节点为例，各省市地区生产总值占长江经济带地区生产总值的比例在两个时间点并没有发生太大的变化，地区生产总值的排名也几乎保持了稳定。其中，江苏省（排名1）、浙江省（排名2）、湖北省（排名4）、安徽省（排名7）、江西省（排名8）和贵州省（排名11）的排名没有发生变化；四川省从2000年的第5位上升到2016年的第3位，上升了两位；湖南省和重庆市上升了一位，分别从2000年的第6位和第10位上升为2016年的第5位和第9位；云南省从2000年的第9位下滑到2016年的第10位，下滑了一位；变化最大的是上海市，从2000年的第3位下滑到2016年的第6位，下滑了三位（见表3.8）。

表3.8 2000年、2016年长江经济带各省市地区生产总值

地区	2000年			2016年		
	数量（亿元）	比例（%）	排名	数量（亿元）	比例（%）	排名
上海市	4551.15	11.17	3	28178.65	8.36	6
江苏省	8582.73	21.07	1	77388.28	22.95	1
浙江省	6036.34	14.82	2	47251.36	14.01	2
安徽省	3038.24	7.46	7	24407.62	7.24	7
江西省	2003.07	4.92	8	18499.00	5.49	8
湖北省	4276.32	10.50	4	32665.38	9.69	4
湖南省	3691.88	9.06	6	31551.37	9.36	5
重庆市	1589.34	3.90	10	17740.59	5.26	9
四川省	4010.25	9.85	5	32934.54	9.77	3
云南省	1955.09	4.80	9	14788.42	4.39	10
贵州省	993.53	2.44	11	11776.73	3.49	11
合计	40727.94	100.00	—	337181.94	100.00	—

资料来源：国家旅游局. 中国旅游统计年鉴2001—2017［M］. 北京：中国旅游出版社，2001-2017.

可见，2000年以来，长江经济带各省市宏观经济水平之间存在较大的数量悬殊，且在近二十年间保持了相对恒定的状态，并没有发生太大变化。经济基础之间的鸿沟成为长江经济带区域旅游合作的第一道屏障。

3.4.2 统一的区域旅游形象尚未形成

长江经济带各省市之间不仅经济实力差距悬殊，社会文化、地理环境等方面也存在显著差异。虽然部分省市之间具有相近或相似的旅游资源，例如江浙沪的江南风光、湘鄂的楚汉文化、川渝的巴蜀文化、云贵的高原风光和民族风情，但是这些省市之间的旅游形象却相距甚远，较难进行区域旅游产品和旅游形象的统一串联和整合。

长江经济带现有的旅游专项旅游产品主要是以长江三峡为中心，链接四川省的九寨沟，湖南省的张家界，湖北省的武汉市、神农架林区，以及江浙沪等地的旅游线路，安徽省、江西省、云南省和贵州省较少融入长江经济带旅游线路的联合开发①。长江三峡旅游产品开发时间早，在海内外享有较高的市场知名度和认可度，已经是目前长江经济带覆盖范围最广的线路，尚不能对实现区域全覆盖，在长江经济带树立统一的区域旅游形象更是有较长的路要走。

表 3.9 长江三峡相关旅游线路

序号	名称	内容	涉及的省市
1	长江三峡经典游	重庆—丰都—巫峡—神农溪—瞿塘峡—西陵峡—三峡大坝—宜昌—武汉—重庆	重庆市、湖北省
2	长江三峡+华东五市	重庆—三峡—丰都—张飞庙—白帝城—小三峡—九畹溪—三峡大坝—宜昌—南京—无锡—苏州—杭州—上海—重庆	重庆市、湖北省、江苏省、浙江省、上海市
3	长江三峡+神农架	重庆—丰都—巫峡—神农溪—瞿塘峡—西陵峡—三峡大坝—宜昌—神农架—怀化—重庆	重庆市、湖北省、湖南省
4	九寨沟+长江三峡	重庆—九寨沟—丰都—巫峡—神农溪—瞿塘峡—西陵峡—三峡大坝—宜昌	重庆市、四川省、湖北省
5	长江三峡+张家界	重庆—三峡—宜昌—张家界—怀化—重庆	重庆市、湖北省、湖南省

① 马远方. 长江经济带旅游合作现状、动力机制与对策研究［D］. 武汉：华中师范大学，2017：58.

3.4.3 流域旅游协调机构有待成立

2014年之前，长江经济带的区域旅游合作主要体现为省市层面、小尺度、松散化的区域协作。2014年9月，《国务院关于依托黄金水道推动长江经济带发展的指导意见》（以下简称“意见”）提出了加快推动长江经济带发展的战略性举措，长江经济带发展上升到国家战略层面，并进入全面推进时期。意见提出“充分发挥长江沿线各地独具特色的历史文化、自然山水和民俗风情等优势，打造旅游城市、精品线路、旅游景区、旅游度假休闲区和生态旅游目的地，大力发展特色旅游业，把长江沿线培育成为国际黄金旅游带”，并在基础设施建设、旅游资源整合、旅游产品开发、目的地可进入性等方面给予政策支持。“长江国际黄金旅游带”的提出意味着旅游业成为长江经济带建设的重要组成部分，并实现了从“区域旅游”向“流域旅游”的空间拓展，区域间的旅游互动、协作将更加频繁和高效。

然而，长江经济带流域旅游合作涉及11个省市以及多个利益主体之间的利益协调和资源整合，目前尚未成立流域旅游协调机构对流域旅游发展进行宏观层面的统筹协调，并制定可行性的具体政策。这也直接导致了长江经济带流域旅游协作仅处于务虚阶段，鲜见能够调动市场积极性的、卓有成效的区域合作行为。

4 旅游经济的空间分异

长江经济带 11 个省市的面积总和占全国国土面积的五分之一强，生产总值占全国国内生产总值的近半数，是我国国家战略的核心支撑地带。随着一系列国家政策的出台和叠加落实，长江经济带旅游业迎来了千载难逢的发展机遇。然而，流域内各省市之间国民经济和社会文化背景差异显著，旅游资源分布各异，旅游发展水平悬殊，近二十年来流域和省域旅游经济呈现出什么样的空间结构特征？空间非均衡程度是加大还是减小？对这些问题的回答将有助于长江经济带旅游经济的协调发展。

本章将利用长江经济带各省市 2001—2016 年旅游总收入的面板数据，采用变异系数（*CV*）、首位度（*F*）、基尼系数（*G*）、赫芬达尔系数（*H*）和区位熵（Q_{ij}）等研究方法，从长江经济带全流域的宏观视角和省域（以湖北省为例）的中观视角逐一剖析旅游经济的绝对差异、相对差异和比较优势，全面刻画长江经济带旅游经济的空间分异状况。

4.1 研究方法与数据来源

相对于其他数据，旅游总收入更能全面反映区域旅游业所产生的宏观经济影响。考虑到数据的可靠性、可得性和统一性，以旅游总收入为基础数据，选择变异系数（*CV*）、首位度（*F*）等指标计算长江经济带流域和省域等两个空间尺度旅游经济规模的绝对分异①②；选择基尼系数（*G*）、赫芬达尔系数（*H*）等指标来计算长江经济带流域和省域等两个空间尺度旅游经济规模的相

① 周彩屏，戈冬梅. 旅游规模差异及其位序规模体系研究：以浙江省为例［J］. 经济地理，2010，30（2）：345-350.

② 刘军胜，马耀峰，高军. 基于偏离份额与灰色关联分析的河南入境旅游产业结构研究［J］. 河南科学，2012，30（5）：647-651.

对分异[①②]；选择区位熵（Q_{ij}）来计算长江经济带流域和省域等两个空间尺度旅游经济规模相对于全国和流域的专业化水平，及其比较优势或劣势[③④]。

4.1.1 研究方法

（1）绝对分异

借鉴相关研究，采用变异系数（CV）、首位度（F）等指标计算长江经济带流域和省域两个尺度旅游经济规模的绝对分异。

标准差（VOC）表示某一组数据对平均数的偏离程度，反映地区的绝对均衡度，可衡量特定时期长江经济带流域和省域两个尺度旅游经济规模的离散程度，其计算方法如公式（4-1）所示。以长江经济带流域尺度旅游经济规模的标准差计算为例，式中：n 为样本数，X_i（$i=1, 2, 3, \cdots, n$）为特定时期长江经济带第 i 个省市的旅游总收入，$\overline{X}$ 为特定时期长江经济带各省市旅游总收入的平均值；同理可得长江经济带省域尺度旅游经济规模的标准差。

$$VOC = \sqrt{\sum_{i=1}^{n}(X_i - \overline{X})^2/n} \tag{4-1}$$

然而，标准差无法比较均值不同的两个或两个以上总体的离散程度，也无法比较不同量纲的总体之间离散程度的差异。因此，在进行离散程度的比较时采用变异系数（CV）这一指标。变异系数是标准差与其均值的商，由于消除了量纲和均值的差异，所以可以比较不同量纲或均值的多个总体之间的离散程度。其计算方法如公式（4-2）所示。以长江经济带上游、中游和下游三个区域旅游经济规模的变异系数计算为例，式中：n 为样本数；X_i 为特定时期长江经济带第 i 个区域的旅游总收入，$\overline{X}$ 为特定时期长江经济带各区域旅游总收入的平均值；同理可得长江经济带某省市不同区域旅游经济规模的变异系数。

---

① 周彩屏，戈冬梅．旅游规模差异及其位序规模体系研究：以浙江省为例［J］．经济地理，2010，30（2）：345-350.

② 刘军胜，马耀峰，高军．基于偏离份额与灰色关联分析的河南入境旅游产业结构研究［J］．河南科学，2012，30（5）：647-651.

③ 王开泳，张鹏岩，丁旭生．黄河流域旅游经济的时空分异与 R/S 分析［J］．地理科学，2014，34（3）：295-301.

④ 高俊，张琳林．中国旅游产业集聚、全要素生产率与旅游经济关系研究［J］．资源开发与市场，2017，33（8）：1005-1010.

$$CV=VOC/\overline{X} \tag{4-2}$$

首位度（F）常用以衡量城市规模分布情况的集中程度，现用以衡量长江经济带旅游经济规模的集中程度，其计算方法如公式（4-3）所示。以长江经济带流域尺度旅游经济规模的首位度计算为例，式中：P_1为特定时期长江经济带内旅游经济规模最大的省市的旅游总收入，P_2为特定时期长江经济带内旅游经济规模第二大的省市的旅游总收入；同理可得长江经济带省域尺度旅游经济规模的首位度。

$$F=P_1/P_2 \tag{4-3}$$

（2）相对分异

借鉴相关研究，采用基尼系数（G）、赫芬达尔系数（H）等指标来计算长江经济带流域和省域两个尺度旅游经济规模的相对分异。

基尼系数（G）常用以判断收入分配的公平程度，现用以衡量区域旅游经济规模的相对均衡程度。基尼系数的值处在0～1之间，值越小说明区域旅游经济发展越趋于均衡，反之则区域旅游经济发展趋于非均衡状态，其计算方法如公式（4-4）所示。以长江经济带流域尺度旅游经济规模的基尼系数计算为例，式中：n为样本数，$\overline{Y}$为特定时期长江经济带各省区市旅游总收入的平均值，y_i（$i=1, 2, 3, \cdots, n$）为特定时期长江经济带第i个省区市的旅游总收入；同理可得长江经济带省域尺度旅游经济规模的基尼系数。

$$G=1+\frac{1}{n}-\frac{1}{n^2\overline{Y}}(y_1+2y_2+3y_3+\cdots+ny_n) \tag{4-4}$$

用赫芬达尔系数（H）来反映区域旅游经济规模的集聚程度。赫芬达尔系数的值越接近于1表示旅游经济集中程度越高，反之越低，其计算方法如公式（4-5）所示。以长江经济带流域尺度旅游经济规模的赫芬达尔系数计算为例，式中：n为样本数，t_i（$i=1, 2, 3, \cdots, n$）为长江经济带内旅游总收入第i位的省区市占全流域旅游总收入的百分比；同理可得长江经济带省域尺度旅游经济规模的赫芬达尔系数。

$$H=\sum_{i=1}^{n}t_i^2 \tag{4-5}$$

（3）比较优势

以上方法用以考察长江经济带流域和省域两个尺度旅游经济的区域差异，为验证旅游业是否为当地优势产业，借鉴相关研究，采用区位熵（Q_{ij}）（$i=$

1，2，3，…，n；$j=1$，2，3，…，m）来计算某区域旅游经济相对于其他区域的专业化水平，及其比较优势或劣势。

区位熵源自热力学的研究，现用以衡量旅游产业在长江经济带流域和省域国民经济中的地位和作用，见公式（4-6）。以长江经济带流域尺度旅游经济规模的区位熵计算为例，式中，Q_{ij}表示长江经济带第i年第j个省市旅游经济的区位熵，T_{ij}为长江经济带第i年第j个省市的旅游总收入，G_{ij}表示长江经济带第i年第j个省市的地区生产总值（GDP），T_{iHB}为第i年度长江经济带各省市旅游总收入的总数，G_{iHB}表示第i年度长江经济带各省市GDP的总量。Q_{ij}值越大，说明相对于长江经济带的平均水平，第j个省市的旅游经济发展水平越高，越具有比较优势；反之，则说明其旅游经济发展水平较低，不具有比较优势。一般认为，若$Q_{ij} \geqslant 1$，说明第j个省市的旅游业是当地的优势产业，旅游经济的专业化程度较高，相对于其他省市具有比较优势，为长江经济带流域旅游经济的相对繁荣区；若$Q_{ij}<1$，说明第j个省市的旅游业不是当地的优势产业，旅游经济的专业化程度较低，相对于其他省市不具有比较优势，是流域旅游经济的相对落后地区。该指标可清晰显示长江经济带各省市旅游经济发展水平相对于流域平均水平的差异，刻画长江经济带各省市旅游经济发展的地域分异和不平衡发展状态。

$$Q_{ij}=(T_{ij}/G_{ij})/(T_{iHB}/G_{iHB}) \tag{4-6}$$

4.1.2 数据来源

基于可行性、科学性和时效性的原则，本研究中长江经济带流域各省市旅游总收入数据主要来源于2001—2016年各省市国民经济和社会发展统计公报、各省市统计年鉴、各省市旅游主管部门官方网站；湖北省各市州旅游总收入数据主要来源于《湖北旅游便览（2001—2017）》，以及2001—2016年湖北省各市州国民经济和社会发展统计公报。其中，部分年份的旅游总收入数据缺失时，通过入境旅游收入和国内旅游收入加总获得，计算时运用中国人民银行公布的当年期末汇率乘以同期入境旅游收入（单位为美元），从而换算成人民币。长江经济带流域各省市地区生产总值数据主要来源于《中国统计年鉴（2001—2017）》；湖北省各市州地区生产总值数据来自《湖北统计年鉴（2001—2017）》《中国城市统计年鉴（2002—2017）》和2001—2016年各市州国民经济和社会发展统计公报。

4.2 流域旅游经济的空间分异

社会经济发展基础和旅游资源分布的差异也导致长江经济带上中下游旅游经济发展状况的差异。以 2016 年为例，长江经济带上游各省市旅游总收入合计 20104.50 亿元，占全流域的 32.50%；长江经济带中游各省市旅游总收入合计 14579.93 亿元，占全流域的 23.57%；长江经济带下游各省市旅游总收入合计 27182.35 亿元，占全流域的 43.94%（见表 4.1）。因此，就旅游经济规模而言，下游地区的旅游经济较为成熟，上游和中游地区相当，但由于中游地区省市数量略少，因此旅游经济规模也略逊于上游地区。具体到各省市的旅游总收入，上游和下游地区各省市之间的差距较大，中游三省实力相当。

表 4.1　2016 年长江经济带上中下游各省市旅游总收入及其排名（单位：亿元）

上游			中游			下游		
省市	旅游总收入	排名	省市	旅游总收入	排名	省市	旅游总收入	排名
重庆市	2645.21	11	江西省	4993.29	5	上海市	3893.35	10
四川省	7705.50	3	湖北省	4879.24	7	江苏省	10263.60	1
云南省	4726.25	8	湖南省	4707.40	9	浙江省	8093.00	2
贵州省	5027.54	4	—	—	—	安徽省	4932.40	6
小计	20104.50	—	小计	14579.93	—	小计	27182.35	—
比例（%）	32.50	—	比例（%）	23.57	—	比例（%）	43.94	—

2001—2016 年，长江经济带各省市旅游总收入的平均值及其年均增长率见表 4.2。2001—2016 年，江苏省、浙江省和上海市三省市的旅游总收入均值在长江经济带 11 个省市中位居前三名，但年均增长率并不高。其中，排名第一的江苏省旅游总收入均值是排名末位的重庆市的 4.39 倍，超出长江经济带各省市旅游总收入均值的 1.16 倍。这三个省市均位于长江三角洲地区，社会经济发展水平较高，交通便利，基础设施配套完善，2016 年居民消费水平均高于全国平均水平的一到两倍，是全国主要的旅游客源输出地之一。此外，上述省市在地理空间上相互毗邻，且拥有不同级别、种类繁多的旅游资源，由于旅游流的距离衰减规律，该区域吸引了大量的旅游客流，因此旅游经济规模较大。2001—2016 年，长江经济带旅游经济发展较为滞后的省市是重庆

市、江西省和云南省，旅游总收入均值排在流域最后三位，旅游总收入的年均增长率基本处于中流水平，江西省的年均增长率较高，位于流域第二名。上述三个省市都地处我国西南地区，交通通达性不佳，影响了旅游业的发展。

表 4.2 2001—2016 年长江经济带各省市年均旅游总收入及年均增长率

省市	均值（亿元）	排名	年均增长率（%）	排名
江苏省	4313.68	1	19.13	8
浙江省	3270.35	2	19.12	9
上海市	2365.51	3	9.83	11
四川省	2341.52	4	23.78	4
湖北省	1696.57	5	19.12	10
安徽省	1560.20	6	24.41	3
湖南省	1527.92	7	23.02	5
贵州省	1327.32	8	31.63	1
云南省	1313.75	9	21.43	6
江西省	1231.49	10	25.71	2
重庆市	983.52	11	19.73	7
均值	1993.80	—	21.54	—

资料来源：根据长江经济带各省市各市州国民经济和社会发展统计公报（2001—2016）整理、计算而得。

现分别研究长江经济带上中下游各区域以及 11 个省市旅游经济的空间分异情况。

4.2.1 中游地区绝对差异最小，下游相对差异最大，上游的比较优势明显

现仍以 2001—2016 年长江经济带各省市的旅游总收入为基础数据，分析长江经济带上中下游各区域旅游经济规模的差异情况。由于长江上中下游各区域旅游总收入的均值不同，无法用标准差比较两组数据的离散程度，因此将两组数据的标准差与各自均值相除得到变异系数（CV）。各区域旅游总收入的变异系数（CV）、首位度（F）、基尼系数（G）和赫芬达尔系数（H）计算结果见下表。其中下标 U 表示长江经济带上游地区，下标 M 表示长江经济带中游地区，下标 D 表示长江经济带下游地区。

表 4.3　2001—2016 年长江经济带上中下游旅游经济的变异系数、首位度、基尼系数和赫芬达尔系数

年份	CV_U	CV_W	CV_D	F_U	F_W	F_D	G_U	G_W	G_D	H_U	H_W	H_D
2001	0.4867	0.4130	0.5256	1.2226	1.6800	1.2839	0.2341	0.1766	0.2490	0.2944	0.3712	0.3018
2002	0.4644	0.3996	0.5399	1.3114	1.6567	1.2883	0.2239	0.1708	0.2563	0.2904	0.3688	0.3046
2003	0.5010	0.2659	0.5617	1.3722	1.1654	1.1691	0.2421	−0.0389	0.2634	0.2971	0.3490	0.3091
2004	0.5032	0.2603	0.5359	1.5333	1.1035	1.0249	0.2394	0.1103	0.2415	0.2975	0.3484	0.3038
2005	0.4953	0.2005	0.5233	1.6769	1.0431	1.1312	0.2260	0.0819	0.2314	0.2960	0.3423	0.3013
2006	0.5274	0.2032	0.5118	1.9601	1.0902	1.2907	0.2275	0.0867	0.2265	0.3022	0.3425	0.2991
2007	0.5118	0.2233	0.4981	2.0315	1.1433	1.3619	0.2168	0.0976	0.2263	0.2991	0.3444	0.2965
2008	0.3204	0.2058	0.5002	1.6469	1.1445	1.4201	0.1351	0.0904	0.2365	0.2692	0.3427	0.2969
2009	0.3726	0.2401	0.4943	1.8163	1.0946	1.4263	0.1525	0.1017	0.2351	0.2760	0.3461	0.2958
2010	0.3690	0.2925	0.4743	1.7775	1.0244	1.3886	0.1519	0.1156	0.2232	0.2755	0.3523	0.2922
2011	0.3490	0.2850	0.4161	1.7138	1.1160	1.3509	0.1423	0.1211	0.2009	0.2728	0.3514	0.2825
2012	0.3641	0.2998	0.3794	1.7637	1.1770	1.3422	0.1473	0.1305	0.1823	0.2749	0.3533	0.2770
2013	0.3670	0.2540	0.4090	1.6356	1.1953	1.2794	0.1623	0.1122	0.1912	0.2753	0.3477	0.2814
2014	0.3994	0.1771	0.4442	1.6889	1.2299	1.2927	0.1785	0.0778	0.2055	0.2799	0.3403	0.2870
2015	0.4429	0.0946	0.4459	1.7680	1.1605	1.2677	0.1984	0.0384	0.2111	0.2868	0.3353	0.2873
2016	0.4132	0.0296	0.4299	1.5327	1.0234	1.2682	0.1925	0.0131	0.2048	0.2820	0.3335	0.2847
均值	0.4304	0.2403	0.4806	1.6532	1.1905	1.2866	0.1919	0.1025	0.2241	0.2856	0.3481	0.2938
年均增长率(%)	−1.09	−16.11	−1.33	1.52	−3.25	−0.08	−1.30	−15.93	−1.29	−0.29	−0.71	−0.39

资料来源:根据各省市国民经济和社会发展统计公报、各省市统计年鉴、各省市旅游局网站整理、计算而得,下同。

(1) 绝对差异逐年下降，中游地区绝对差异最小

2001 年至 2016 年，上游地区旅游总收入的变异系数从 2001 年的 0.4867 降至 2016 年的 0.4132，降幅达 15.10%，年均增长率−1.09%，平均每年的变异系数为 0.4304；中游地区旅游总收入的变异系数从 2001 年的 0.4130 降至 2016 年的 0.0296，降幅达 92.83%，年均增长率−16.11%，平均每年的变异系数为 0.2403；下游地区旅游总收入的变异系数从 2001 年的 0.5256 降至 2016 年的 0.4299，降幅达 18.21%，年均增长率−1.33%，平均每年的变异系数为 0.4806，可见，长江经济带各区域上游和下游地区的离散程度较大，中游地区的离散程度最小；仅十余年来各区域的离散程度都呈逐年下降趋势，其中中游地区下降幅度最大（见图 4.1）。

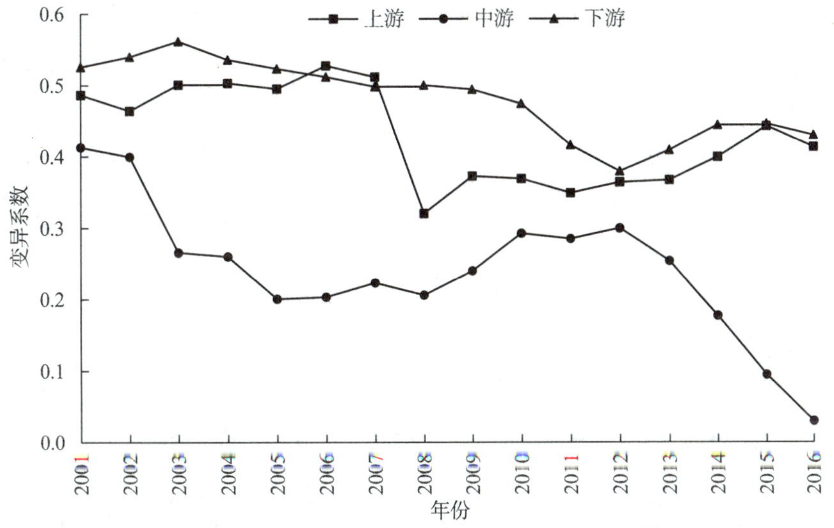

图 4.1 2001—2016 年长江经济带上中下游旅游经济的变异系数

2001 年至 2016 年，上游地区旅游总收入的首位度从 2001 年的 1.2226 增至 2016 年的 1.5327，增幅为 25.36%，年均增长率 1.52%，平均每年的首位度为 1.6532，说明上游地区旅游总收入的首位省市和第二位省市之间的差距在不断增加。十余年间，上游地区旅游总收入的首位省市一直为四川省，2001 年至 2008 年的第二位省市是云南省，2009 年至 2016 年第二位省市转为贵州省。

2001 年至 2016 年，中游地区旅游总收入的首位度从 2001 年的 1.6800 降至 2016 年的 1.0234，降幅为 39.08%，年均增长率−3.25%，平均每年的首

位度为 1.1905，说明中游地区旅游总收入的首位省市和第二位省市之间的差距在不断减少。十五年间，除 2016 年的首位省市为江西省，第二位省市为湖北省外，其他年份的首位省市和第二位省市主要在湖北省和湖南省之间交替。其中，湖北省在 2001 年至 2005 年、2010 年至 2015 年为首位省市，湖南省为第二位省市；湖南省在 2006 年至 2009 年为首位省市，湖北省为同期的第二位省市。

2001 年至 2016 年，下游地区旅游总收入的首位度从 2001 年的 1.2839 降至 2016 年的 1.2682，降幅为 1.22%，年均增长率−0.08%，平均每年的首位度为 1.2866，说明下游地区旅游总收入的首位省市和第二位省市之间的差距较为稳定，仅有微弱的下降。十五年间，下游地区旅游总收入的首位省市主要在上海市和江苏省之间交替：2001 年至 2004 年的首位省市和第二位省市分别是上海市和江苏省；2005 年至 2006 年，反之；2007 年至 2016 年的首位省市和第二位省市分别是江苏省和浙江省（见图 4.2）。

可见，上游地区的首位度最大，且呈逐年递增的趋势，而中游和下游地区的首位度都呈不同程度的下降趋势，其中中游地区的首位度最低，下降幅度也最大。

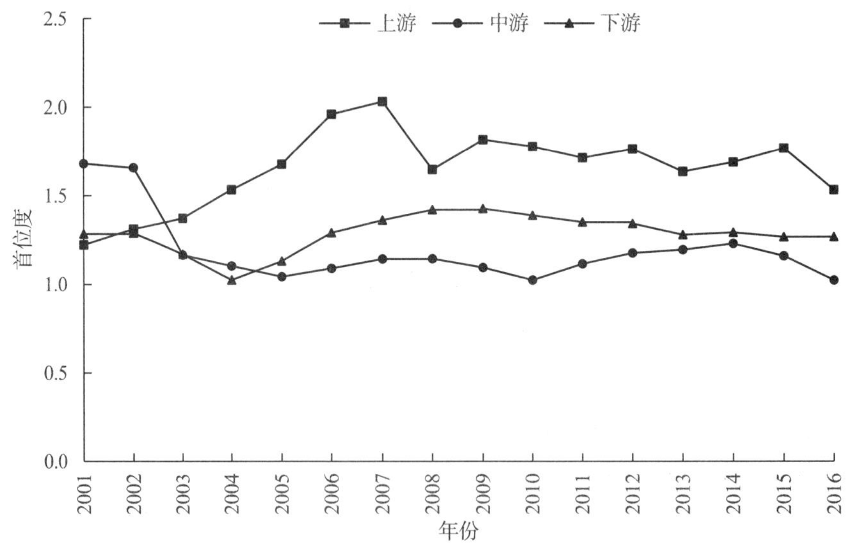

图 4.2　2001—2016 年长江经济带上中下游旅游经济的首位度

综上，以变异系数和首位度两个指标来看，2001—2016 年，长江经济带各区域旅游经济的绝对差异基本呈微弱下降趋势，但绝对差异程度不尽相似：中游地区各省市之间的绝对差异最小，且下降幅度也最大；上游和下游地区各省市之间的绝对差异较大。

（2）各区域旅游经济的相对差异逐年递减，下游的相对差异最大

2001 年至 2016 年，长江经济带上游旅游总收入的基尼系数从 2001 年 0.2341 降至 2016 年的 0.1925，降幅为 17.77%，年均增长率－1.30%，平均每年的基尼系数为 0.1919；中游的基尼系数从 2001 年 0.1766 降至 2016 年的 0.0131，降幅为 92.60%，年均增长率－15.93%，平均每年的基尼系数为 0.1025；下游的基尼系数从 2001 年 0.2490 降至 2016 年的 0.2048，降幅为 17.74%，年均增长率－1.29%，平均每年的基尼系数为 0.2241。可见，长江经济带各区域的基尼系数都呈下降趋势，其中，上游和下游的变化幅度大体一致，而中游地区的基尼系数均值最低，下降幅度最大，而下游的基尼系数均值最大（见图 4.3）。

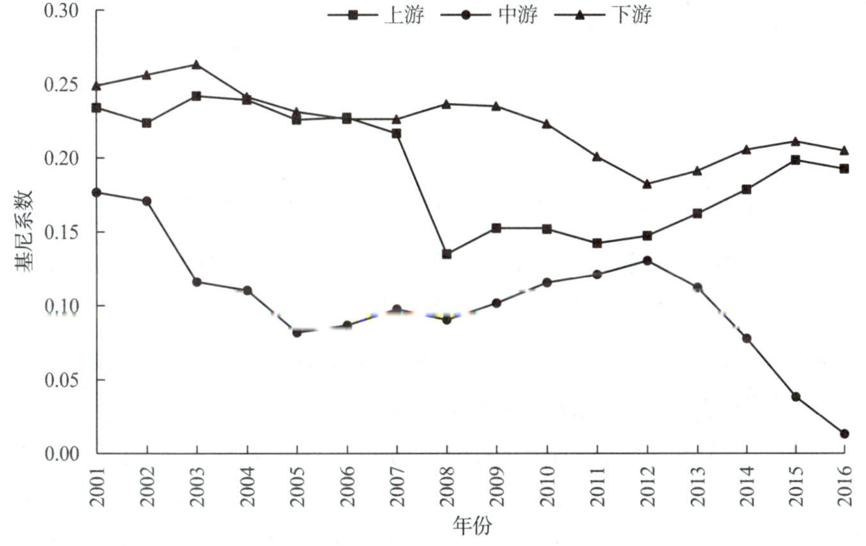

图 4.3　2001—2016 年长江经济带上中下游旅游经济的基尼系数

2001 年至 2016 年，长江经济带上游旅游总收入的赫芬达尔系数从 2001 年 0.2944 降至 2016 年的 0.2820，降幅为 4.21%，年均增长率为－0.29%，平均每年的赫芬达尔系数为 0.2856；中游的赫芬达尔系数从 2001 年 0.3712 降至 2016 年的 0.3335，降幅为 10.16%，年均增长率为－0.71%，平均每年

的基尼系数为0.3481；下游的赫芬达尔系数从2001年0.3018降至2016年的0.2847，降幅为5.68%，年均增长率为－0.39%，平均每年的赫芬达尔系数为0.2938。可见，由于中游地区仅有三个省市，数量少于上游和下游，导致每个省市在区域内所占比例较大，因此赫芬达尔系数均值最大；长江经济带各区域的赫芬达尔系数都呈下降趋势，但下降幅度不大（见图4.4）。

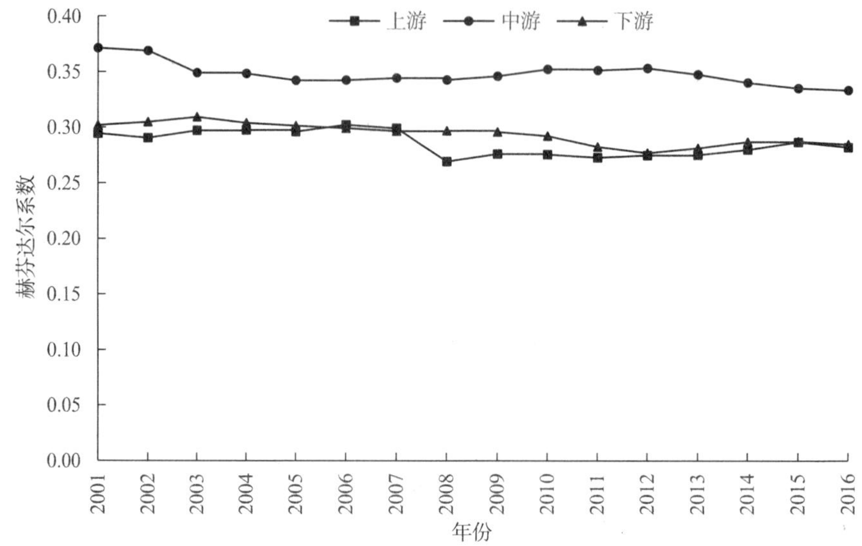

图4.4 2001—2016年长江经济带上中下游旅游经济的赫芬达尔系数

综上，从基尼系数和赫芬达尔系数两项指标来看，2001—2016年，长江经济带各区域旅游经济规模的相对差异基本呈逐年递减趋势，其中下游地区各省市之间的相对差异最大，中游的相对差异最小，其下降幅度也最明显。

（3）上游旅游经济的比较优势明显

2001—2016年，长江经济带上中下游各区域旅游总收入的区位熵结果如下：

2001—2016年，长江经济带上游四个省市的平均区位熵均位于全流域的前6名，旅游业在当地属于优势产业。其中贵州省的平均区位熵及其年均增长率均位于全流域第一，四川省和云南省平均区位熵的年均增长率也位于全流域前6位，只有重庆市的年均增长率为负数，且排名第10位。长江经济带上游的四个省市位于中国的西南边陲，在经济发展水平上落后于中游和下游地区，但自然旅游资源独具特色，少数民族风情浓郁，是重要的旅游目的地，因此旅游业在国民经济中的相对优势明显。

长江经济带中游三个省市的平均区位熵均位于流域的倒数后 4 位，旅游业的比较优势不够突出，其中，湖南省和湖北省的平均区位熵分别位于流域的倒数第 1 位和倒数第 2 位。就年均增长率来看，仅有江西省排名靠前，居全流域第 2 位，湖南省和湖北省的年均增长率分别为流域的第 5 位和第 9 位，处于中下等水平。近年来，江西省旅游业发展迅速，2017 年旅游业增加值相当于当年 GDP 的 11.36%，全域旅游发展的“江西模式”受到全国旅游界的关注。湖南省和湖北省是中国传统的农业大省，第三产业发展基础弱于第一产业和第二产业，旅游业在国民经济中的相对贡献率较低，因此导致平均区位熵不高。

长江经济带下游四省市的平均区位熵仅有上海市排名较为靠前，为流域第 2 位，浙江省、江苏省和安徽省都位于流域中下水平，其中安徽省排名流域倒数第 3 位。就平均区位熵的年均增长率而言，仅有安徽省排名第 3 位，浙江省、江苏省和上海市分别排名第 7 位、第 8 位和第 11 位，较为落后。长江经济带下游四省市，尤其是江浙沪三省市的旅游经济规模较大，但是国民经济体量更大，因此旅游经济的平均区位熵基本处于流域的中等水平，旅游经济的相对优势不太突出（见表 4.4）。

表 4.4 2001—2016 年长江经济带上中下游旅游经济的平均区位熵及年均增长率

区域	省市	平均区位熵	排名	年均增长率（%）	排名
上游	重庆市	0.9676	6	−2.00	10
	四川省	0.9946	4	3.15	4
	云南省	1.2820	3	1.89	6
	贵州省	1.6419	1	7.50	1
中游	江西省	0.8878	8	4.05	2
	湖北省	0.8107	10	−1.34	9
	湖南省	0.7261	11	2.04	5
下游	上海市	1.4473	2	−6.31	11
	江苏省	0.9089	7	−1.15	8
	浙江省	0.9884	5	0.03	7
	安徽省	0.8319	9	3.82	3

4.2.2 各省市旅游经济的绝对差异逐年降低，相对差异不断缩小，专业化率缓慢上升

现以2001年至2016年长江经济带各省市旅游总收入的面板数据为基础数据，选择变异系数（CV）、首位度（S）、基尼系数（G）、赫芬达尔系数（H）和区位熵（Q_i）等指标研究长江经济带各省市之间旅游经济发展的空间分异。

体现长江经济带各省市旅游经济空间差异的变异系数（CV）、首位度（F）、基尼系数（G）、赫芬达尔系数（H）和区位熵（Q_i）等指标的计算结果见表4.5和表4.6。

表4.5 2001—2016年长江经济带各省市旅游经济的变异系数、首位度、基尼系数和赫芬达尔系数

年份	CV	F	G	H
2001	0.7563	1.2839	0.3773	0.1382
2002	0.7786	1.2883	0.3837	0.1410
2003	0.8177	1.1691	0.3993	0.1462
2004	0.8048	1.0249	0.3927	0.1444
2005	0.7885	1.1312	0.3847	0.1423
2006	0.7565	1.2907	0.3695	0.1382
2007	0.7379	1.3619	0.3592	0.1359
2008	0.7244	1.4201	0.3404	0.1343
2009	0.6828	1.4263	0.3274	0.1294
2010	0.6541	1.3886	0.3202	0.1263
2011	0.5830	1.3509	0.2875	0.1190
2012	0.5252	1.3422	0.2631	0.1137
2013	0.4878	1.2794	0.2408	0.1106
2014	0.4693	1.2927	0.2282	0.1091
2015	0.4389	1.2677	0.2154	0.1068
2016	0.3865	1.2682	0.1899	0.1033
均值	0.6495	1.2866	0.3175	0.1274
年均增长率（%）	−4.38	−0.08	−4.48	−1.92

表 4.6 2001—2016 年长江经济带各省市旅游经济的区位熵

年份	上海市	江苏省	浙江省	安徽省	江西省	湖北省	湖南省	重庆市	四川省	云南省	贵州省
2001	2.0028	0.8594	0.9298	0.6274	0.8115	0.9969	0.6009	1.1003	0.8003	1.3144	0.7861
2002	2.2497	0.9452	0.9707	0.6719	0.8531	1.0582	0.6481	1.2060	0.8802	1.3713	0.9360
2003	2.0439	0.9405	0.8668	0.5489	0.7709	0.7896	0.6917	0.9827	0.8646	1.3146	0.8970
2004	1.8874	0.9909	0.8988	0.5786	0.7220	0.7544	0.6826	0.9999	0.9199	1.2419	1.0354
2005	1.7195	0.9727	1.0116	0.5660	0.7777	0.7154	0.6868	0.9668	0.9629	1.2211	1.2500
2006	1.5548	0.9758	1.0238	0.6411	0.7722	0.6747	0.7288	0.8437	1.0734	1.1933	1.5743
2007	1.4699	0.9968	1.0153	0.7355	0.7514	0.6454	0.7296	0.8927	1.0832	1.1801	1.6731
2008	1.3909	1.0340	1.0511	0.8281	0.8045	0.6586	0.7390	0.9717	0.8691	1.1683	1.8346
2009	1.3580	0.9992	1.0500	0.8246	0.8058	0.7076	0.7686	0.9400	0.9500	1.1997	1.8788
2010	1.4740	0.9553	1.0281	0.8013	0.7449	0.7870	0.7649	0.9964	0.9443	1.1985	1.9837
2011	1.3428	0.9185	1.0331	1.0166	0.7734	0.8307	0.7430	1.0370	0.9532	1.1966	2.0512
2012	1.2953	0.8733	1.0146	1.1142	0.7935	0.8658	0.7388	1.0673	1.0066	1.2098	1.9885
2013	1.0698	0.8415	1.0409	1.1114	0.9341	0.9180	0.7733	0.9836	1.0430	1.2667	2.0812
2014	0.9253	0.8269	1.0364	1.0871	1.1141	0.9055	0.7455	0.9281	1.1325	1.3745	2.0650
2015	0.7997	0.7655	0.9872	1.1104	1.3728	0.9333	0.8144	0.8495	1.2255	1.4290	1.9836
2016	0.7530	0.7228	0.9335	1.1014	1.4711	0.8141	0.8131	0.8126	1.2751	1.7418	2.3267
均值	1.4586	0.9136	0.9932	0.8353	0.8921	0.8159	0.7293	0.9736	0.9990	1.2889	1.6466
年均增长率(%)	−6.31	−1.15	0.03	3.82	4.05	−1.34	2.04	−2.00	3.15	1.89	7.50

(1) 绝对差异微量下降

2001—2016年，长江经济带旅游经济的变异系数（*CV*）和首位度（*F*）等指标表明，各省市之间旅游经济的离散程度越来越低，绝对差异呈微量下降趋势（见图4.5）。

自2001年以来，体现长江经济带各省市旅游经济离散程度的变异系数均值为0.6495，总体从2001年的0.7563下降至2016年的0.3865，15年间的降幅达48.90%，年均增长率为−4.38%。纵观2001—2016年，长江经济带各省市旅游经济的变异系数仅在2001年至2003年有8.12%的增加，此后呈逐年下降趋势，说明旅游经济的离散程度越来越低。

相对于变异系数曲线的稳步下降，长江经济带旅游经济首位度曲线稍有波动，但绝对值并不高，波动也不大。2001—2016年，长江经济带各省市旅游经济首位度的平均值为1.2866，从2001年的1.2839降至2016年的1.2682，降幅为−1.22%。其中，首位度的最高值为1.4263（2009年），最低值为1.0249（2004年），年均增长率仅为−0.08%，反映出长江经济带旅游经济规模的首位省市与第二位省市之间的差距并不大。纵观15年间的变化趋势，长江经济带旅游经济规模的首位度仅在2004年至2009年增加了39.17%，之前和之后的各个年份都呈下降趋势，说明旅游经济规模的首位省

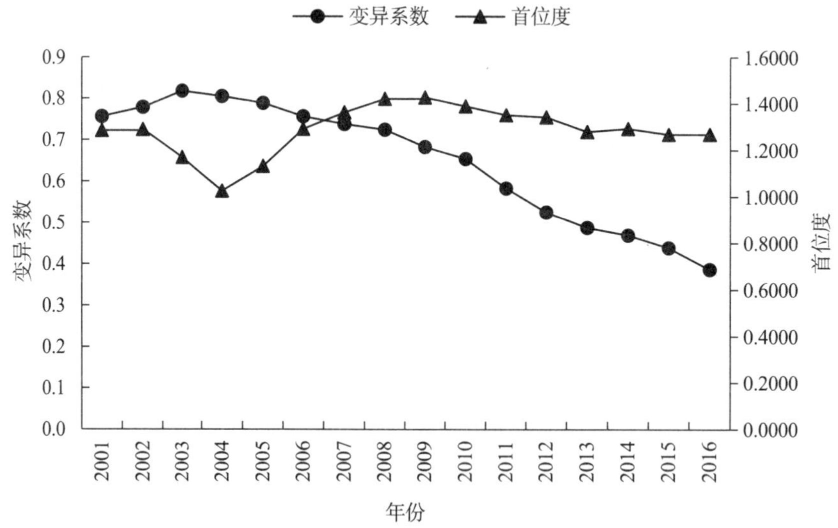

图4.5　2001—2016年长江经济带各省市旅游经济的变异系数和首位度

市和第二位省市之间的差距在缩小。2001—2004 年，长江经济带旅游总收入的首位省市为上海市，第二位省市为江苏省。从 2005 年开始，江苏省后来居上，成为首位省市至今；2007—2006 年的第二位省市为上海市，从 2007—2016 年第二位省市变更为江苏省，上海市屈居第三位，且与第二位城市之间的差距越来越大。

综上，2001—2016 年，长江经济带各省市旅游经济的绝对差异并不显著，首位省市与第二位省市之间的绝对差距有所减小；旅游总收入主要集中在江浙沪地区。

（2）相对差异不断缩小

2001—2016 年，长江经济带各省市旅游经济的基尼系数（G）和赫芬达尔系数（H）的变化趋势表明，近十几年来，长江经济带各省市流域旅游经济的相对差异总体上呈持续下降的变化趋势（见图 4.6）。

2001—2016 年，长江经济带各省市旅游经济的基尼系数的均值为 0.3175，从 2001 年的 0.3773 下降到 2016 年 0.1899，降低了 49.69%，总体在最大值 0.3993（2003 年）和最小值 0.1899（2016 年）之间波动。纵观十余年的变化趋势，长江经济带旅游经济的基尼系数除 2001—2003 年期间有所增加外，整体呈不断下降的趋势，表明长江经济带各省市旅游经济的相对差距有逐年缩小的趋势。

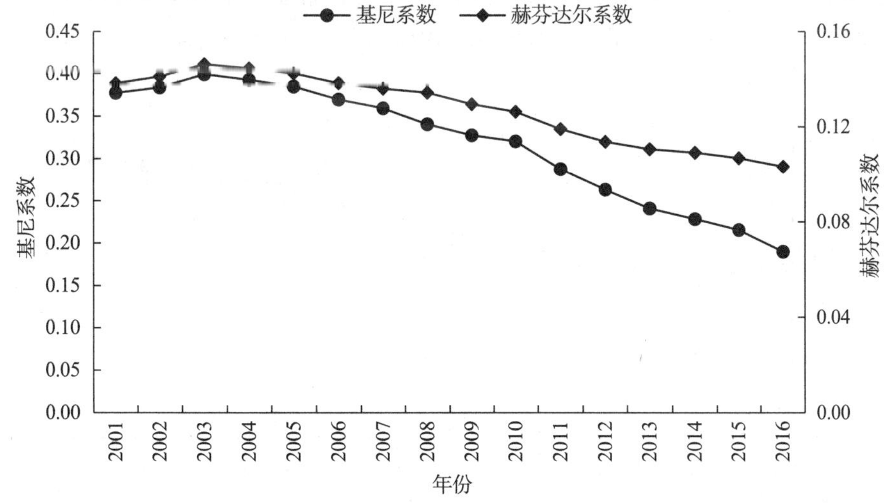

图 4.6　2001—2016 年长江经济带各省市旅游经济的基尼系数和赫芬达尔系数

2001—2016 年，长江经济带各省市旅游经济的赫芬达尔系数均值为 0.1274，其变化趋势与基尼系数类似，在最大值 0.1462（2003 年）和最小值 0.1033（2016 年）之间小幅波动，从 2001 年的 0.1382 下降到 2016 年的 0.1033，降幅为 25.28%，呈现出稳中有降的变化趋势。

综上，2001—2016 年，长江经济带各省市旅游经济之间的相对差异不大，且呈逐年下降的趋势。该趋势说明长江经济带各省市旅游经济规模相对差距不大，发展较为均衡。长江经济带，尤其是长江三角洲地区是我国经济增长速度最快、最具发展潜力的地区，县域经济的快速发展使该地区聚集了全国最密集的城市圈，区域内部的经济水平较为均衡，良好的社会经济环境为旅游经济的协调发展奠定了基础。

（3）流域旅游经济的专业化率缓慢上升，贵沪云居流域前列

根据公式（4-6）计算得到 2001—2016 年长江三角洲各省市旅游经济的区位熵，进而得出长江三角洲各年度旅游经济的平均区位熵、各省市历年来的平均区位熵和年均增长率。

2001—2016 年，长江三角洲旅游经济的平均区位熵由 2001 年的 0.9845 逐年上升至 2016 年的 1.1605，增幅为 17.87%。其中，平均区位熵的最高值为 1.1605（2016 年），最低值为 0.9738（2004 年），年均增长率仅为 1.10%（见图 4.7）。纵观 15 年间的变化趋势，长江经济带旅游经济规模的平均区位熵仅在 2001 年至 2003 年减少了 1.10%，之后的各个年份都呈增加趋势，说明相对于长江经济带国民经济的其他产业而言，各省市旅游业的专业化率呈缓慢上升趋势，旅游业在长江经济带国民经济中的地位持续提升。

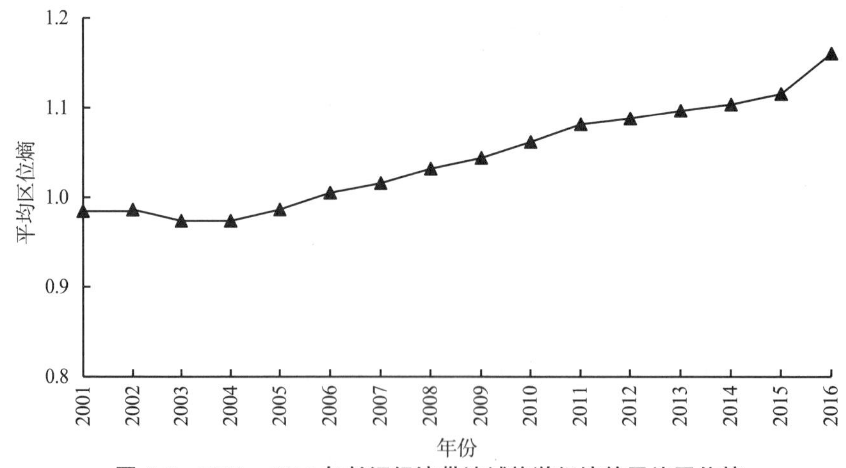

图 4.7　2001—2016 年长江经济带流域旅游经济的平均区位熵

2001—2016年，长江经济带各省市旅游经济的平均区位熵普遍较高，各省市之间的差距不大。其中，贵州省、上海市和云南省旅游总收入的平均区位熵位于流域前列，分别为1.6419、1.4473、1.2820，说明相对于流域整体水平而言，这些省市的旅游经济在国民经济中的占比较高，旅游经济的专业化程度在全流域具有比较优势，属于旅游经济发达地区；而同期的湖南省、湖北省和安徽省旅游总收入的平均区位熵位于流域末位，分别有0.7261、0.8107、0.8319，与排名靠前的省市之间的差距并不大，相对于旅游经济发达的省市而言，这些省市旅游经济的专业化程度较低，在流域不具有比较优势，属于旅游经济欠发达地区；而排名居中的四川省、浙江省等五省市的平均区位熵都在0.9左右，与排名前列的省市之间差距更小。

从各省市区位熵的变化趋势来看，2001—2016年贵州省、江西省和安徽省旅游经济区位熵的年均增长率在流域排名前列，分别为7.50%、4.05%和3.82%，表明其旅游经济的专业化程度提升较快；四川省、湖南省、云南省和浙江省等四省市旅游经济的平均区位熵也都有不同程度的增长，属于旅游经济专业化程度有所增加的省市；而江苏省、湖北省、重庆市和上海市等四省市平均区位熵的年均增长率为负值，表明其旅游经济的专业化程度有不同程度的下滑（见表4.7）。

表4.7　2001—2016年长江经济带各省市旅游经济的平均区位熵及年均增长率

省市	平均区位熵	排名	年均增长率（%）	排名
贵州省	1.6419	1	7.50	1
上海市	1.4473	2	−6.31	11
云南省	1.2820	3	1.89	6
四川省	0.9946	4	3.15	4
浙江省	0.9884	5	0.03	7
重庆市	0.9676	6	−2.00	10
江苏省	0.9089	7	−1.15	8
江西省	0.8878	8	4.05	2
安徽省	0.8319	9	3.82	3
湖北省	0.8107	10	−1.34	9
湖南省	0.7261	11	2.04	5

4.3 省域旅游经济的空间分异：以湖北省为例

2001—2017 年，湖北省各市州旅游总收入的平均值及其年均增长率反映了区域旅游经济规模的基本状况（见表 4.8）。

表 4.8 2001—2016 年湖北省各市州年均旅游总收入及年均增长率

市州	均值（亿元）	排名	年均增长率（%）	排名
武汉市	871.95	1	20.07	12
宜昌市	160.86	2	23.58	7
十堰市	108.83	3	22.41	10
襄阳市	102.13	4	17.01	15
恩施州	77.70	5	41.89	1
咸宁市	70.80	6	27.16	4
荆州市	62.79	7	24.45	6
荆门市	49.01	8	20.33	11
黄冈市	48.61	9	25.35	5
孝感市	47.59	10	22.89	9
随州市	43.98	11	22.97	8
黄石市	36.41	12	29.94	2
鄂州市	22.08	13	14.28	16
神农架林区	10.36	14	27.65	3
仙桃市	6.87	15	17.29	14
天门市	3.06	16	17.98	13
潜江市	2.53	17	−0.15	17

2001—2017 年，武汉市、恩施州和神农架林区的旅游经济发展较为突出。武汉市年均旅游总收入在全省排名第一，在旅游业发展上具有无可比拟的区位优势和资源优势，旅游总收入的均值在全省各市州中遥遥领先，武汉市年均旅游总收入分别是排名第 2 位的宜昌市和排名末位的潜江市的 5.42 倍和 345.32 倍，但年均增长率排名 12 位，增长速度相对滞后；恩施州旅游总收入发展最快，尤其是从 2005 年开始，恩施州旅游业发展出现质的飞跃，旅游总收入的年均增长速度最快，在湖北省各市州中排名第 1 位；神农架林区的旅游总收入虽然在全省排名第 14 位，但是增长速度较为可观，在湖北省各市州

中排名第 3 位。

2001—2017 年，旅游经济发展较为滞后的市州是仙桃市、天门市和潜江市，不仅旅游总收入均值排在全省最后 3 位，旅游总收入的年均增长率也排在全省各市州的 13 名之后。

现分别研究湖北省武汉城市圈和鄂西生态文化旅游圈两个圈域，以及 17 个市州旅游经济的空间分异情况。

4.3.1 武汉城市圈旅游经济的绝对差异明显，两大圈域相对差异较为稳定，鄂西圈的比较优势突出

在湖北省“两圈两带”发展战略中，武汉城市圈和鄂西生态文化旅游圈（以下简称“鄂西圈”）已经实现了对湖北省各市州地理空间的全覆盖。

武汉都市圈又称武汉“1＋8”城市圈，是以中部六省唯一的特大城市武汉市为中心，覆盖鄂州市、黄石市、黄冈市、咸宁市、孝感市、天门市、仙桃市和潜江市周边 8 个城市所组成的城市群。截至 2016 年底，武汉城市圈区域面积合计 57879 平方公里，占全省面积的 31.11%；常住人口 31448100 人，占全省总人口的 53.44%；地区生产总值 20149 亿元，占全省 GDP 的 59.54%；第三产业增加值 9238 亿元，占全省的 66.04%。武汉城市圈面积不到全省的三分之一，但是集中了全省超过半数的常住人口、近六成的 GDP、近七成的第三产业增加值，是湖北省经济社会发展的核心城市群，也是中部崛起战略的重要支点（见表 4.9）。

表 4.9 2016 年武汉城市圈概况

市州	占地面积（平方公里）	常住人口（人）	GDP（亿元）	第三产业增加值（亿元）
鄂州市	1594	1068500	798	266
黄冈市	17453	6321000	1726	677
黄石市	4583	2465500	1306	470
潜江市	2004	962000	602	220
天门市	2622	1286600	471	158
武汉市	8494	10766200	11913	6295
仙桃市	2358	1148000	648	217
咸宁市	9861	2526000	1108	396

续表

市州	占地面积（平方公里）	常住人口（人）	GDP（亿元）	第三产业增加值（亿元）
孝感市	8910	4904300	1577	539
合计	57879	31448100	20149	9238
比例（%）	31.11	53.44	59.54	66.04

资料来源：湖北省统计局．年度数据（地区）[EB/OL].(2017-04-05)[2018-08-08]. http://data.hb.stats.cn/CountyData.aspx?DataType=67&ReportType=5.

鄂西生态文化旅游圈包括湖北省西部的襄阳市、荆州市、宜昌市、十堰市、荆门市、随州市、恩施州和神农架林区八市州。于 2008 年经湖北省委、省政府协调组织建设，以期借助鄂西地区丰富的资源优势破解多年的交通不便、体制滞后等障碍，打造国内外知名的旅游目的地，从而带动区域社会经济更好更快发展。截至 2016 年底，鄂西圈区域面积合计 128185 平方公里，占全省面积的 68.89%；常住人口 27401900 人，占全省总人口的 46.56%；地区生产总值 13692 亿元，占全省 GDP 的 40.46%；第三产业增加值 4749 亿元，占全省的 33.96%（见表 4.10）。

鄂西圈的国民经济总量不及武汉城市圈，但是自然和文化资源非常丰富，湖北省的 3 处世界文化遗产和 1 处世界自然遗产全部在鄂西圈内；此外还拥有 17 个国家自然保护区，占全省的 79.19%；拥有 7 处国家 5A 级旅游景区，占全省的 70%。但是由于历史的原因，武汉城市圈的国家历史文化名城数量较多，拥有湖北省的 4 座国家历史文化名城，分别是武汉市、襄阳市、随州市和钟祥市，鄂西圈仅有荆州市一座。

表 4.10　2016 年鄂西生态文化旅游圈概况

市州	占地面积（平方公里）	常住人口（人）	GDP（亿元）	第三产业增加值（亿元）
恩施州	24111	3346000	736	318
荆门市	12400	2901300	1521	518
荆州市	14104	5697900	1727	608
神农架林区	3253	76900	23	13
十堰市	23680	3409000	1429	574

续表

市州	占地面积（平方公里）	常住人口（人）	GDP（亿元）	第三产业增加值（亿元）
随州市	9636	2201800	852	313
襄阳市	19774	5639000	3695	1217
宜昌市	21227	4130000	3709	1188
合计	128185	27401900	13692	4749
比例（%）	68.89	46.56	40.46	33.96

资料来源：湖北省统计局. 年度数据（地区）[EB/OL].(2017-04-05)[2018-08-08]. http://data.hb.stats.cn/CountyData.aspx?DataType=67&ReportType=5.

两大圈域旅游经济发展状况也存在较大差异。以 2016 年两圈的旅游总收入为例，武汉城市圈各市州旅游总收入合计 3227.65 亿元，占全省的 60.9%，而鄂西仅为 2072.66 亿元，占全省的 39.1%。具体到两圈内部各市州的旅游总收入，武汉城市圈各市州之间的差距非常突出，武汉市的旅游总收入位居全省第一，而天门市、仙桃市和潜江市等三市则处于全省最低水平；鄂西各市州旅游总收入水平差异不大（见表 4.11）。

表 4.11　2016 年湖北省圈域各市州旅游总收入及其排名（单位：亿元）

武汉城市圈			鄂西生态文化旅游圈		
市州	旅游总收入	排名	市州	旅游总收入	排名
武汉市	2502.75	1	宜昌市	602.05	2
咸宁市	242.70	6	十堰市	361.20	3
黄冈市	151.20	8	恩施州	300.48	4
孝感市	132.02	10	襄阳市	297.20	5
黄石市	117.50	12	荆州市	200.10	7
鄂州市	52.67	13	荆门市	146.78	9
仙桃市	17.87	15	随州市	124.79	11
天门市	8.36	16	神农架林区	40.06	14
潜江市	2.58	17			
小计	3227.65	—	小计	2072.66	—

现仍以2001—2016年湖北省各市州的旅游总收入为基础数据，分析武汉城市圈和鄂西生态文化旅游圈两大圈域旅游经济规模的差异情况。由于武汉城市圈和鄂西生态文化旅游圈旅游总收入的均值不同，无法用标准差比较两组数据的离散程度，因此将两组数据的标准差与各自均值相除得到变异系数（*CV*）。两大圈域旅游总收入的变异系数（*CV*）、首位度（*F*）、基尼系数（*G*）和赫芬达尔系数（*H*）计算结果见下表。其中下标 *W* 表示武汉城市圈，下标 *E* 表示鄂西生态文化旅游圈（见表4.12）。

表4.12 2001—2016年湖北省两大圈域旅游经济的变异系数、首位度、基尼系数和赫芬达尔系数

年份	CV_W	CV_E	F_W	F_E	G_W	G_E	H_W	H_E
2001	2.4414	0.8725	22.6442	1.1203	0.5484	0.2007	0.6998	0.2083
2002	2.4600	0.8379	23.4017	1.0935	0.5531	0.1839	0.7088	0.2018
2003	2.2822	0.9165	14.6979	1.8776	0.5177	0.2047	0.6255	0.2169
2004	2.2803	0.9009	16.5748	1.9218	0.5243	0.1968	0.6247	0.2138
2005	2.2881	0.9008	14.6994	1.9861	0.5259	0.1939	0.6282	0.2137
2006	2.2622	0.7979	13.3110	1.8304	0.5229	0.1443	0.6165	0.1946
2007	2.2179	0.7566	11.2799	1.7635	0.5227	0.1235	0.5970	0.1876
2008	2.2342	0.6151	12.5396	1.3615	0.5243	0.0718	0.6041	0.1664
2009	2.2518	0.5875	13.6003	1.2600	0.5265	0.0529	0.6119	0.1627
2010	2.2398	0.5523	12.6241	1.1651	0.5245	0.0364	0.6066	0.1584
2011	2.2956	0.5355	13.5978	1.1832	0.5358	0.0316	0.6316	0.1564
2012	2.3157	0.5353	12.9247	1.2431	0.5434	0.0315	0.6407	0.1563
2013	2.3347	0.5520	12.9573	1.2877	0.5361	0.0400	0.6495	0.1583
2014	2.3011	0.5748	11.3341	1.3851	0.5443	0.0522	0.6341	0.1611
2015	2.2655	0.6179	10.6261	1.5021	0.5384	0.0712	0.6180	0.1668
2016	2.2529	0.6738	10.3121	1.6668	0.5385	0.0922	0.6124	0.1747
均值	2.2952	0.7017	14.1953	1.4780	0.5329	0.1080	0.6318	0.1811
年均增长率(%)	−0.53	−1.71	−5.11	2.68	−0.12	−5.05	−0.89	−1.17

（1）武汉城市圈旅游经济的绝对差异较大

以变异系数和首位度两个指标来看，两个圈域内部各行政区域之间的绝对差异程度有所不同：武汉城市圈各行政区域旅游经济规模之间的绝对差异非常显著，而鄂西生态文化旅游圈内不同行政区域之间的差异较小。

2001 年至 2016 年，武汉城市圈旅游总收入的变异系数从 2001 年的 2.4414 降至 2016 年的 2.2529，降幅为 7.72%，年均增长率－0.53%，平均每年的变异系数为 2.2952。鄂西生态文化旅游圈旅游总收入的变异系数从 2001 年的 0.8725 降至 2016 年的 0.6738，降幅为 22.77%，年均增长率－1.71%，平均每年的变异系数为 0.7017（见图 4.8）。可见，湖北省两大圈域旅游总收入的离散程度差异显著，但近十余年来均有不同程度的下降。武汉城市圈旅游总收入的离散程度较大，下降的幅度较小；而鄂西圈旅游总收入的离散程度较小，且近年来下降幅度明显。

2001 年至 2016 年，武汉城市圈旅游总收入的首位度从 2001 年的 22.6442 降至 2016 年的 10.3121，降幅为 54.46%，年均增长率－5.11%，平均每年的首位度为 14.1953，说明武汉城市圈首位城市和第二位城市之间的差距在不断缩小。十五年间，武汉城市圈旅游总收入的首位城市一直为武汉市，但是第二位城市在鄂州市、咸宁市、黄冈市、孝感市之间波动：2001 年的第二位城市是鄂州市，2002 年至 2004 年的第二位城市为咸宁市，2005 年至 2007 年的第二位城市是黄冈市，2008 年和 2009 年是孝感市，2010 年之后为咸宁市。2001 年至 2016 年，鄂西圈旅游总收入的首位度从 2001 年的 1.1203 增至 2016 年的 1.6668，增幅为 48.79%，年均增长率 2.68%，平均每年的首位度为 1.4780。可见，鄂西圈旅游经济首位度的绝对值和平均值都小于 2，处于比较合理的水平，但首位城市和第二位城市之间的差距在加大。2001 年，鄂西生态文化旅游圈旅游总收入的首位城市为襄阳市，此后一直为宜昌市，第二位城市主要集中在宜昌市、襄阳市和十堰市。2001 年的第二位城市是宜昌市，2002 年至 2008 年的第二位城市是襄阳市，2009 年之后为十堰市（见图 4.9）。可见，武汉城市圈和鄂西生态文化旅游圈两大圈域旅游总收入的首位度呈一降一增的变化趋势，但是武汉城市圈的年均首位度远高于鄂西生态文化旅游圈，说明武汉城市圈一城独大的状况非常突出，而鄂西生态文化旅游圈旅游总收入的首位城市和第二位城市之间的差异并不大，各市州之间旅游发展较为均衡。

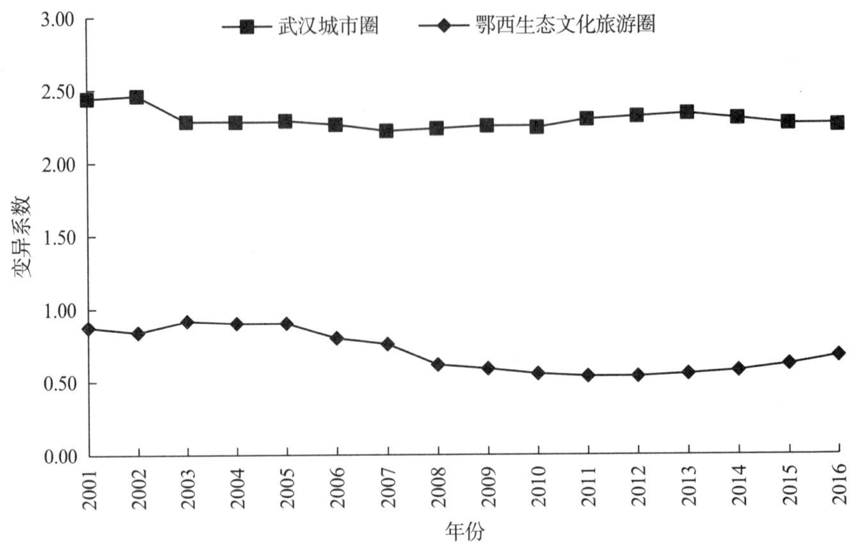

图 4.8　2001—2016 年湖北省两大圈域旅游经济的变异系数

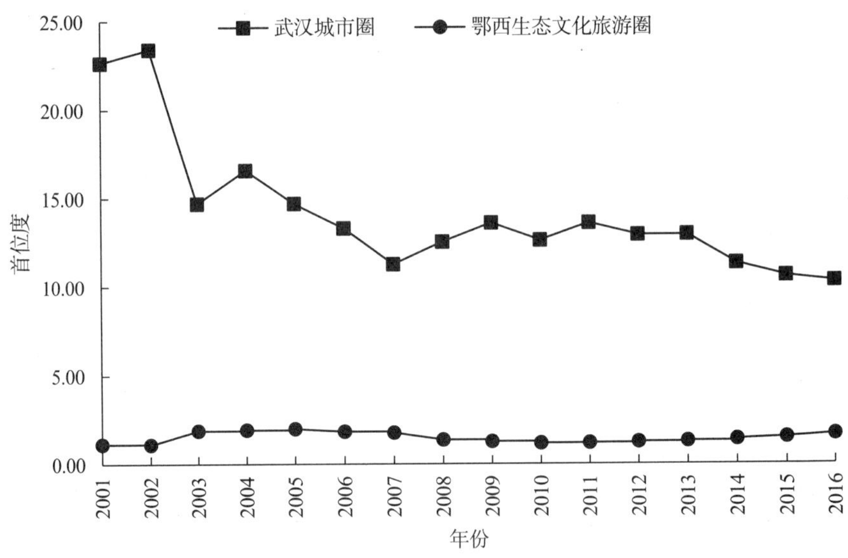

图 4.9　2001—2016 年湖北省两大圈域旅游经济的首位度

（2）两大圈域旅游经济的相对差异波动不大

从基尼系数和赫芬达尔系数两个指标来看，武汉城市圈和鄂西生态文化旅游圈两大圈域的相对差异变化不大，不同圈域内部各市州旅游经济之间的相对差异保持了较为稳定的状态。

2001 年至 2016 年，武汉城市圈旅游总收入的基尼系数从 2001 年 0.5484

降至2016年的0.5385，降幅为1.79%，年均增长率－0.12%，平均每年的基尼系数为0.5329。鄂西生态文化旅游圈旅游总收入的基尼系数从2001年的0.2007降至2016年的0.0922，降幅为54.06%，年均增长率－5.05%，平均每年的基尼系数为0.1080（见图4.10）。可见，湖北省两大圈域旅游总收入的基尼系数与全省基尼系数的变化较为一致，都呈不同程度的下降趋势，两大圈域内部各市州之间的相对差异逐年缩小。但相对而言，武汉城市圈旅游总收入的基尼系数较高，各市州之间的相对差异大，近十余年来下降的幅度较小；而鄂西圈旅游总收入的基尼系数较低，各市州之间的相对差异小，且近年来下降幅度明显。

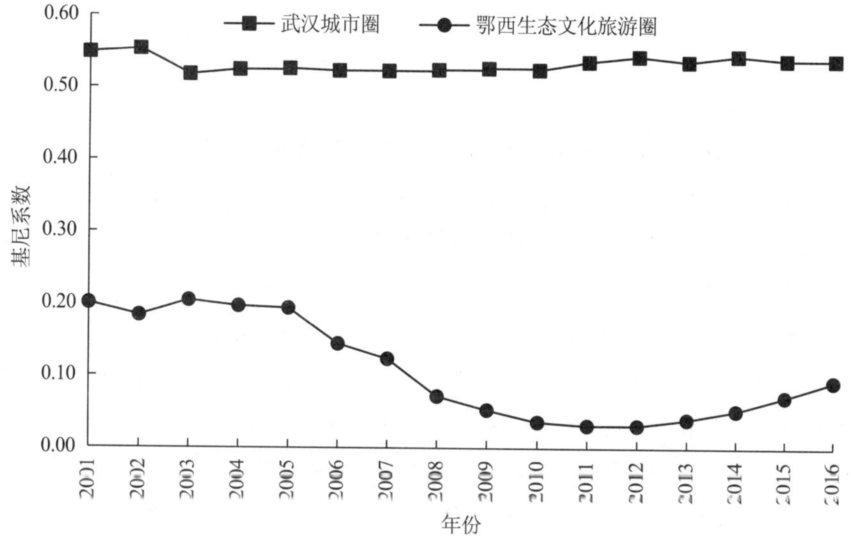

图4.10　2001—2016年湖北省两大圈域旅游经济的基尼系数

2001年至2016年，武汉城市圈旅游总收入的赫芬达尔系数从2001年0.6998降至2016年的0.6124，降幅为12.49%，年均增长率－0.89%，平均每年的赫芬达尔系数为0.6318。鄂西生态文化旅游圈旅游总收入的赫芬达尔系数从2001年的0.2083降至2016年的0.1747，降幅为16.13%，年均增长率－1.17%，平均每年的赫芬达尔系数为0.1811（见图4.11）。可见，湖北省两大圈域旅游总收入的赫芬达尔系数差异显著，但近十余年来均有下降。就两大圈域而言，仍以武汉城市圈旅游总收入的赫芬达尔系数较高，各市州之间的相对差异较大；而鄂西圈旅游总收入的赫芬达尔系数相对较低，各市州之间的相对差异较小。

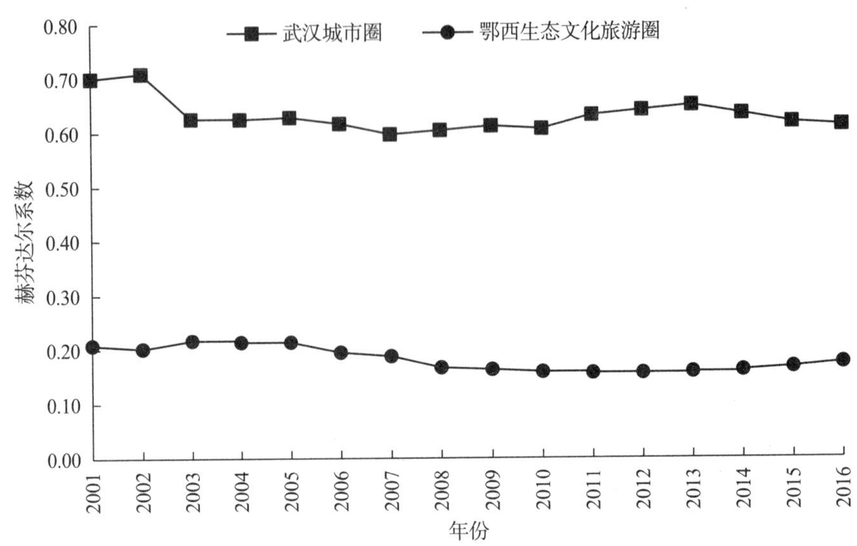

图 4.11　2001—2016 年湖北省两大圈域旅游经济的赫芬达尔系数

（3）鄂西旅游经济的比较优势较为突出

根据湖北省内的武汉城市圈和鄂西生态文化旅游圈两大圈域旅游经济的区位熵计算结果，鄂西圈旅游经济的比较优势相对突出。

在武汉城市圈的 9 个市州中，仅有武汉市和咸宁市的平均区位熵位于全省的前 8 位，而且平均区位熵最低的 5 个市州全部来自武汉城市圈，年均增长率最低的 5 个市州中也有 4 个来自武汉城市圈（见表 4.13）。可见，与鄂西生态文化旅游圈相比，武汉城市圈的旅游经济不具有比较优势。但同时也要看到，武汉城市圈内的武汉市和咸宁市的旅游经济优势也很明显。武汉市作为中部地区的中心城市，对外开放程度较高，旅游服务设施便利，区位优势明显，因此，其旅游经济平均区位熵位列全省第 2。然而，武汉市长期作为旅游过境地，高品质旅游资源有待挖掘，旅游业发展面临一定的瓶颈，近年来武汉市受到周边省市旅游市场竞争的压力越来越大，同时随着省内各市州旅游经济的快速发展，武汉市旅游经济的区位熵在研究期出现了小幅下降。咸宁市 2006 年以来加大了对旅游业的支持力度，尤其是温泉旅游的发展已初具规模，表现出一定的区域影响力。

鄂西圈有 6 个市州旅游经济的平均区位熵位于全省前 8 位（占 75%），4 个市州区位熵的年均增长率位于全省前 8 位（占 50%）。可见，鄂西的比较优势较为突出。鄂西的旅游资源品质较高，旅游业其重点发展的产业，近年来依托丰富的旅游资源和良好的政策环境发挥了后发优势。2007 年以来，恩施州每年的区位熵几乎都高于全省平均水平，且处于相对高位，平均区位熵排全省第 3 位，年均增长率全省第 1 位。恩施州是经济发展相对滞后的地区，但是旅游资源禀赋相对丰富，是东亚北纬 30 度区域生态多样性保护示范区，旅游资源排他性强，具有较大的发展潜力。2008 年底，湖北省政府做出建设鄂西生态文化旅游圈的决定以来，恩施州在基础设施建设、旅游营销推广等方面取得长足发展，旅游业在国民经济中的地位进一步提升。十堰市是传统的汽车城，其城市定位决定了生产要素主要集中在重工业领域，因此旅游业发展空间受到一定程度的限制，进一步提升的空间较小。宜昌市凭借长江三峡等垄断性资源，在湖北省旅游业发展初期就成为重要的区域旅游目的地，是湖北省传统的旅游目的地，但是由于来自其他市州和周边省市的竞争压力不断加大，宜昌市旅游业对国民经济的贡献率有所下降，从 2008 年开始，旅游经济的区位熵已经低于全省平均水平，并逐年下行。

表 4.13　2001—2016 年湖北省圈域各市州旅游经济的平均区位熵及年均增长率

圈域	市州	平均区位熵	排名	年均增长率（%）	排名
武汉城市圈	鄂州市	0.6315	9	−2.53	15
	武汉市	1.501	2	−0.53	13
	黄石市	0.4087	14	10.63	2
	黄冈市	0.5223	13	7.82	3
	孝感市	0.5508	12	5.11	7
	仙桃市	0.2252	15	−0.73	14
	咸宁市	1.0572	5	6.36	6
	天门市	0.1219	17	−0.12	12
	潜江市	0.1999	16	−15.02	17
鄂西生态文化旅游圈	恩施州	1.3405	3	15.02	1
	荆门市	0.5819	11	2.76	10
	荆州市	0.6314	10	6.77	5
	神农架林区	6.6079	1	7.09	4
	十堰市	1.316	4	2.92	9
	随州市	0.9196	7	3.91	8
	襄阳市	0.6485	8	−2.58	16
	宜昌市	0.9715	6	2.23	11

4.3.2 各市州旅游经济的绝对差异逐年递增，相对差异稳中有降，神农架林区的比较优势突出

现以 2001 年至 2016 年湖北省各市州旅游总收入的面板数据为基础数据，选择变异系数（CV）、首位度（S）、基尼系数（G）、赫芬达尔系数（H）和区位熵（Q_{ij}）等指标来计算湖北省各市州之间旅游经济发展的空间差异。

体现湖北省各市州旅游经济空间差异的变异系数（CV）、首位度（F）、基尼系数（G）、赫芬达尔系数（H）和区位熵（Q_{ij}）等指标的计算结果见表 4.14 和表 4.15。

表 4.14 2001—2016 年湖北省各市州旅游经济的变异系数、首位度、基尼系数和赫芬达尔系数

年份	CV	F	G	H
2001	2.2374	5.7194	0.5913	0.3360
2002	2.2993	6.3887	0.5944	0.3515
2003	2.0655	4.1658	0.5603	0.2950
2004	2.0709	4.2613	0.5613	0.2963
2005	2.0591	4.1261	0.5607	0.2936
2006	1.9824	4.1274	0.5387	0.2764
2007	1.9628	4.3463	0.5317	0.2721
2008	2.0003	5.7410	0.5236	0.2803
2009	2.0415	6.4796	0.5239	0.2896
2010	2.0554	7.2088	0.5205	0.2927
2011	2.0983	7.4674	0.5307	0.3026
2012	2.0897	6.9668	0.5347	0.3006
2013	2.0830	6.4971	0.5389	0.2990
2014	2.0116	5.7990	0.5336	0.2829
2015	1.9236	4.8605	0.5267	0.2637
2016	1.8767	4.1570	0.5270	0.2538
均值	2.0536	5.5195	0.5436	0.2929
年均增长率（%）	−1.17	−2.10	−0.76	−1.85

资料来源：根据《湖北旅游便览（2002—2017）》、湖北省及各市州国民经济和社会发展统计公报（2001—2016）整理、计算而得。

表 4.15　2001—2016 年湖北省各市州旅游经济的区位熵

年份	鄂州市	恩施州	黄冈市	黄石市	荆门市	荆州市	潜江市	神农架林区	十堰市	随州市	天门市	武汉市	仙桃市	咸宁市	襄阳市	孝感市	宜昌市
2001	0.9272	0.1642	0.1959	0.1369	0.4441	0.3005	0.4348	4.3054	1.1365	0.5703	0.0979	1.5742	0.2132	0.6015	0.8238	0.2745	0.8070
2002	0.8740	0.2082	0.2000	0.1513	0.4395	0.3224	0.3809	4.2735	1.0570	0.5965	0.1026	1.6430	0.2177	0.6693	0.7689	0.2901	0.8645
2003	0.8696	0.0884	0.2944	0.2310	0.4292	0.4839	0.4507	5.0910	1.1292	0.8757	0.1406	1.5568	0.3024	1.0137	0.6573	0.4268	1.2642
2004	0.7402	0.1266	0.5166	0.2502	0.4750	0.5272	0.3854	5.1809	1.1767	0.8599	0.1411	1.6201	0.2597	0.9326	0.6936	0.4562	1.2633
2005	0.6889	0.1271	0.6367	0.2663	0.6066	0.6369	0.3339	4.9293	1.1399	0.9217	0.1765	1.4576	0.2214	0.9316	0.6966	0.5272	1.3002
2006	0.6585	0.7936	0.7119	0.2974	0.6445	0.7139	0.2908	4.2799	1.1901	0.8897	0.1822	1.4309	0.2494	0.8857	0.7267	0.5790	1.2925
2007	0.6075	1.1714	0.8269	0.3803	0.6240	0.7560	0.2381	4.0674	1.0796	0.8065	0.1039	1.4064	0.2569	0.7382	0.7340	0.7162	1.2384
2008	0.5840	1.4525	0.6393	0.5064	0.6220	0.7364	0.1077	5.2087	1.2911	0.8957	0.0981	1.4212	0.2174	0.8680	0.7183	0.7568	0.9550
2009	0.5182	1.2736	0.5310	0.5498	0.6521	0.6416	0.1303	6.9093	1.4613	0.9808	0.1674	1.4228	0.1758	1.0538	0.6673	0.7183	0.7973
2010	0.4936	1.5601	0.5522	0.6368	0.6006	0.6306	0.1282	6.6003	1.3116	1.0248	0.1154	1.4582	0.2589	1.2356	0.6167	0.6285	0.7276
2011	0.5042	2.0689	0.5321	0.5533	0.5635	0.6397	0.0946	6.8561	1.4026	1.0107	0.0968	1.5601	0.2303	1.1899	0.5527	0.6022	0.6599
2012	0.5028	2.1897	0.5553	0.4691	0.6130	0.6720	0.0713	7.3597	1.4897	1.1069	0.0863	1.5404	0.2418	1.2337	0.5320	0.5640	0.7054
2013	0.5365	2.1762	0.4785	0.4736	0.6140	0.6772	0.0428	8.1827	1.5233	1.1143	0.1136	1.5216	0.1967	1.2187	0.5239	0.5524	0.7522
2014	0.5638	2.5152	0.5232	0.4574	0.6333	0.7159	0.0368	9.5703	1.5555	1.0330	0.1150	1.4900	0.1883	1.3728	0.5445	0.5682	0.8260
2015	0.5776	2.7056	0.5561	0.5569	0.6810	0.7560	0.0336	10.8871	1.3619	1.0138	0.1170	1.4588	0.1832	1.4535	0.5630	0.5736	0.9670
2016	0.4570	2.8272	0.6063	0.6230	0.6680	0.8022	0.0378	12.0250	1.7495	1.0137	0.0961	1.4543	0.1910	1.5164	0.5569	0.5796	1.1235
均值	0.6315	1.3405	0.5223	0.4087	0.5819	0.6314	0.1999	6.6079	1.3160	0.9196	0.1219	1.5010	0.2252	1.0572	0.6485	0.5508	0.9715
年均增长率(%)	−4.61	20.89	7.82	10.63	2.76	6.77	−15.02	7.09	2.92	3.91	−0.12	−0.53	−0.73	6.36	−2.58	5.11	2.23

资料来源：旅游总收入数据来自《湖北旅游便览(2002—2017)》，GDP 数据来自湖北省及各市州国民经济和社会发展统计公报(2001—2017)。

(1) 绝对差异不断增加

2001—2016年，湖北省各市州旅游经济的变异系数（*CV*）和首位度（*F*）等指标表明，省内旅游经济的绝对差异不断扩大，各市州之间旅游经济发展不平衡。

自2001年以来，体现湖北省各市州旅游经济的变异系数从2001年的2.2374下降至2016年的1.8767，降幅微弱，年均增长率为−1.17%。总体波动不大。

与变异系数曲线的稳定状态相比，湖北省旅游经济首位度的波动较为显著，且绝对值高。其中，首位度的最低值高达4.1261（2005年），最高值为7.4674（2011年），平均值为5.5195，反映出湖北旅游经济规模的集中度非常高，区域差异极其显著。以2008年为例，湖北省旅游经济的首位度水平不仅远远高于同一时期长江经济带中的浙江省，更高于同为中部省份的河南省（见图4.12）。

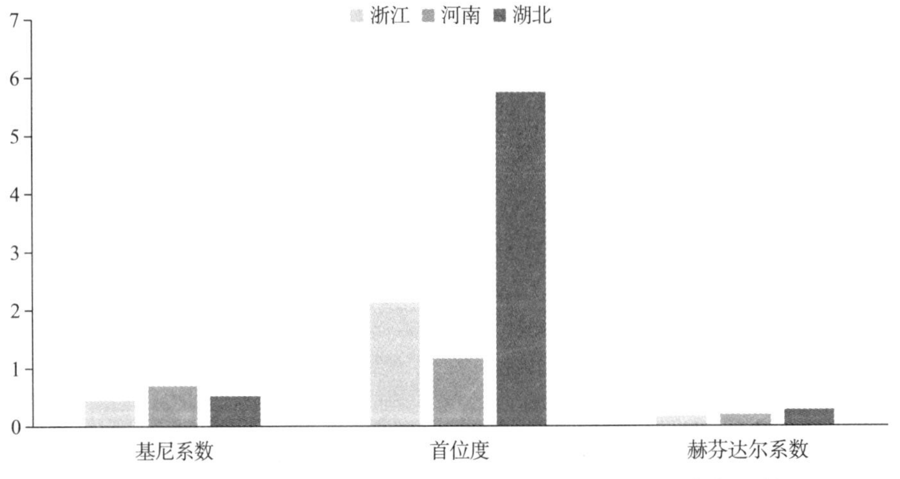

图4.12 2008年湖北、河南、浙江三省份旅游经济相关指标比较

自2011年峰值开始，湖北省旅游经济的首位度呈不断下降趋势，说明首位城市和第二位城市之间的差距在逐渐减小。2001—2016年，湖北省旅游总收入的首位城市始终为武汉市，除2001年的第二位城市为襄阳市外，其余年度为宜昌市。这表明，湖北省旅游经济的绝对差异较为显著，武汉市一市独大的局面未得到撼动。但与此同时，十堰市、恩施州、襄阳市和咸宁市等市州的旅游总收入也占有较大份额，宜昌市等市州以超过20%的年均增长率持续发展，恩施州 2001—2016 年旅游总收入的年均增长率更是达到了 41.89%。

因此，2001—2016 年，湖北省区域旅游经济的绝对差异较为显著，首位城市与第二位城市之间的绝对差距有所减小，但整体趋高，旅游总收入高度集中于省会城市武汉市以及宜昌市、襄阳市、十堰市、恩施州等旅游城市。

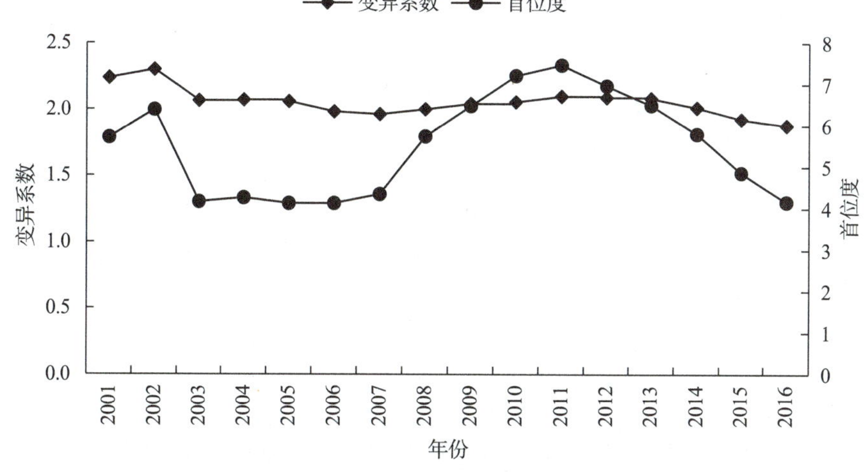

图 4.13　2001—2016 年湖北省旅游经济的变异系数和首位度

（2）相对差异稳中有降

2001—2016 年，湖北省各市州旅游经济的基尼系数（*G*）和赫芬达尔系数（*H*）的变化趋势表明，近十几年来，湖北省区域旅游经济的相对差异较为稳定，且总体上呈微弱下降的变化趋势（图 4.14）。

2001—2016 年，湖北省旅游经济的基尼系数在最小值 0.5205（2010 年）和最大值 0.5944（2002 年）之间小幅波动，从 2001 年的 0.5913 下降到 2016 年 0.527，降低了 10.87%；而且，湖北省旅游经济的基尼系数除 2010—2013 年期间有所增加外，整体呈微弱下降趋势，表明湖北省各市州旅游经济的相对差距有轻微的逐渐减少的趋势。

2001—2016 年，湖北省旅游经济的赫芬达尔系数的变化与基尼系数类似，在最小值 0.2721（2007 年）和最大值 0.3515（2002 年）之间小幅波动，从 2001 年的 0.336 下降到 2016 年的 0.2538，降低了 24.46%，同样呈现出稳中有降的变化趋势。

可见，2001—2016 年，湖北省各市州旅游经济之间的相对差异不大，较为稳定，各市州之间的差距略有缩小。该趋势主要得益于湖北省“旅游经济强省”战略目标的推进和旅游交通条件的改善，原有旅游经济较落后的市州也利用资源和区位条件获得了后发优势，使各市州间旅游市场竞争加剧，旅游经济规模的相对差距逐渐缩小。

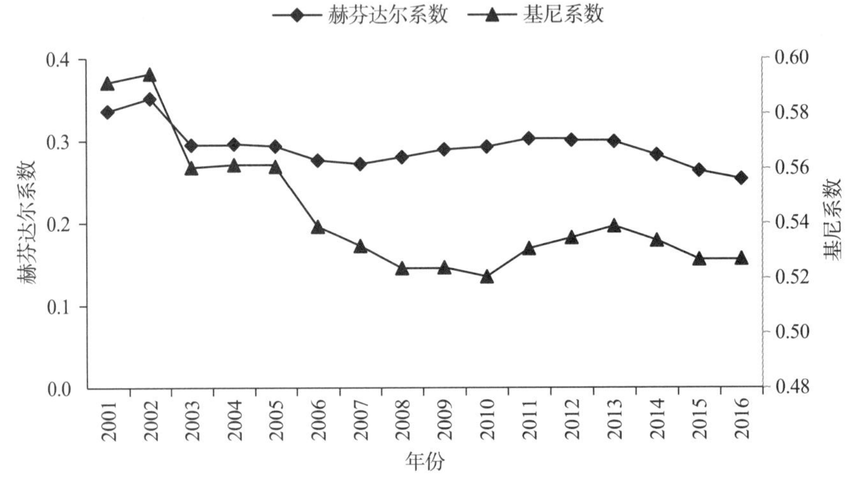

图 4.14　2001—2016 年湖北省旅游经济的基尼系数和赫芬达尔系数

(3) 神农架林区旅游经济的比较优势突出

根据公式（4-6）计算得到 2001—2016 年湖北省各市州旅游经济的区位熵，进而得出各年度湖北省旅游经济的平均区位熵、各市州的平均区位熵和年均增长率（见图 4.15）。

2001—2016 年，湖北省各市州旅游经济的平均区位熵由 2001 年的 0.7652 逐年上升至 2016 年的 1.5487，说明相对于湖北省国民经济的其他产业而言，各市州旅游业的专业化率呈缓慢上升趋势，旅游业在湖北省国民经济中的地位持续提升，湖北省从“旅游资源大省向旅游经济强省”的跨越正不断推进。

2001—2016 年，神农架林区、武汉市、恩施州、十堰市和咸宁市旅游总收入的平均区位熵位于全省前列，分别为 6.6079、1.5010、1.3405、1.3160、1.0572，说明这些市州旅游经济的专业化程度较高，在全省具有比较优势，属于旅游经济发达地区；而同期天门市、潜江市、仙桃市、黄石市和黄冈市的平均区位熵位于全省末位，分别只有 0.1219、0.1999、0.2252、0.4087 和 0.5223，说明这些市州旅游经济的专业化程度较低，在全省不具有比较优势，属于旅游经济欠发达地区。

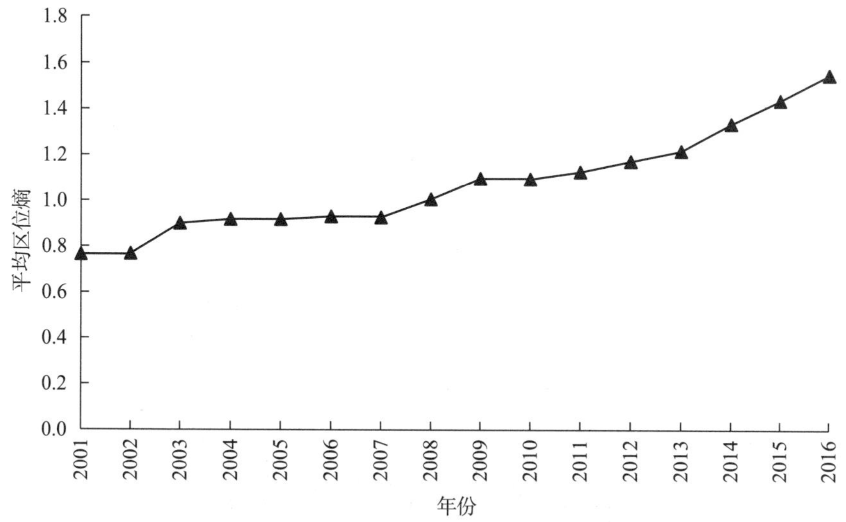

图 4.15　2001—2016 年湖北省各市州旅游经济的平均区位熵

从区位熵的变化趋势来看，2001—2016 年恩施州和黄石市旅游经济区位熵的年均增长率分别为 15.02%和 10.63%，表明其旅游经济的专业化程度提升较快；黄冈市、神农架林区、荆州市、咸宁市、孝感市、随州市、十堰市、荆门市和宜昌市 9 市州旅游经济的区位熵也都有不同程度的增长，属于旅游经济专业化程度有所增加的市州；而天门市、武汉市、仙桃市、鄂州市、襄阳市和潜江市等 6 市州区位熵的年均增长率为负值，表明其旅游经济的专业化程度有不同程度的下滑（表 4.16）。

表 4.16　2001—2016 年湖北省各市州旅游经济的平均区位熵及年均增长率

市州	平均区位熵	排名	年均增长率（%）	排名
神农架林区	6.6079	1	7.09	4
武汉市	1.5010	2	−0.53	13
恩施州	1.3405	3	15.02	1
十堰市	1.3160	4	2.92	9
咸宁市	1.0572	5	6.36	6
宜昌市	0.9715	6	2.23	11
随州市	0.9196	7	3.91	8
襄阳市	0.6485	8	−2.58	16
鄂州市	0.6315	9	−2.53	15
荆州市	0.6314	10	6.77	5

续表

市州	平均区位熵	排名	年均增长率（%）	排名
荆门市	0.5819	11	2.76	10
孝感市	0.5508	12	5.11	7
黄冈市	0.5223	13	7.82	3
黄石市	0.4087	14	10.63	2
仙桃市	0.2252	15	−0.73	14
潜江市	0.1999	16	−15.02	17
天门市	0.1219	17	−0.12	12

4.4 旅游经济空间格局演化辨析

本章基于流域和省域的空间尺度，以2001—2016年长江经济带各省市、湖北省各市州旅游总收入为基础数据，采用变异系数（*VOC*）、首位度（*F*）、基尼系数（*G*）、赫芬达尔系数（*H*）和区位熵（Q_{ij}）等指标来计算长江经济带和湖北省旅游经济的空间分异，主要研究结论如下：

4.4.1 流域差异趋低，省域差异显著

长江经济带各省市之间社会经济发展水平差距显著，基础设施状况不一，旅游资源分布各异，旅游经济的空间分异在流域层面和省域层面各有不同表现，主要体现为流域层面旅游经济的空间分异逐年趋低，流域内部各省市之间旅游经济规模正趋于均衡化发展，但省域层面各市州的旅游经济规模差异突出。

从流域层面看，2001—2016年，长江经济带上中下游各区域旅游经济的绝对差异呈逐年下降的趋势，但中游三省之间的绝对差异最小；各区域的相对差异也呈下降趋势，其中下游地区的相对差异最大，主要表现为安徽省同江浙沪地区之间的相对差异；此外，由于西南地区国民经济发展相对滞后，因此上游地区旅游经济在国民经济中的相对优势明显。具体到各省市，长江经济带旅游总收入主要集中在江浙沪地区，但各省市之间旅游经济的离散程度逐年降低，首位度有所减小，绝对差异呈微量下降趋势；长江经济带各省市旅游经济之间的相对差异不大，发展较为均衡，良好的社会经济环境为旅

游经济的协调发展奠定了基础；各省市旅游经济的专业化率普遍较高，各省市之间的差距不大，贵州省、上海市和云南省居于流域前列。

从湖北省省域层面看，武汉城市圈的旅游经济规模较大，圈内各行政区域之间的旅游经济规模差异也最大，表现为非常显著的武汉市一市独大的单核格局；而鄂西生态文化旅游圈各行政区域之间的差异较小，空间格局呈扁平化。具体到湖北省各市州，近十余年来，湖北省旅游业在国民经济中的地位持续提升，但是各行政区域旅游经济规模之间的绝对差异特别显著，武汉市的旅游规模在全省独占鳌头；与显著的绝对差异相反，湖北省各市州旅游经济规模之间的差异水平较为平稳，相对差异保持了较为稳定的态势，因此表现出“强者恒强，弱者恒弱”的现状。

4.4.2 旅游要素区域性失衡

在微观层面上，旅游经济的时空分异投射为旅游要素的区域性失衡。旅游客源的季节性流动和旅游资源的季节性特征使长江经济带旅游业的淡旺季差异非常明显，近年来，黄金周集中释放的旅游需求使各大热点景区不堪重负，旅游产品价格飙涨、旅游服务质量下降等问题不断叠加，旅游交通条件的改善在某种程度上又强化了这种季节差异，从而造成在旅游热点地区，旅游者的体验空间、旅游地居民的生活空间和生态环境受到挤占，旅游要素表现为区域性的空间失衡。

（1）旅游者的体验空间得不到保障

激增的旅游需求与刚性的旅游供给之间的冲突造成旅游者的旅游体验缺乏空间保障。在旅游旺季，一些热点景区人满为患，旅游地的基础设施和旅游接待设施供不应求，不仅旅游体验无从谈起，由于超负荷运营，还容易对接待设施和景区环境造成破坏，甚至引发旅游安全事件。

2009 年底，武广高铁正式通车，广州到武汉的铁路运行时间从过去的约 11 小时缩短为 3 小时左右①，交通时间大大缩短。交通方式的便捷导致第二年春天武广沿线赴武汉的观樱团猛增，外地游客数量创历史之最，武汉市的旅游目的地的地位得到强化。但是，武汉市饭店、导游、餐馆、旅游车队等

---

① 孔博．广州、长沙、武汉间出行交通进入“立体公交化”时代[EB/OL]．(2009-12-26)[2010-01-04]．http://www.gov.cn/jrzg/2009-12/26/content_1497102_3.htm.

旅游供给的不足也造成了旅游接待的瓶颈，而不得不到周边的地市抽调导游和旅游大巴。蜂拥而至的旅游者也加剧了武汉市的交通拥堵，市内道路特别是通往武汉大学、东湖、黄鹤楼和武汉高铁站等地段的交通不畅，其间出现了两个来自广东的观樱旅游团在武汉大学门口堵了近两个小时进不了门，最终为赶火车而放弃了赏樱计划。上述事件都折射了湖北省旅游业发展过程中的空间冲突，相对刚性的旅游接待能力已经无法满足迅速膨胀的旅游市场需求，难免造成旅游流在空间上的无序状况。

（2）当地居民的生活空间受到挤占

在旅游地建设的过程中，也会遇到旅游规划用地与当地居民的生活空间发生冲突的情况。随着旅游业的发展，大量旅游者的涌入挤占了当地居民的生活空间，由此带来的高生活成本甚至使当地居民最终逃离这些旅游地。

武汉大学被誉为全国最美的校园，每年春天都会上演“赏樱潮”，虽然校方一度提高了票价，但仍然阻挡不了来自全国各地的观光者。2013 年的樱花季，武汉大学在周末一天接待的赏花者就高达 5 万人次①。庞大的客流对武汉大学师生的正常生活和教学活动造成了不可避免的打扰，一位学生抱怨“噪音、拥挤、垃圾，除了这些看得见、感受得到的困扰，还有被盗、被偷窥的潜在风险”，还有网友调侃“世界上最遥远的距离就是你在樱花大道这头，而我在樱花大道那头，很遥远有没有”。2012 年初，国内多家媒体因此刊发了以“武大学子咆哮樱花节：我们是大学不是公园”为题的报道，要校园还是要游客成为社会讨论的热点话题。

（3）旅游地的生态环境遭到破坏

旅游业对生态环境具有较高的依存度，为了发展旅游业，地方政府可能会采取措施促进区域环境质量的改善，当地居民的环境保护意识得到增强，但是旅游活动的开展也会造成旅游地的生态退化或对环境造成不同程度的破坏，旅游活动对生态环境的负面影响主要通过植物、土壤、水和野生动物等环境因子的变化表现出来。随着旅游者的大量涌入，游人的践踏及其产生的生活垃圾会导致植被、土壤结构和生物种群等环境因素造成破坏。旅游干扰对旅游地植被的破坏很大，在旅游设施集中的区域，植被已经遭到毁灭性破

---

① 冯国栋，喻珮. 武汉大学“樱花劫”谁之过[EB/OL].(2013-03-22)[2014-03-06]. http://news.xinhuanet.com/local/2013-03/22/c_115126761.htm.

坏，其可恢复能力也大大降低①。生态环境的破坏也可能是由于景区管理或旅游经营不当造成的。

长江在湖北省境内横穿而过，长江水体的白色污染问题却一直未得到解决。2001 年 8 月，有记者报道，长江葛洲坝岸边的“白色垃圾”之多足以“容得下多人站立而不下沉”②。时隔十多年后，笔者来到几乎是同一区域的宜昌市国家 5A 级景区三峡人家，其附近接待旅游者的餐馆仍然在持续不断地将一次性桌布、一次性饭盒、剩菜剩饭等直接丢入长江。如何在发展旅游业的同时保证生态环境不被破坏，这是一个复杂的系统工程，需要在游客教育、旅游规划、立法执法等方面多头并进才有可能取得成效。

4.4.3 区域间极化效应突显

旅游经济的时空分异加剧了区域间的极化效应，极化效应又促使区域间旅游经济的时空分异不断扩大，现以湖北省为例加以说明。

近年来，湖北省各市州旅游经济规模之间的绝对差异显著，武汉市和宜昌市长期处于前列，而潜江市和天门市等市州则位居末列，这种空间差异是区域间极化效应的反映。极化效应体现在武汉市对周边地区要素和资源的集聚。武汉市是中国重要的综合交通枢纽，也是中国中部唯一的特大城市和唯一的副省级城市。武汉市在旅游业发展的过程中吸收了大量来自周边地区的劳动力、资金等生产要素和资源，在客观上削弱了周边旅游经济的发展能力，生产要素和相关资源的流动不断相互强化，从而使武汉市的旅游经济规模愈来愈大，而仙桃市、天门市和潜江市等周边地区的旅游业发展受到压制。以旅游业中流动性最强的企业类型旅行社为例，截至 2012 年底，武汉市共有 288 家旅行社，而武汉城市圈的其他八市共有旅行社 100 余家，其中仙桃、天门和潜江三市仅有 16 家旅行社。从旅行社等级来看，截至 2014 年 3 月 5 日，湖北省共有 5A 级旅行社 11 家，其中 8 家位于武汉，其余 3 家位于鄂西生态文化旅游圈的宜昌；在 22 家 4A 级以上旅行社中，分布于武汉城市圈的旅行社占 63.64%，而其中的 92.86%位于武汉市。以导游为例，2011 年 10 月，

---

① 金亚征，郑志新，常美花，等. 旅游活动对草原植被、土壤环境的影响及控制对策 [J]. 草业科学，2017，34 (2)：310-320.

② 李明放. 长江“白色污染”令人忧 [EB/OL]. (2001-08-02) [2014-03-06]. http://www.people.com.cn/GB/tupian/75/20010802/526426.html.

湖北省旅游局授予了72名导游“湖北省优秀导游员”称号，其中，武汉市的导游占全部武汉城市圈导游之和的56.41%，除黄石之外，其他市所占的百分比都不足10%，天门市甚至没有一名“湖北省优秀导游员”。

极化效应的持续发酵使得武汉城市圈旅游经济规模表现出“一市独大”的单一中心格局（见图4.16）。由于旅游活动突出表现为旅游者的流动，即旅游流，旅游交易行为和旅游消费活动只能在旅游目的地才能真正实现，因此，武汉市对周边地区的涓滴效益相对弱化，旅游活动对周边地区的正面推动作用较为有限。

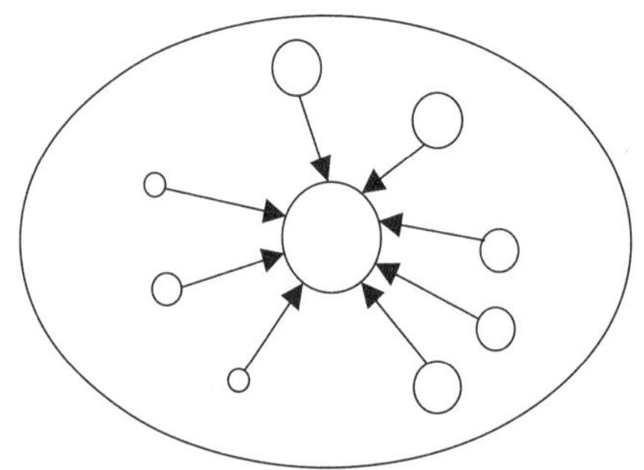

图4.16 武汉城市圈旅游经济的单一中心格局

根据经济地理学中的距离衰减规律，旅游经济活动的极化效应与距离的平方成反比①，鄂西生态文化旅游圈由于距离武汉市较远，所以极化效应的表现不甚明显，鄂西生态文化旅游圈区域内旅游经济规模的差异相对较小，从而形成了多中心格局（见图4.17）。

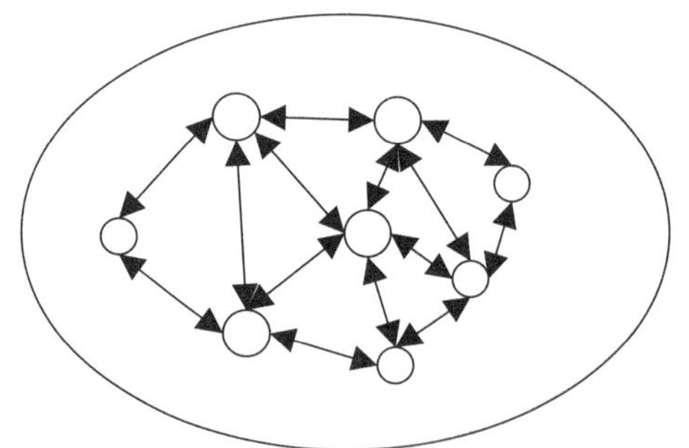

图4.17 鄂西生态文化旅游圈旅游经济的多中心格局

---

① 李小建. 经济地理学［M］. 2版. 北京：高等教育出版社，2006：235.

通过对圈域4A级以上旅行社和“湖北省优秀导游员”的均值、标准差、中位数和极差的比较可见，上述两项要素在不同圈域的均值相差无几，但是反映各市州数量差异程度的标准差、中位数和极差的差别很大（见表4.17）。在4A级以上旅行社中，武汉城市圈和鄂西生态文化旅游圈的标准差分别为4.3044和1.6903，极差分别为13和5；在“湖北省优秀导游员”中，武汉城市圈和鄂西生态文化旅游圈的标准差分别为6.7082和2.7999，极差分别为22和9。

表4.17　圈域旅游要素比较

要素	类别	武汉城市圈	鄂西生态文化旅游圈
4A级以上旅行社	均值	1.5556	1.0000
	标准差	4.3044	1.6903
	中位数	0.0000	0.5000
	极差	13	5
湖北省优秀导游员	均值	4.3333	4.1250
	标准差	6.7082	2.7999
	中位数	2.0000	4.0000
	极差	22	9

可见，极化效应和距离衰减规律的作用使各市州的旅游要素向区域中心城市流动，从而造成了旅游经济规模的空间分异，旅游经济规模的空间分异在圈域的表现并不一致。从圈域来看，武汉城市圈已经长期保持了以“八星伴月”为特征的三大层级板块。其中，第一层级是武汉市，在武汉城市圈中占据难以比拟的绝对优势，成为圈域超级中心城市；第二层级是咸宁市、孝感市、黄冈市和黄石市，旅游经济规模次之；位于第三层级的市州是鄂州市、仙桃市、潜江市和天门市，旅游经济规模最小。鄂西生态文化旅游圈各行政区域距区域中心城市的地理距离较远，极化效应相对不太明显，因此旅游经济规模相对均衡分布，形成了以宜昌、十堰、襄阳和恩施等市州为区域中心的多中心分布格局。

综上，湖北省旅游业的时空变化受政治、经济等社会因素的影响较大，并表现出明显的年际波动。而在年内变化中，旅游业的淡旺季差异较为显著，近年来随着高铁和城际铁路的建设和完善，这种季节性差异得到强化，并造成旅游流在旅游旺季向旅游热点地区的集聚，而地理空间和旅游服务设施的相对刚性使旅游者的体验空间、旅游地居民的生活空间和生态环境受到挤占，旅游要素表现为区域性的空间失衡。旅游经济的空间分异和极化作用相互作用，促使区域旅游经济规模之间的差异不断扩大。

5 时空分异的影响因素

为探究长江经济带旅游经济时空分异的影响因素，根据文献研究结果筛选相关影响因子，据此构建待检验的多元回归模型，采用逐步回归方法定量模拟和实证检验长江经济带流域和省域旅游经济空间格局的影响因素。

5.1 研究方法与数据来源

5.1.1 研究方法

已有研究发现，影响区域旅游经济时空分异的主要因素包括区域经济发展水平、旅游资源禀赋、旅游服务设施、基础设施状况和对外开放程度等①②③④，验证上述因素对长江经济带和湖北省旅游经济规模的相关性。根据前述分析，构建如（5-1）式所示的待实证检验的模型：

$$\ln Y_{ij}=C_0+C_1\ln X_{1ij}+C_2\ln X_{2ij}+C_3\ln X_{3ij}+C_4\ln X_{4ij}+C_5\ln X_{5ij} \quad (5\text{-}1)$$

以长江经济带流域旅游经济时空分异的影响因素研究为例，式中，Y_{ij} 为长江经济带第 i 年第 j 个省市的旅游经济规模，用旅游总收入衡量；X_{1ij} 为第 i 年第 j 个省市的经济发展水平，用人均地区生产总值衡量；X_{2ij} 为第 i 年第 j 个省市的旅游资源禀赋，为综合考虑各类旅游资源对不同旅游细分市场的吸引力，设 $X_{2ij}=\sum TR_m W_m$，其中，TR_m 为不同类别的旅游资源，包括世界遗产（TR_1）、国家历史文化名城（TR_2）、国家 5A 级旅游景区

① 陆林，余凤龙. 中国旅游经济差异的空间特征分析［J］. 经济地理，2005，25（3）：406-410.

② 姜海宁，陆玉麒，吕国庆. 江苏省入境旅游经济的区域差异研究［J］. 旅游学刊，2009，24（1）：23-28.

③ 钟章奇，李山，王铮等. 中国旅游业空间分异的 ABS 分析［J］. 地理研究，2014，33（8）：430-437.

④ 赵金金. 中国区域旅游经济增长的影响因素及其空间溢出效应研究：基于空间杜宾面板模型［J］. 软科学，2016，30（10）：53-57.

（TR_3）、国家4A级旅游景区（TR_4），根据吸引力的不同依次赋值 W_m，分别为9、7、5、3①；X_{3ij} 为第 i 年第 j 个省市的旅游服务设施，$X_{3ij}=H_{ij}\times7+TS_{ij}\times5$，其中，$H_{ij}$ 为第 i 年第 j 个省市的星级酒店数量，TS_{ij} 为第 i 年第 j 个省市的旅行社数量，分别赋值7、5；X_{4ij} 为第 i 年第 j 个省市的基础设施，设 $X_{4ij}=RW_{ij}\times7+CH_{ij}\times5$，其中，$RW_{ij}$ 为铁路营业里程，CH_{ij} 为等级公路里程；X_{5ij} 为第 i 年第 j 个省市的对外开放程度，设 $X_{4ij}=IE_{ij}\times7+FC_{ij}\times5$，其中，$IE_{ij}$ 为货物进出口总额，FC_{ij} 为实际利用外资总额。

同样地，当研究省域（以湖北省为例）旅游经济时空分异的影响因素时，式中，Y_{ij} 为湖北省第 i 年第 j 个市州的旅游经济规模，用旅游总收入衡量；X_{1ij} 为第 i 年第 j 个市州的经济发展水平，用人均地区生产总值衡量；X_{2ij} 为第 i 年第 j 个市州的旅游资源禀赋，为综合考虑湖北省旅游发展的现状以及各类旅游资源对不同旅游细分市场的吸引力，设 $X_{2ij}=\sum TR_mW_m$，其中，TR_m 为不同类别的旅游资源，包括世界遗产（TR_1）、国家历史文化名城（TR_2）、国家5A级旅游景区（TR_3）、国家4A级旅游景区（TR_4）、湖北旅游强县（TR_5）、湖北旅游名村（TR_6），根据吸引力的不同依次赋值 W_m，分别为9、7、5、3、3、1；X_{3ij} 为第 i 年第 j 个市州的旅游服务设施，$X_{3ij}=H_{ij}\times7+TS_{ij}\times5$，其中，$H_{ij}$ 为第 i 年第 j 个省市的星级酒店数量，TS_{ij} 为第 i 年第 j 个省市的旅行社数量，分别赋值7、5；X_{4ij} 为第 i 年第 j 个市州的基础设施，以旅客周转量衡量；X_{5ij} 为第 i 年第 j 个市州的对外开放程度，以实际利用外资总额衡量。由于市州层面统计数据的缺失，关于基础设施和对外开放程度的基础数据与长江经济带的研究有所不同。

为了实证检验上述因素是否影响了长江经济带流域和省域旅游经济的时空分异，分别以长江经济带11个省市和湖北省的17个市州为样本，利用2001—2016年的面板数据，运用回归分析方法检验上述模型。

5.1.2 数据来源

基于可行性、科学性和时效性的原则，本研究中长江经济带流域各省市旅游总收入数据主要来源于2000—2016年各省市国民经济和社会发展统

---

① 许贤棠，胡静，陈婷婷. 湖北省旅游资源禀赋空间分异的综合评析 [J]. 统计与决策，2015，425 (5)：107-110.

计公报、各省市统计年鉴、各省市旅游主管部门官方网站；湖北省各市州旅游总收入数据主要来源于《湖北旅游便览（2001—2017）》，以及2001—2016年湖北省各市州国民经济和社会发展统计公报。其中，部分年份的数据缺失时，通过入境旅游收入和国内旅游收入加总获得，计算时运用中国人民银行公布的当年期末汇率乘以同期入境旅游收入（单位为美元），从而换算成人民币。长江经济带流域各省市地区生产总值、年末常住人口数、基础设施和对外开放程度的相关数据主要来源于《中国统计年鉴（2001—2017）》；湖北省各市州地区生产总值、年末常住人口数、基础设施和对外开放程度数据来自《湖北统计年鉴（2001—2017）》《中国城市统计年鉴（2002—2017）》和各市州国民经济和社会发展统计公报。旅游资源和旅游服务设施的数据来自联合国教科文组织（http://www.unesco.org/）、原国家旅游局（http://www.cnta.gov.cn/）和湖北省旅游发展委员会（http://www.hubeitour.gov.cn/）的官方网站。其中，各市州旅行社和星级酒店的数据缺失时，主要通过查询当地旅游主管部门的相关文件和相应旅游企业的官网进行补充和核实。

5.2 旅游经济与潜在影响因素的相关分析

在进行回归分析前，首先研究长江经济带和湖北省的旅游经济规模与其区域经济发展水平、旅游资源禀赋、旅游服务设施、基础设施和对外开放程度等自变量之间是否存在相关性，并可进一步探究自变量之间是否存在共线性，以明确多元回归的方法。

使用Eviews 7.0软件，对2001—2016年长江经济带和湖北省的旅游经济规模与各自变量进行相关分析，相关分析结果见表5.1：

表5.1 2001—2016年长江经济带旅游经济规模与自变量之间的相关分析

	Y	X_1	X_2	X_3	X_4	X_5
Y	1.0000	0.7967	0.0028	0.6617	0.4634	0.7369
X_1	0.7967	1.0000	−0.0641	0.5613	0.0816	0.8572
X_2	0.0028	−0.0641	1.0000	0.4144	0.0921	0.1366
X_3	0.6617	0.5613	0.4144	1.0000	0.3088	0.7001

续表

	Y	X_1	X_2	X_3	X_4	X_5
X_4	0.4634	0.0816	0.0921	0.3088	1.0000	−0.0739
X_5	0.7369	0.8572	0.1366	0.7001	−0.0739	1.0000

长江经济带旅游经济规模与自变量区域经济发展水平、旅游服务设施和对外开放程度之间的相关系数分别为0.7967、0.6617和0.7369，属中度正相关关系；与基础设施之间的相关系数为0.4634，属低度正相关关系；与旅游资源禀赋之间的相关系数为0.0028，属极低度正相关关系。自变量之间的相关关系也多呈低度正相关或极低度正相关，甚至有轻微的极低度负相关关系。

表5.2　2001—2016年湖北省旅游经济规模与自变量之间的相关分析

	Y	X_1	X_2	X_3	X_4	X_5
Y	1.0000	0.9573	0.6355	0.9012	0.6392	0.9478
X_1	0.9573	1.0000	0.6639	0.9265	0.7593	0.9430
X_2	0.6355	0.6639	1.0000	0.5802	0.6806	0.5239
X_3	0.9012	0.9265	0.5802	1.0000	0.6932	0.9640
X_4	0.6392	0.7593	0.6806	0.6932	1.0000	0.6377
X_5	0.9478	0.9430	0.5239	0.9640	0.6377	1.0000

湖北省旅游经济规模与区域经济发展水平、旅游服务设施和对外开放程度等自变量之间的相关系数分别为0.9573、0.9012和0.9478，属高度正相关关系；与旅游资源禀赋和基础设施之间的相关系数分别为0.6355和0.6392，属中度正相关关系。自变量之间的相关关系全部为中度正相关关系（见表5.2）。

（1）区域经济发展水平

已有研究表明，就旅游客源地而言，区域经济发展水平越高，当地居民的可支配收入越高，旅游意愿就越强；就旅游目的地而言，由于旅游业对国民经济的依赖性较高，旅游资源开发、旅游基础设施建设等环节都需要经济支持①，因此国民经济水平较高的地区也往往具备较好的旅游业发展基础。

① 李根明，张亚杰，张晓洁，等. 基于入境旅游收入的河南省市域旅游经济空间分异研究［J］. 地域研究与开发，2017，36（4）：93-98.

研究发现，长江经济带、湖北省旅游经济规模与同期地区生产总值之间的相关系数分别为0.7967和0.9573，属于正相关关系，同时T检验显著性结果为0<0.01，具备显著性，流域、省域旅游经济规模与同期经济发展水平之间分别属于中度和高度正相关关系。因此，对于长江经济带流域和省域而言，旅游经济规模与当地经济发展水平之间的相关性较高，经济环境越优越的行政区域，旅游业发展的条件越充分，旅游经济规模越大。

（2）旅游资源禀赋

区域旅游资源禀赋是发展旅游业的物质基础①，并在很大程度上影响旅游者对旅游目的地的选择。区域旅游发展战略的制定也往往把旅游资源的数量、品类、等级和空间分布列为重点考虑因素。

为了验证旅游资源禀赋与区域旅游经济规模之间的相关关系，将世界遗产、国家历史文化名城、国家5A级旅游景区等不同等级的旅游资源进行加权，作为旅游资源禀赋，以旅游总收入代表区域旅游经济规模，将二者进行相关性分析。结果显示，长江经济带、湖北省旅游经济规模与旅游资源禀赋之间的相关系数分别为0.0028和0.6355，属于正相关关系，同时T检验显著性结果为0<0.01，具备显著性。因此，从全流域尺度看，长江经济带旅游经济规模与旅游资源禀赋之间是极低度正相关关系；但从省域层面看，二者为中度正相关关系。

对于长江经济带的11个省市而言，旅游资源禀赋情况都比较丰富，且各具特色，但是在区域经济发展水平、基础设施条件等方面差异悬殊，旅游经济规模小的省市并不是旅游资源的种类不够丰富、等级不够高，更大程度上是由于对旅游开发的支持力度不够，或者可达性较弱，从而限制了旅游经济发展。但是具体到省域层面，2001—2016年湖北省各市州旅游资源的数量、等级与旅游总收入之间是中度正相关关系。恩施州、神农架林区、十堰市和武汉市等旅游资源丰富地区的区位熵较高，旅游专业化率在全省居于前列。旅游经济效益与当地的旅游资源数量和品类有密切联系，为了提高旅游业的接待规模和旅游经济效益，有必要加强对旅游资源的开发，尤其是增加旅游资源的品类，以增强区域旅游吸引力。

① 何静. 河南省乡村旅游资源分类及评价［J］. 中国农业资源与区划，2018，39（6）：210-216.

（3）旅游服务设施

旅游服务设施是旅游目的地旅游服务接待的主要载体，直接决定接待水平的高低。它不仅是旅游活动的重要组成部分，也直接影响旅游体验的质量。旅游服务设施的完善在提升旅游体验、延伸旅游产业链、增加旅游经济收入等方面发挥重要作用①。本研究采用旅行社和星级饭店的数量反映旅游目的地的旅游服务设施情况，这两类旅游服务设施是旅游目的地旅游接待能力的重要标志。

研究结果显示，长江经济带、湖北省旅游经济规模与旅游服务设施之间的相关系数分别为0.6617和0.9012，属于正相关关系，同时T检验显著性结果为0＜0.01，具备显著性。因此，从全流域尺度看，长江经济带旅游经济规模与旅游服务设施之间是中度正相关关系，但从省域层面看，二者为高度正相关关系，可以进行回归分析。

（4）基础设施

旅游活动具有异地性特征，在空间上表现为旅游者从旅游客源地到目的地的空间移动，此过程必须借助一定的交通工具才能够实现，因此交通可达性对旅游活动影响深远②，对旅游业发展起着至关重要的作用。铁路和公路是我国旅游交通的主要形式，本研究采用铁路营业里程和等级公路里程衡量长江经济带基础设施状况。

研究结果表明，长江经济带、湖北省旅游经济规模与基础设施之间的相关系数分别为0.4634和0.6392，属于正相关关系，同时T检验显著性结果为0＜0.01，具备显著性。因此，从全流域尺度和省域尺度看，长江经济带旅游经济规模与基础设施之间均为中度正相关关系，可以进行回归分析。

湖北省旅游经济规模与当地的交通可达性之间存在密切联系，武汉市在2001—2016年一直为湖北省旅游总收入的首位城市，且首位度的均值高达5.5195，与其九省通衢的便利交通优势不无关系。为了提高旅游业发展水平，

① 邓鹏．自然资源型旅游小城镇的旅游服务设施规划探析：以内蒙古额济纳旗为例[J]．西部人居环境学刊，2017，32（4）：42-48.

② 朱磊，胡静，周葆华，等．区域旅游景点空间分布格局及可达性评价：以皖南国际文化旅游示范区为例[J]．经济地理，2018，38（7）：190-198，216.

增强旅游经济效益，有必要加强对交通设施的配套建设，完善湖北省与主要旅游客源地之间的交通路网，对于湖北省而言，铁路交通的可达性尤其对旅游业的发展有较大带动作用。这一结论也在 2008 年武广高铁开通后得到印证。

2009 年以来湖北省旅游业的快速发展充分彰显了其交通可达性上的便利。湖北省位于国家地理的中心，是全国重要的交通枢纽。以近期已经开通或将要开通的高铁线路为例，总共将途经湖北省的武汉、孝感、咸宁、宜昌、黄冈等 13 个市州（见表 5.3）。

表 5.3 途经湖北的主要高铁线路

高铁线路	组成部分	开通时间/计划竣工时间	途经湖北城市
京广高铁	京石高铁	2012 年	无
	石武高铁	2011 年	孝感
	武广高铁	2009 年	武汉、咸宁
沪汉蓉高速铁路	合武铁路	2009 年	黄冈、武汉
	汉宜铁路	2011 年	宜昌、天门、仙桃、潜江、荆州、孝感
	宜昌—重庆段	2010 年（宜万铁路） 2012 年（渝利铁路）	宜昌、恩施
西武高铁	西安—武汉	2018 年	十堰、襄阳、随州、孝感、武汉

资料来源：中国旅游研究院武汉分院. 湖北旅游与高铁及城际铁路综合对接规划[R]. 2011.

高铁的开通运营极大缩短了旅游客源地与旅游目的地之间的时空距离，湖北省旅游业的客源市场得以在空间上实现拓展。以广州为中心的珠江三角洲地区是我国最大的国内旅游客源市场，世界金融危机的影响使该地区旅游者减少或放弃了出境旅游的计划，从而为高铁游创造了机会。随着武广高铁开通，粤港澳、长株潭地区游客大量进入湖北省，广东、香港、湖南来鄂旅游的游客数量大幅度增长。受此影响，2008 年武广高铁开通后，湖北省 10 大国内客源地的地理分布并未发生明显变化，但是各省赴鄂旅游人数均呈增长趋势，且客源市场结构有所调整。具体体现在高铁沿线的省份，例如广东、江西、安徽等地的游客比重明显上升，彰显了高铁对湖北旅游的强大带动效应（见表 5.4 和表 5.5）。

表 5.4 2009—2010 年湖北省国内旅游客源分布（按地区分）

地区	人数（万人次）		排名		增减（%）		比重（%）	
	2009 年	2010 年	2009 年	2010 年	2009 年	2010 年	2009 年	2010 年
中南地区	9576.93	13539.80	1	1	27.56	41.38	63.57	64.64
华东地区	2680.10	3707.52	2	2	35.96	38.34	17.79	17.70
华北地区	1169.06	1367.81	3	3	23.13	17.00	7.76	6.53
西南地区	834.61	1015.91	4	4	49.20	21.72	5.54	4.85
西北地区	480.57	703.81	5	5	10.92	46.45	3.19	3.36
东北地区	323.91	611.63	6	6	26.07	88.83	2.15	2.92

表 5.5 2009—2010 年湖北省国内旅游客源分布（按省区市分）

省（区、市）	人数（万人次）		排名		增减（%）		比重（%）	
	2009 年	2010 年	2009 年	2010 年	2009 年	2010 年	2009 年	2010 年
湖北	6841.10	9505.51	1	1	33.90	38.95	45.41	45.38
湖南	962.66	1309.16	2	2	2.27	35.99	6.39	6.25
河南	778.87	1135.30	3	4	22.16	45.76	5.17	5.42
广东	717.10	1200.23	4	3	28.50	67.37	4.76	5.73
浙江	515.23	664.00	5	5	86.25	28.87	3.42	3.17
江苏	510.71	632.58	6	8	40.17	23.86	3.39	3.02
北京	454.97	523.66	7	9	7.32	15.10	3.02	2.50
江西	417.30	649.34	8	6	29.47	55.61	2.77	3.10
四川	402.24	465.01	9	10	59.46	15.61	2.67	2.22
安徽	378.14	638.87	10	7	63.53	68.95	2.51	3.05
山东	354.03	391.70	11	12	40.35	10.64	2.35	1.87
上海	313.36	383.32	12	13	32.84	22.33	2.08	1.83
陕西	308.84	414.74	13	11	3.30	34.29	2.05	1.98
河北	295.28	312.10	14	15	14.93	5.70	1.96	1.49
重庆	227.48	186.42	15	19	75.48	—18.05	1.51	0.89
山西	219.95	270.21	16	17	65.21	22.85	1.46	1.29
福建	191.33	347.71	17	14	5.70	81.73	1.27	1.66
广西	168.73	240.88	18	18	23.49	42.76	1.12	1.15

续表

省（区、市）	人数（万人次）		排名		增减（%）		比重（%）	
	2009 年	2010 年	2009 年	2010 年	2009 年	2010 年	2009 年	2010 年
辽宁	144.63	272.30	19	16	29.01	88.27	0.96	1.30
天津	135.59	184.34	20	20	59.05	35.95	0.90	0.88
云南	116.00	165.48	21	23	14.17	42.66	0.77	0.79
海南	108.47	148.72	22	26	40.72	37.11	0.72	0.71
黑龙江	91.90	184.33	23	21	17.46	100.58	0.61	0.88
吉林	87.38	155.00	24	25	31.26	77.39	0.58	0.74
贵州	79.85	169.67	25	22	15.89	112.49	0.53	0.81
甘肃	79.84	157.10	26	24	48.62	96.77	0.53	0.75
内蒙古	63.27	77.50	27	27	25.99	22.49	0.42	0.37
新疆	36.16	39.80	28	29	3.23	10.07	0.24	0.19
青海	36.15	60.75	29	28	19.03	68.05	0.24	0.29
宁夏	19.58	31.42	30	30	28.99	60.47	0.13	0.15
西藏	9.04	29.33	31	31	28.96	224.45	0.06	0.14

在高铁的影响下，湖北省国内旅游接待市场正由短程旅游市场向中远程旅游市场转变，旅游市场结构转变为以华南市场为主、华东市场为辅的新格局。高铁效应极大扩展了旅游目的地的市场半径，国内旅游客源市场散客化、区域化的趋势日益突出。具体而言，湖北接待来自港澳、广东、湖南等地的游客大幅增加，而借助武广高铁，武汉市首次实现了游客量“进”大于“出”的转变。根据武汉市假日办的统计，2010 年“五一”期间，高铁游客依然是外地赴鄂游客的主力，继年初的武汉赏樱花后，来武汉的高铁旅游线路进一步延伸到三峡、武当山、荆州等湖北重点旅游目的地，整个“五一”期间，来自广州和湖南赴汉高铁旅游团队达 170 多个，武汉各旅游景区（点）接待游客人数 202.1 万人次，同比增长 7.25%，创造旅游综合收入 4.9 亿元，同比增长 46.50%；2010 年春节长假期间，大量珠三角游客搭乘武广高铁游览武汉，在有的旅游景点中，珠三角游客数量占到景区接待游客总量的 80%，由此进一步激活了武汉春节旅游市场，武汉市旅游景区共接待游客 181.9 万

人次，同比增长 6.4%，实现旅游收入 6.36 亿元，同比增长 15.50%[①]。除高铁线路之外，湖北省内的武汉至咸宁、黄石、孝感等城际铁路也陆续建成，为省内旅游提供了便利的交通条件。

（5）对外开放程度

对外开放政策是入境旅游发展的前提，也是实现入境旅游持续增长的不竭动力；入境旅游是对外开放的窗口和先导。二者相互促进，协同发展，共同推动经济增长[②]。入境旅游的开展可以进一步扩大对外开放，并发挥其出口创汇、降低交易成本、减少国际贸易的风险以及加强国际间交流与沟通的作用。本研究采用货物进出口总额和实际利用外资总额等指标来衡量地区的对外开放程度。

研究结果表明，长江经济带、湖北省旅游经济规模与对外开放程度之间的相关系数分别为 0.7369 和 0.9478，属于正相关关系，同时 T 检验显著性结果为 0<0.01，具备显著性。因此，从全流域尺度来看，长江经济带旅游经济规模与对外开放程度之间为中度正相关关系；从省域尺度来看，湖北省旅游经济规模与对外开放程度之间为高度正相关关系，可以进行回归分析。

综上所述，长江经济带和湖北省旅游经济规模与区域经济发展水平、旅游资源禀赋、旅游服务设施、基础设施和对外开放程度等自变量之间都存在不同程度的相关关系。其中，长江经济带旅游经济规模与各自变量之间的相关关系较弱，且自变量之间的相关关系也较弱，甚至为负，可以直接进行多元线性回归；湖北省旅游经济规模与各自变量之间的相关关系较强，且自变量之间也存在较大相关关系，考虑各自变量之间存在多重共线性，在进行回归分析前需要进行单位根检验，以避免出现伪回归。

5.3 旅游经济与潜在影响因素的回归分析

运用多元回归分析方法，利用 2001—2016 年长江经济带各省市、湖北省

---

① 中国旅游研究院武汉分院. 湖北旅游与高铁及城际铁路综合对接规划 [R]. 2011.

② 赵东喜. 福建入境旅游与经济增长和对外开放关系动态分析 [J]. 福建师范大学学报（哲学社会科学版），2007，147（6）：126-131.

各市州的面板数据实证检验区域旅游经济时空分异的影响因素。

5.3.1 研究结果

使用 EViews 7.0 软件将 2001—2016 年长江经济带各省市的旅游总收入（Y）与经济发展水平（X_1）、旅游资源禀赋（X_2）、旅游服务设施（X_3）、基础设施（X_4）和对外开放程度（X_5）进行逐步对数回归分析，通过后向筛选法剔除不显著的自变量 X_2和 X_3，得到回归分析结果（见表 5.6）：

表 5.6 长江经济带旅游经济影响因素的逐步回归分析结果

变量	回归系数	标准差	T 统计值	P 值
X_1	0.9683	0.0777	12.4622	0.0000***
X_4	0.3856	0.0343	11.2424	0.0000***
X_5	0.1126	0.0483	2.3280	0.0212**
R^2	0.9307	F 统计值		426.7541
调整后的 R^2	0.9285	P 值（F 统计值）		0.0000

说明：*，**，*** 分别表示在 10%、5%、1%的水平下显著。

上述回归模型的 R^2 值为 0.9307，说明回归模型对数据的整体拟合优度也很好，可以对长江经济带各省市旅游经济规模的 93.07%做出解释。同时，自变量 X_1的回归系数的 P 值 $=0.0000<1\%$，自变量 X_4的回归系数的 P 值 $=0.0000<1\%$，自变量 X_5 的回归系数的 P 值 $=0.0212<5\%$，分别在 1%、1%、5%的水平上显著，表明它们都显著影响长江经济带各省市的旅游经济规模，从而得到回归方程式（5-2）。

$$\ln Y_{ij}=0.9683\ln X_{1ij}+0.3856\ln X_{4ij}+0.1126\ln X_{5ij} \tag{5-2}$$

由于自变量之间存在多重共线性，在分析湖北省旅游经济规模的影响因素时需要首先使用 EViews 7.0 软件进行单位根检验，以避免出现伪回归①。通过 ADF 检验发现，湖北省各市州旅游经济规模与经济发展水平、旅游资源禀赋、旅游服务设施、基础设施和对外开放程度等自变量的原序列存在单位根，是非平稳的，而进行一阶差分处理后变量平稳（见表 5.7）。

① 高铁梅. 计量经济分析方法与建模：Eviews 应用及实例［M］. 北京：清华大学出版社，2016.

表 5.7 ADF 单位根检验结果

变量	原序列			一阶差分		
	统计值	p 值	结论	统计值	p 值	结论
Y	9.7815	0.1941	非平稳	40.8730	0.0132**	平稳
X_1	22.0535	0.5999	非平稳	11.7841	0.0431**	平稳
X_2	9.7600	0.2779	非平稳	34.0744	0.0798*	平稳
X_3	12.6579	0.3944	非平稳	21.0425	0.0498**	平稳
X_4	24.0628	0.8970	非平稳	9.1582	0.0616*	平稳
X_5	18.7471	0.7155	非平稳	27.0494	0.0675*	平稳

说明：*，**，*** 分别表示在 10%、5%、1%的水平下显著。

然后，利用 Pedroni 方法以回归残差为基础构造统计量进行协整检验，结果发现除了组内 rho 检验接受原假设外，其余统计量均在 1%或 5%的显著性水平下拒绝“不存在协整关系”的原假设（见表 5.8），表明非平稳的原序列间存在着协整关系。因此，可以直接对式（5-1）采用混合估计。

表 5.8 协整检验结果

检验	组内	组间
v	2.3730***	—
rho	3.4568	4.4124**
PP	−2.2929**	−13.3270***
ADF	1.3465**	1.0646**

说明：*，**，*** 分别表示在 10%、5%、1%的水平下显著。

同时，为了避免多重共线性的影响，将 2001—2016 年湖北省各市州的旅游总收入（Y）与区域经济发展水平（X_1）、旅游资源禀赋（X_2）、旅游服务设施（X_3）、基础设施（X_4）和对外开放程度（X_5）进行逐步对数回归分析，通过后向筛选法剔除不显著的自变量 X_3 和 X_4，得到回归分析结果（表 5.9）。

表 5.9 湖北省区域旅游经济影响因素的逐步回归分析结果

变量	回归系数	标准差	T 统计值	p 值
C	−3.0481	0.2746	−11.1005	0.0000***
X_1	0.7122	0.0932	7.6413	0.0000***

续表

变量	回归系数	标准差	T统计值	p值
X_2	0.4770	0.0403	11.8311	0.0000***
X_5	0.1156	0.0491	2.3556	0.0201**
R^2	0.9120	F统计值		414.2981
调整后的R^2	0.9098	P值（F统计值）		0.0000

说明：*，**，***分别表示在10%、5%、1%的水平下显著。

如表5.9所示，该回归模型的R^2值为0.9120，说明该回归模型对数据的整体拟合优度很好，可以对湖北省各市州旅游经济规模的91.20%做出解释。同时，自变量X_1的回归系数的p值=0.0000<1%，自变量X_2的回归系数的p值=0.0000<1%，自变量X_5的回归系数的p值=0.0201<5%，分别在1%、1%、5%的水平上显著，表明它们都显著影响湖北省各市州的旅游经济规模，从而得到回归方程式（5-3）。

$$\ln X_{ij}=-3.0481+0.7122\ln X_{1ij}+0.4770\ln X_{2ij}+0.1156\ln X_{5ij} \quad (5\text{-}3)$$

5.3.2 影响因素分析

在流域和省域两个回归模型中，区域经济发展水平X_1的回归系数分别为0.9683（p=0.0000）、0.7122（p=0.0000），表明经济发展水平对长江经济带和湖北省旅游经济的非均衡性有显著的正向影响，即经济发展水平越高的地区，旅游经济水平越高。已有研究认为，由于旅游业对国民经济的依赖性较高，旅游资源开发、旅游基础设施建设等环节都需要经济支持，因此国民经济水平较高的地区也往往具备较好的旅游业发展基础①②，本研究结果为此提供了实证依据。

在省域回归模型中，旅游资源禀赋X_2的回归系数分别为0.4770（p=0），旅游资源禀赋对湖北省旅游经济的非均衡性也有显著的正向影响，即旅游资源品类越丰富、等级越高地区的旅游经济水平越高。旅游资源的空间布局深

① 李根明，张亚杰，张晓洁，等．基于入境旅游收入的河南省市域旅游经济空间分异研究［J］．地域研究与开发，2017，36（4）：93-98.

② 陈智博，吴小根，汤澍，等．江苏旅游经济发展的空间差异［J］．经济地理，2008，28（6）：1064-1067.

刻影响区域旅游经济的空间格局，区域旅游发展战略的制定必须重点考虑旅游资源的数量、品类和等级等的空间分布。

在两个回归模型中，旅游服务设施 X_3 对区域旅游经济的影响均不显著，这与赵东喜①的研究成果不谋而合。一方面可能由于长江经济带流域和省域的旅游服务设施存量均已基本满足了旅游发展需求，不再成为限制旅游接待能力的主要原因；另一方面，本研究主要统计了旅行社和星级饭店等传统旅游服务设施，而随着自助游市场的发展和在线旅游运营商、民宿等新兴业态的兴起，越来越多的旅游者趋向于个性化的旅游服务，致使传统旅游服务设施的增加对区域旅游经济的发展作用甚微。

一般认为，区域基础设施状况是旅游收入增长的关键因素之一②，然而本研究显示，区域基础设施状况 X_4 对长江经济带流域旅游经济规模的影响显著，回归系数为0.3856（$p=0$）；但基础设施对湖北省区域旅游经济的影响不显著，基础设施对湖北省区域旅游经济并未产生明显的影响。基础设施的作用存在区域差异，而且在旅游业的不同发展阶段其作用程度不同③。现阶段湖北省各市州基础设施状况的变异系数在0.64～0.79之间，各市州间的差异不大，发展相对均等，基础设施状况不再是制约旅游发展的主要因素。此外，由于湖北省区域经济发展水平与旅游服务设施和基础设施之间存在较强的相关性，也有可能导致旅游服务设施和基础设施的作用不显著或作用程度较低。

在两个回归模型中，对外开放程度 X_5 的回归系数虽然显著，但均较低，分别仅有0.1126（$p=0.0212$）、0.1156（$p=0.0201$）。相对于经济发展水平和旅游资源禀赋而言，对外开放程度对长江经济带流域和省域旅游经济的影响均较弱。原因在于相对于规模庞大的国内旅游市场而言，入境旅游对旅游经济的贡献率较小，国内旅游在区域旅游经济中占主导地位，此外湖北省缺乏对国际市场有吸引力的旅游资源，上述原因使得对外开放程度对旅游经济的促进作用较弱。

---

① 赵东喜．中国省际入境旅游发展影响因素研究：基于分省面板数据分析［J］．旅游学刊，2008，23（1）：41-45.

② 钟章奇，李山，王铮等．中国旅游业空间分异的ABS分析［J］．地理研究，2014，33（8）：430-437.

③ 郝金连，林善浪，王利．长江经济带入境旅游经济时空格局动态性：基于ESDA & GWR法［J］．长江流域资源与环境，2017，26（10）：1498-1507.

6 旅游经济的管理现状

中国的旅游业发轫于计划经济时期，在特殊的政治经济背景下，旅游业采取了政府主导型的发展战略，其发展遵循了“入境旅游—国内旅游—出境旅游”的非常规发展道路。在新中国成立初期，入境旅游承担了“窗口行业”和“民间外交”的独特角色，其政治性和外交性意义占主要地位。改革开放之后，旅游业的经济产业属性得以充分肯定，尤其是入境旅游作为服务贸易的出口，有利于旅游接待国的资金周转，并可免受进口关税壁垒的影响，因此，入境旅游的创汇功能得以充分重视，旅游业也成为率先与国际接轨的行业。20 世纪 80 年代末，受国际政治局势以及国内政治事件的影响，来华旅游人数锐减，入境市场严重受挫，同时，随着国民生活水平的提升和节假日制度的完善，中国公民有了更多的金钱和时间出游，国内旅游对内需的拉动作用开始受到越来越多的关注。

从总体上看，中国旅游业发展的每一步都融入了强烈的政府意志，政府在旅游业的发展变革中担当了决定性的角色。在此背景下，长期的计划经济传统也使得政府主导在湖北省域的旅游行业管理中存在一定程度的路径依赖，湖北省域旅游管理体制中的管理主体仍是以相关旅游主管部门为主。由于中国各省区市的旅游管理制度并无太大差异，本章将仍然以湖北省为例，聚焦旅游主管部门的管理行为，透视长江经济带旅游管理的现状。

6.1 中国旅游管理体制概况

6.1.1 旅游管理的层级结构

（1）中央旅游主管部门的成立

1949 年后，由于旅游接待规模非常有限，中国并未成立专门的旅游行政管理机构，中央层面则由“国务院有关部门归口代管”①，中国国际旅行社成

① 何光暐. 中国旅游业 50 年［M］. 北京：中国旅游出版社，1999.

立后，除了承担访华外宾的旅游接待任务外，在实际上代行了旅游管理机构的部分职能。1964 年 12 月，中国旅行游览事业管理局正式成立，其主要职责包括：管理外国自费旅游者的接待业务、领导国旅在各地区的分、支社和直属服务机构的业务工作、对外联络和宣传等。中国旅行游览事业管理局的成立标志着中国旅游主管部门正式诞生，中国的旅游管理体制中开始有了“独立的行政主体”①。这种“独立”应该是一种相对的独立，因为这一时期旅游局与国旅总社合署办公，“一套人马，两块牌子”，采取了政企合一的组织模式。

直至 1982 年 7 月，国家旅游总局与国旅总社从组织结构上分离，国家旅游总局开始作为独立的国家旅游行政管理机构，统一管理全国的旅游工作，不再直接经营组团和接待任务；国旅总社实行企业化管理，统一经营外国旅游者来华旅游业务。局社分离结束了自 1964 年以来近 20 年的局社合一的旅游管理格局，旅游管理体制由政企合一型转变为行业管理型，为实行政企分开、强化行业管理、实现旅游业的更大发展创造了条件。

（2）中央—地方旅游管理层级结构形成

1964 年成立的中国旅行游览事业管理局下设中南管理分局和华东管理分局等两个派出机构，作为领导本地区旅游事业的办事机构，负责本地区有关旅游事业的各项工作，同时受中共中央中南局和华东局，以及旅游局的双重领导。其具体任务是：监督检查本地区分支社贯彻执行中央方针、政策的情况；检查本地区分支社贯彻执行旅游局制定的各项计划和规章制度的情况；提出本地区旅游事业的规划和建议等。然而，新成立的旅游主管部门马上就遭遇了来自“文化大革命”的沉重打击，极左思维全盘否定了入境旅游接待工作，多地的旅游机构被撤销或合并。

1978 年 3 月，中国旅行游览事业管理局改为直属国务院的管理总局，由外交部代管；各省市区成立旅游局，负责管理各地方的旅游事业。中国的旅游管理体制开始了恢复和重建的过程，广西、广东、新疆、江西和安徽等 20 多个省（区、市）陆续恢复了旅游管理机构，中央—地方旅游管理层级结

---

① 王诚庆，戴学锋，金准. 中国旅游业发展中的体制改革与创新［G］// 何德旭. 中国服务业发展报告 No.5：中国服务业体制改革与创新. 北京：社会科学文献出版社，2007.

构初步建立。

1981 年 10 月，国务院出台《关于加强旅游工作的决定》，要求旅游业实行“统一领导、分散经营”的管理体制。“统一领导”即统一计划、统一纪律、统一协调；“分散经营”就是在统一领导的前提下分工负责、分级管理，共同把旅游事业办好。按照这一原则，旅游管理体制的主要内容有：旅游总局是国家行政管理机构，在国务院领导下，负责统一管理全国旅游工作；各省（区、市）旅游局是地方行政管理机构，受地方党委、政府和旅游总局的双重领导，以地方党政领导为主，负责统一管理本地区的旅游工作。

2018 年 3 月，新一轮的国务院机构改革方案获批，改革内容包括将原文化部、国家旅游局的职责整合，组建文化和旅游部，作为国务院组成部门。不再保留文化部、国家旅游局。推动文化和旅游的融合发展成为文化和旅游部的重要职能。

可见，在中国现行的旅游管理体制中，“统一领导、分散经营”的原则也得到了延续，该原则一方面保证了中央对旅游业的集中领导和统筹协调，另一方面也充分鼓励了地方发展旅游业的积极性。

6.1.2 旅游主管部门的职能范围

为了鼓励旅游业的发展，并迅速提高其对国民经济的贡献，中国政府采取了“政府主导型旅游发展战略”，从而使政府在旅游开发和管理中长期起主导作用。1978 年，中国地方旅游管理部门开始恢复和重建，中央—地方的旅游管理层级结构初步建立，并按照“统一管理、分散经营”原则明确了中央和地方的职能范围，形成了“国家—省—市—县”四级管理体系，管理职权和范围从国家到县依次递减。

在国家层面，国家文化和旅游部是中国国家旅游主管部门，其旅游方面的主要职责为：推进文化和旅游融合发展；推进文化和旅游体制机制改革；指导国家重点文化设施建设；组织国家旅游整体形象推广；指导、推进全域旅游。

在中国现行的行政体制中，各级旅游主管部门直属各级地方政府，实行属地管理，是各级政府的职能机构，主要承担国家旅游主管部门职能在各行政单位下的延伸，国家旅游主管部门对地方旅游主管部门进行工作指导。湖北省旅游主管部门直接向当地政府负责，主管当地旅游业的发展和公共管理。

省级旅游主管部门接受国家旅游主管部门和当地政府的双重领导，决定地方旅游政策的制定和实施。

截止 2018 年 1 月，湖北省的旅游主管部门是湖北省旅游发展委员会①。2016 年 1 月，湖北省旅游局正式更名为湖北省旅游发展委员会，由省政府直属机构调整为省政府组成部门。其主要职责是：(1) 研究拟定全省旅游业发展战略目标和方针政策，编制旅游发展规划和年度计划并组织实施；拟定旅游业管理行政规章并监督实施。(2) 研究拟定涉外旅游市场开发战略；组织全省旅游整体形象的对外宣传和重大促销活动；组织、指导重要旅游产品的开发；指导驻外旅游机构的市场开发工作。(3) 贯彻执行国家关于旅游业的法规和方针政策，培育和完善国内旅游市场；研究拟定发展国内旅游的措施并监督执行；指导全省各地旅游工作。(4) 组织全省旅游资源的普查工作，指导、协调重点旅游区域的规划开发建设，组织、指导旅游统计工作。(5) 对全省范围内经营旅游业务的企事业单位进行行业管理；负责全省国际旅游业务的旅行社的申报和国内旅游业务的旅行社的审批；组织旅游饭店的星级评定，组织和指导旅游设施涉外定点工作；拟定各类旅游景区景点、度假区及旅游住宿、旅行社、旅游车船和特种旅游项目的服务标准并组织实施。(6) 负责全省出国旅游和赴香港、澳门、台湾地区旅游及边境旅游事务和旅游签证；研究拟定全省出境旅游的有关政策并组织实施；审核、申报外国在我省境内和香港、澳门及台湾地区在鄂设立的旅游机构；指导并负责旅游对外交往与合作。(7) 监督、检查旅游市场秩序和服务质量，维护旅游者合法权益。(8) 指导旅游教育、培训工作，制定和组织实施全省旅游人才培养规划，指导实施全省旅游从业人员职业资格和等级考试认证；管理局属学校；负责局机关、直属单位的人事工作。(9) 负责局机关及直属事业单位的党群工作。(10) 承办上级交办的其他事项。

截至 2018 年 8 月，湖北省下辖的 17 个市州均设立了旅游主管部门，但从组织形式上看，其机构设置的模式有所不同。恩施州、黄冈市、神农架林区、十堰市、武汉市、仙桃市、襄阳市和宜昌市 8 个市州采取了旅游委员会的模式，占湖北省全部市州的 47.06%；黄石市、荆门市、荆州市、潜江市、随州市、天门市和孝感市等 7 个市州采取了旅游与外事、侨务、文化等其他

① 2018 年 11 月 16 日，湖北省文化和旅游厅正式挂牌，整合了原省文化厅、省旅游发展委员会的职责。

政府职能合并成立外事侨务旅游局或文化旅游局的模式，占湖北省全部市州的41.18%；鄂州市和咸宁市等2个市州为传统的旅游局模式，占湖北省全部市州的11.76%（见表6.1）。

表6.1 湖北省各市州旅游主管部门一览

模式	市州旅游主管部门
旅游委员会模式	恩施州旅游委员会 黄冈市旅游发展委员会 神农架林区旅游委员会 十堰市旅游发展委员会 武汉市旅游发展委员会 仙桃市旅游发展委员会 襄阳市旅游发展委员会 宜昌市旅游发展委员会
旅游局模式	鄂州市旅游局 咸宁市旅游局
部门所属模式	黄石市商务委员会（旅游局） 荆门市外事侨务旅游局 荆州市文物旅游委员会 潜江市文化旅游局 随州市外事侨务旅游局 天门市外事侨务旅游局 孝感市外事侨务旅游局

6.2 研究方法与数据来源

借鉴公共管理学关于“管理体制”的定义，可以将“旅游管理体制”定义为政府及相关非政府组织对旅游活动进行有效管理所形成的管理制度、组织形式和管理方式。根据该定义，可以将旅游管理体制的三要素概括为管理主体、管理客体和管理内容。（1）旅游管理体制作用的对象，即旅游管理体制的管理客体，是旅游管理体制存在的先决条件，按照对象类型的不同可以分为旅游主管部门的管理活动、旅游者的旅游活动、旅游企业的旅游经营活动和旅游地居民的旅游参与活动等。（2）在旅游管理体制中，主体是旅游管理部门，包括相关政府部门及非政府组织。在中国，各级人民政府负责旅游业的综合协调；各级旅游主管部门主要负责本行政区域的旅游行业管理。此外，由于历史的原因，旅游管理体制中也存在多头管理的问题，工商、林业、宗教等政府职能部门也在不同方面和不同程度上参与了对旅游事务的管理。因受限于资料的可得性，本书如无特殊说明，主要将旅游管理体制的主体锁定为旅游主管部门。（3）旅游管理体制的内容涉及管理制度、组织形式和管理方式等三个部分。其中，管理制度规定了旅游管理体制的基础框架，是旅游管理体制存在的基本依据，主要体现为一系列的法律法规和规章制度，通过这些制度实现对管理主体的职权分割和职能定位、管理客体的对象界定，以及管理内容的具体安排。组织形式则主要针对管理主体而言，具体规定了旅游管理职能的履行载体，包括管理组织的设立形式、管理组织内部的结构划分等。管理方式反映了旅游管理体制的运行机理、管理过程和工作方式，是管理体制各要素之间相互关系的结果。以上三者相互影响、相互联系，管理制度是组织形式和管理方式运行的制度保障，组织形式是管理制度的实施载体，管理方式是管理制度在管理活动中的具体表现。

6.2.1 数据来源

与全国的情况类似，在湖北省旅游管理体制中承担主导角色的是地方各级旅游主管部门，而被管理的主要对象，即管理客体是旅游企业，在整个湖北省旅游管理体制中，管理制度最具有典型特征，也最能反映管理体制的概况，因此本书对湖北省旅游管理体制的研究也以湖北省相关旅游政策、法规为基础数据。

在湖北省域旅游管理体制中，管理制度应该不仅包括区域内适用的管理制度，也包括中央层面颁布实施的管理制度，但是为了突出区域特色，此处将管理制度限定为湖北省域旅游主管部门颁布或参与实施的旅游相关地方法规、地方标准，以及各类地方规范性文件。

对应的数据收集分为两个阶段：2017 年 6 月 10 日至 13 日，借助百度搜索工具检索湖北省内各旅游主管部门官方网站，得到关于湖北省旅游发展委员会和 16 个市州旅游主管部门的主要职责、内设机构和人员编制的规定，即

“三定”方案共17份[①][②]。2018年1月4日至5日，借助百度搜索工具检索湖北省内各旅游主管部门官方网站，共获取49份旅游相关管理制度。这些管理制度全部来自相应地方旅游主管部门的官方网站，以保证其权威性和时效性。上述管理制度共66份，合计293491字，并集中存入TXT文本文档。

6.2.2 研究方法

根据研究的需要，本章使用的研究方法主要有访谈法和内容分析法。其中，访谈法主要用于对旅行社等管理客体的分析，湖北省旅游管理体制的管理主体等其他部分以内容分析法为主，而且对访谈结果的分析也用到了内容分析法，该研究方法几乎贯穿本章的始终，因此此处重点介绍内容分析法。

本研究对湖北省旅游管理体制现状的调查主要采取了内容分析法，对旅游管理体制的研究涉及对大量文本数据的内容分析，ROST Content Mining内容挖掘软件在对定性数据定量化方面具有较强的优势。因此，本研究将湖北省域相关旅游政策、法规，以及对旅游企业的访谈录音转换为文本数据，采用ROST Content Mining内容挖掘软件对旅游管理体制的管理主体、管理内容和管理客体进行具体分析。

对文本文档进行预处理。浏览全部文档，对文本进行预处理，预处理的主要内容是删除网页冗余信息，例如网络信息的发布时间、单位等。为防止非旅游管理职能对调查结果的干扰，文本中还删除了随州市外事侨务旅游局等旅游主管部门的“三定”方案中对非旅游管理职能的描述。

对预处理后的文本进行预分析。使用ROST Content Mining软件直接分析文本数据很可能无法达到研究目的，需要首先进行预分析。预分析的主要内容是先进行初步的分词和词频统计，之后根据分词和高频词的数量、内容和分布，判断其与调查目的的相关度，结合预分析的结果和调研目的，最终建立适合本研究需要的自定义词库和过滤词库。例如，软件自带的自定义词库中没有“旅游局”，所以在分词时“旅游局”会被分为“旅游”和“局”两个词，不符合调查和研究的要求，因此需要在自定义词库中加“旅游局”一词。再如，该软件自带的过滤词库已经包含了“的”“了”“在”等虚词，以

---

① 神农架林区旅游委员会的“三定”方案缺失。

② 由于改制后各旅游委员会的“三定”方案多数未制定和公布，此处仍沿用了原旅游局的“三定”方案。

及“应当”“可以”等与研究而言无意义的词，但是本研究文本中还多次出现了“给予”“予以”等词，而过滤词库中并没有这些词，因此在词频分析、语义网络分析中都会出现这些无关的词语，从而干扰分析的结果，删除后更能突出研究重点，为此，需要在过滤词库中增加“给予”“予以”等词。以此类推。此外，还统一了“旅游协会”和“旅游行业协会”，“星评”“评星”和“星级评定”，“旅游行政部门”“旅游行政主管部门”和“旅游行政管理部门”，“旅游质监所”和“旅游质量监督管理所”等多组同义词，由此建立研究基础。

此外，在预分析的过程中发现，由于《湖北省旅游系统行政处罚自由裁量权行使指导标准（试行）》《武汉市旅游局关于实施行政处罚执法依据、步骤及自由裁量权适用标准的若干规定》《武汉市旅游系统行政处罚自由裁量权行使指导标准（试行）》《宜昌市旅游部门行政处罚自由裁量权实施标准》和《宜昌市旅游部门规范行政处罚自由裁量权实施细则》等行政处罚相关的管理制度主要是根据上位法对本行政区域内旅游系统行政处罚的自由裁量权提出具体的指导意见，所以造成文本中密集出现了大量高频特征词。例如，《湖北省旅游系统行政处罚自由裁量权行使指导标准（试行）》规定，对于“未取得相应的旅行社业务经营许可，经营国内旅游业务、入境旅游业务、出境旅游业务的”的违法行为，相对的行政处罚标准如下：

1. 情节较轻，且属初次发现，其行为未造成不良社会影响和后果的，应教育规范，责令限期整改，并没收违法所得；

2. 情节较重或限期内拒不改正的，没有违法所得的，处10万元以上20万元以下罚款；有违法所得但违法所得不足10万元的，没收违法所得，并处以10万元以上20万元以下罚款；有违法所得且违法所得超过10万元的，没收违法所得，并处以1倍以上2倍以下的罚款；

3. 情节严重或屡教不改，造成不良社会影响和后果的，没有违法所得的，处20万元以上50万元以下罚款；违法所得不足10万元的，没收违法所得，并处20万元以上50万元以下罚款；违法所得10万元以上的，并处违法所得2倍以上5倍以下的罚款。

上述对该违法行为进行行政处罚的自由裁量权标准中多次提到“情节”“行为”“后果”等词，甚至这些词几乎构成了该部管理制度的全部内容。这种情况在《湖北省旅游系统行政处罚自由裁量权行使指导标准（试行）》的其他部分和其他四项行政处罚相关的管理制度中随处可见。由此造成在排名前25位的高频词中，与行政处罚相关的高频特征词达10个（见表6.2），严重影响了后续的词频分析和语义网络分析。因此，在预分析后需要删除上述五项管理制度。

表 6.2 预分析中与行政处罚制度有关的高频特征词表

排序	高频特征词	频次	排序	高频特征词	频次
3	情节	1055	12	责令	566
4	违法	824	14	改正	473
7	严重	744	22	行为	351
8	罚款	716	24	依据	334
11	所得	575	25	后果	320

对文本进行内容分析。在预处理和预分析后可以开始对文本的内容分析，本书对湖北省域旅游管理体制的内容分析主要包括分词、中文词频分析、语义网络分析和聚类分析等方面，以此明确湖北省域旅游管理体制的管理主体、管理内容和管理客体。在进行中文词频分析后，共获得前300个高频特征词（见表6.3）和语义网络图（见图6.1）。

表 6.3 湖北省域旅游管理体制的高频特征词表

排序	高频词	频次	排序	高频词	频次	排序	高频词	频次
1	旅游	1316	101	旅游服务	89	201	调整	48
2	管理	667	102	产品	89	202	鄂西生态文化旅游圈	48
3	组织	565	103	推进	89	203	襄阳	48
4	建设	558	104	导游证	89	204	约定	48
5	服务	534	105	旅游名镇	88	205	文物	48
6	旅游业	527	106	战略	88	206	方案	47
7	旅行社	479	107	全省	87	207	培育	47
8	旅游者	463	108	范围	87	208	形象	47
9	指导	412	109	合理	85	209	扶持	47
10	规划	402	110	旅游经营者	85	210	物流	47
11	导游	373	111	经济	84	211	一日游	47
12	开发	347	112	卫生	83	212	餐饮业	46
13	旅游景区	420	113	行政	83	213	行程	46

续表

排序	高频词	频次	排序	高频词	频次	排序	高频词	频次
14	部门	292	114	休闲	83	214	通知	46
15	项目	283	115	统计	81	215	岗位	46
16	企业	275	116	餐饮	81	216	协会	46
17	标准	272	117	从事	80	217	材料	46
18	旅游主管部门	263	118	事件	80	218	土地	46
19	经营	250	119	落实	80	219	推广	45
20	市场	239	120	申报	77	220	旅游经济	45
21	建立	238	121	突发	76	221	旅游质量监督管理	45
22	保护	225	122	大力	76	222	提升	45
23	服务业	207	123	取得	75	223	旅游经营	45
24	监督	203	124	饭店	75	224	优惠	45
25	国家	202	125	功能	75	225	加大	44
26	文化	199	126	促销	74	226	门票	44
27	协调	193	127	原则	73	227	市场秩序	44
28	重点	193	128	设置	73	228	娱乐	44
29	接待	187	129	合作	72	229	内设	43
30	政策	185	130	批准	72	230	旅游目的地	43
31	培训	180	131	专项	72	231	统筹	42
32	奖励	172	132	地方	71	232	预案	42
33	办法	168	133	应急	71	233	新闻	42
34	社会	168	134	地区	71	234	确定	42
35	安全	167	135	保障	70	235	旅游区域	42
36	符合	161	136	每年	70	236	纳入	42
37	宣传	161	137	及时	70	237	委托	42
38	编制	159	138	目标	69	238	旅游线路	42
39	设施	157	139	区域	69	239	合法权	42
40	规范	155	140	目的地	67	240	武汉	41
41	检查	154	141	研究	66	241	诚信	41
42	依法	145	142	审核	66	242	用地	41
43	按照	144	143	参与	65	243	县政府	41

续表

排序	高频词	频次	排序	高频词	频次	排序	高频词	频次
44	资金	142	144	评审	65	244	全面	41
45	湖北省	140	145	整体	65	245	武当山	41
46	质量	137	146	投诉者	65	246	突出	41
47	旅游资源	137	147	配套	64	247	公共	41
48	生态	136	148	有效	64	248	中国	41
49	等级	134	149	明确	63	249	工商	41
50	加快	133	150	财政	62	250	问题	41
51	重大	133	151	违反	62	251	事故	41
52	湿地	131	152	技术	62	252	手续	41
53	评定	129	153	审批	62	253	调查	40
54	不得	129	154	报告	61	254	执法	40
55	依据	129	155	门市部	61	255	系统	40
56	领导	128	156	国内旅游	61	256	严格	40
57	旅游局	175	157	贯彻	61	257	商务	40
58	领队	127	158	国际	60	258	文明	40
59	产业	126	159	健全	60	259	应急救援	40
60	公园	124	160	时间	60	260	土司	39
61	促进	123	161	游览	59	261	基础设施	39
62	法规	123	162	旅游发展规划	59	262	民族	39
63	资源	121	163	林区	59	263	商品	39
64	政府	119	164	市政府	59	264	强化	39
65	利用	118	165	文化旅游	58	265	资格	39
66	统一	118	166	年度	58	266	接受	39
67	申请	117	167	旅游安全	58	267	投入	38
68	环境	117	168	条例	57	268	城址	38
69	旅游产品	116	169	咨询	57	269	履行	38
70	机制	113	170	维护	57	270	规模	38
71	旅游规划	111	171	作用	57	271	直管	38
72	投诉	109	172	改革	56	272	优势	38
73	服务质量	108	173	对外	55	273	车辆	38

续表

排序	高频词	频次	排序	高频词	频次	排序	高频词	频次
74	执行	108	174	考核	55	274	周边	38
75	合同	106	175	团队	54	275	精神文明	38
76	设立	105	176	财务	54	276	收入	38
77	中心	104	177	管理制度	54	277	引进	37
78	完善	104	178	交流	53	278	旅游强县	37
79	根据	104	179	变更	53	279	旅游从业人员	37
80	有关部门	103	180	汽车	53	280	整合	37
81	特色	102	181	会同	52	281	自治州	37
82	法律	99	182	价格	52	282	承办	37
83	人民政府	99	183	购物	52	283	观光	36
84	人才	98	184	定期	52	284	会议	36
85	制度	98	185	实现	52	285	优化	36
86	旅游项目	97	186	程序	52	286	宜昌市	36
87	安排	97	187	良好	52	287	销售	36
88	积极	97	188	从业人员	52	288	创新	35
89	行为	97	189	水平	51	289	旅游业务	35
90	条件	94	190	受理	51	290	结构	35
91	实行	94	191	旅游投诉	51	291	总体规划	35
92	引导	94	192	旅游管理	50	292	线路	35
93	投资	94	193	科学	50	293	影响	35
94	鼓励	92	194	综合	50	294	品质	35
95	交通	92	195	签订	50	295	管理局	35
96	旅游企业	91	196	旅游发展	49	296	档案	35
97	措施	91	197	出境旅游	49	297	打造	35
98	教育	90	198	生产	49	298	度假	34
99	计划	90	199	现场	49	299	资质	34
100	旅游商品	90	200	决定	49	300	标志	34

使用 ROST Content Mining 软件中的标签云工具可以将湖北省域旅游管理制度文本中的高频词可视化（见图 6.1），更加形象地反映管理制度中重复

出现的高频词，例如“旅游”“建设”“管理”“旅游业”“旅行社”等。

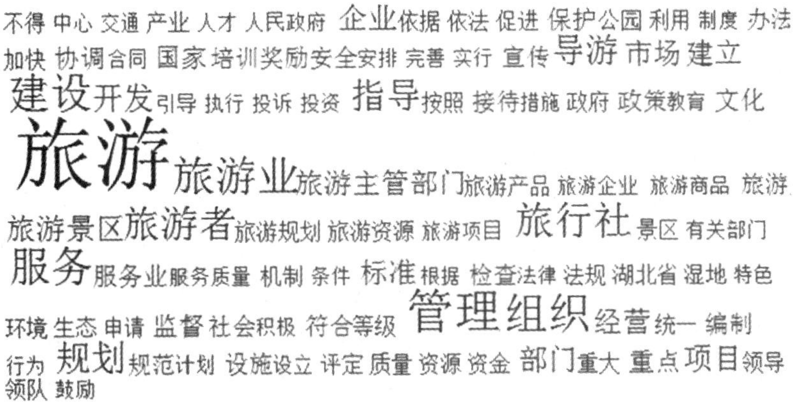

不得 中心 交通 产业 人才 人民政府 企业依据 依法 促进 保护公园 利用 制度 办法
加快 协调合同 国家 培训奖励安全安排 完善 实行 宣传导游 市场 建立
建设开发引导 执行 投诉 投资 指导按照 接待措施 政府 政策教育 文化
旅游旅游业旅游主管部门旅游产品 旅游企业 旅游商品 旅游
旅游景区旅游者旅游规划 旅游资源 旅游项目 旅行社 景区 有关部门
服务服务业服务质量 机制 条件 标准根据 检查法律 法规 湖北省 湿地 特色
环境 生态 申请 监督 社会积极 符合等级 管理组织经营统一 编制
行为 规划规范计划 设施设立 评定 质量 资源 资金 部门重大 重点 项目领导
领队 鼓励

图 6.1　湖北省域旅游管理体制中高频特征词的标签云

6.3　现状分析

现主要从管理主体、管理内容和管理客体三个方面分析湖北省域旅游经济的管理现状。

6.3.1　地方政府更加重视旅游业，管理职能转向综合协调

（1）地方政府对旅游业更加重视

为了分析湖北省各市州旅游主管部门旅游行业管理职能的强度，本书使用 SPSS 18.0 软件对湖北省各市州旅游主管部门的设置模式进行描述统计。按照旅游管理职能的强度由强到弱将“旅游发展委员会模式”“旅游局模式”“部门所属型模式”分别赋值为“2”“1”“0”，得到湖北省各市州旅游主管部门设置模式的均值为 1.12，标准差 0.928，说明湖北省各市州的旅游行业综合管理职能近年来得到了强化，当地政府对旅游业的重视程度有所提升。

从 20 世纪末开始，随着旅游业的发展及其在国民经济中的地位不断提升，一些旅游业比较发达、旅游经济贡献比较大的地区开始对旅游管理模式进行了大胆创新，探索将原来的旅游局改组成为旅游发展委员会（以下简称“旅委”），作为地方政府的组成部门，其主要负责人是政府全体会议的成员，可以直接参与政府重大事项的决策。截至 2018 年 8 月，全国共有 25 个省区市已经将原地方旅游局改组为旅游发展委员会，占全国省区市总数的

80.65％；仅有上海市、天津市、江苏省、浙江省、河南省和广东省仍然保留了原有的旅游局模式，占全国省区市总数的19.35％。长江经济带中，旅游经济规模较大的江浙沪三省市均保留了旅游局模式，占全流域的27.27％；其他省市采取了旅游发展委员会模式，占全流域的72.73％。

旅委作为省区市政府组成部门，承担了旅游综合协调机构的角色，实行专兼职委员相结合的工作机制。一般认为，旅委改组自原旅游局，并建立了旅游主管部门与发展改革、住建、文化、财政、交通和国土等相关部门紧密合作的联动机制，因此更加符合旅游业的本质属性和市场经济的发展要求。例如海南省旅游发展委员会设有政策法规处、旅游规划处、教育培训处、旅游开发处、综合协调处和文化会展处等，更加关注旅游管理的综合性和对市场的规范。此外，海南省旅委还设置了国际市场推广处和国内市场推广处两个负责旅游形象推广的处室，而文化会展处的工作在实际上也会起到旅游推广的作用，可见其对旅游地营销工作的重视。还有一些省级旅游主管部门虽然没有正式施行委员会模式，但是在机构设置和职能安排上也在向委员会模式靠近，即更加关注宏观协调、市场规范和旅游推广等方面的职能。

在湖北省，最早实行旅游委员会模式的有恩施土家族苗族自治州和神农架林区两个地区，都位于鄂西生态文化旅游圈。两地的旅游经济对当地国民经济的贡献率较高，旅游经济专业化水平居于湖北省前列，其旅游资源禀赋在全省也具有很强的优势，旅游发展潜力较大。其中，恩施土家族苗族自治州是鄂西生态文化旅游圈土（家）苗民族民俗风情的核心区，并拥有恩施大峡谷、腾龙洞等独具特色的自然旅游资源，以及丰富的民族文化资源；而神农架林区拥有全球中纬度地区唯一保存完好的亚热带森林生态系统，其自然旅游资源即使在世界范围内仍具有垄断性，富集了全省最多的世界级旅游资源。

2017年后，黄冈市、十堰市和武汉市等6市州旅游主管部门也改组成旅游发展委员会。截至2018年8月，湖北省共有47.06％的市州设置了旅游发展委员会。旅委模式已成为湖北省域旅游主管部门改组的趋势所向。2016年，上述8个市州的旅游总收入合计4272.80亿元，旅游经济规模已占据了全省旅游总收入的近9成，在全省旅游经济中处于当之无愧的主导地位；且旅游总收入排名前5位的市州无一例外地选择了旅委模式组建旅游主管部门（见表6.4）。

表 6.4　2016 年湖北省市州旅游总收入概况（旅游发展委员会模式）

序号	市	旅游总收入（亿元）	比例	排名
1	恩施州	300.48	6.15	4
2	黄冈市	151.20	3.09	8
3	神农架林区	40.06	0.82	14
4	十堰市	361.20	7.39	3
5	武汉市	2502.75	51.20	1
6	仙桃市	17.87	0.37	15
7	襄阳市	297.20	6.08	5
8	宜昌市	602.05	12.32	2
	合计	4272.80	87.41	—

资料来源：湖北省旅游发展委员会．湖北旅游便览 2017[EB/OL].(2017-10-12)[2017-12-25].http://lyw.hubei.gov.cn/news/tjsj/20171012/news-91694.html.

“旅游局模式”即在地方人民政府下设旅游局，作为地方政府的直属部门。这种模式诞生自政企合一的计划经济年代，比较突出地反映了旅游主管部门“小马拉大车”的行业特征，旅游局负责本行政区域的旅游规划、政策制定、统计教育和审批许可等职能。截至 2018 年 8 月，仅有鄂州市和咸宁市保留了旅游局模式，占全省市州总数的 11.76%。2016 年，上述两个市州的旅游总收入之和为 295.37 亿元，占全省旅游总收入的 6.04%。

湖北省黄石市、荆门市、荆州市、潜江市等 7 个市州采取了旅游与商务、外事、侨务、文物、文化等其他政府职能合并成立部门所属型的旅游主管部门，占全省市州总数的 41.18%。与采取旅游发展委员会模式的市州相反，上述 7 个市州在湖北省各市州的旅游总收入排序中均居于中下游水平（见表 6.5)。2017 年，7 个市州旅游总收入合计 732.13 亿元，占全省旅游总收入的 14.98%。

表 6.5　2016 年湖北省市州旅游总收入概况（部门所属型模式）

序号	市	旅游总收入（亿元）	比例	排名
1	黄石市	117.50	2.40	12
2	荆门市	146.78	3.00	9
3	荆州市	200.10	4.09	7

续表

序号	市	旅游总收入（亿元）	比例	排名
4	潜江市	2.58	0.05	17
5	随州市	124.79	2.55	11
6	天门市	8.36	0.17	16
7	孝感市	132.02	2.70	10
	合计	732.13	14.98	—

资料来源：湖北省旅游发展委员会．湖北旅游便览 2017[EB/OL].(2017-10-12)[2017-12-25].http://lyw.hubei.gov.cn/news/tjsj/20171012/news-91694.html.

（2）旅游管理职能向综合协调转变

在中国，“三定”方案是规定政府部门主要职责、内设机构和人员编制的规范性文件，是相关政府部门履行职能的重要法律依据。因此，“三定”方案可以真实而权威地反映相应政府部门的具体职能。从湖北省域旅游管理制度的 TXT 文本文档中分离出“三定”方案的内容，并删除了部门所属型管理部门中与旅游行业管理无关的职能，由此形成新的 TXT 文本文档，共计 36835 字。通过 ROST Content Mining 软件对湖北省域旅游主管部门的“三定”方案进行内容挖掘，可以得出地方旅游主管部门主要职责的前 150 个高频特征词，见表 6.6。

表 6.6 关于湖北省域旅游主管部门主要职责的高频词表（前 150 个）

排序	高频词	频次	排序	高频词	频次	排序	高频词	频次
1	组织	379	51	利用	29	101	事业单位	19
2	旅游	377	52	整体	28	102	红色旅游	19
3	指导	347	53	法规	28	103	方案	19
4	管理	173	54	检查	28	104	法律	19
5	建设	144	55	国内旅游	28	105	外事	19
6	开发	133	56	计划	28	106	旅游名村	19
7	规划	128	57	促销	27	107	调整	19
8	协调	119	58	执行	27	108	等级标准	19
9	监督	102	59	市场秩序	27	109	上级	18
10	市场	81	60	旅游名镇	27	110	拟定	18

续表

排序	高频词	频次	排序	高频词	频次	排序	高频词	频次
11	政策	71	61	交办	27	111	安全	18
12	标准	69	62	行政	26	112	设置	18
13	编制	63	63	市政府	26	113	报批	18
14	领导	60	64	社会	26	114	旅游业务	17
15	旅游业	191	65	优秀旅游城市	25	115	接待	17
16	宣传	59	66	精神文明	25	116	外事侨务旅游局	17
17	战略	54	67	旅游从业人员	25	117	旅游商品	17
18	旅游局	54	68	规范性	25	118	依法	17
19	服务	53	69	政务	25	119	根据	17
20	旅游景区	53	70	旅游安全	25	120	范围	17
21	重大	53	71	规范	24	121	假日旅游	17
22	教育	52	72	国际	24	122	饭店	17
23	培训	45	73	形象	24	123	农家乐	17
24	经营	45	74	审核	24	124	旅游企业	17
25	保护	43	75	促进	24	125	统筹	16
26	申报	43	76	质量	24	126	贸易	16
27	对外	42	77	职业资格	24	127	新闻	16
28	旅行社	42	78	会同	24	128	入境旅游	16
29	重点	40	79	落实	24	129	企业	16
30	内设	39	80	旅游经济	23	130	人事	16
31	旅游资源	38	81	维护	23	131	商务	16
32	统计	37	82	措施	23	132	档案	16
33	贯彻	37	83	财务	22	133	特种旅游项目	15
34	承办	36	84	旅游强县	22	134	目的地	15
35	合作	36	85	旅游项目	22	135	项目	15
36	国家	35	86	旅游服务	22	136	执法	15
37	旅游产品	35	87	文物	22	137	经济	15
38	人才	34	88	旅游目的地	22	138	印发	15
39	有关部门	34	89	行业管理	21	139	综合性	15

续表

排序	高频词	频次	排序	高频词	频次	排序	高频词	频次
40	交流	33	90	涉外	21	140	星级评定	15
41	推广	33	91	取消	21	141	行为	14
42	综合协调	33	92	监察	21	142	设立	14
43	年度	32	93	诚信	21	143	核定	14
44	旅游区域	32	94	航空	20	144	旅游车船	14
45	参与	31	95	行政编制	20	145	通知	14
46	改革	31	96	投资	20	146	政府	14
47	机构编制	30	97	审批	20	147	旅游设施	14
48	应急救援	30	98	引导	20	148	全省	13
49	研究	30	99	起草	20	149	企事业单位	13
50	普查	29	100	人民政府	19	150	质量等级评定	13

在关于湖北省域旅游主管部门主要职责的前150个高频词中，位居前10位的分别是“组织”（第1位，频次379）、“旅游”（第2位，频次377）、“指导”（第3位，频次347）、“管理”（第4位，频次173）、“建设”（第5位，频次144）、“开发”（第6位，频次133）、“规划”（第7位，频次128）、“协调”（第8位，频次119）、“监督”（第9位，频次102）、“市场”（第10位，频次81）等词，在一定程度上佐证了湖北省域旅游主管部门在行业管理中的主导角色十分突出。“市场”“宣传”“服务”等高频词的出现也说明省域旅游主管部门的主要职责已经开始向综合协调职能方向转变，并且更加注重旅游形象推广、旅游资源保护等职能。

语义网络图可以使高频词共现情况更为可视化，在关于湖北省域旅游主管部门主要职责的语义网络图中，突出表现为“组织”“指导”“开发”“规划”“协调”“旅游”“旅游业”等词为核心的分布，对旅游活动和旅游业的组织、指导、开发、规划和协调成为湖北省域旅游主管部门的主要职责（见图6.2）。

在对湖北省及其下辖市州旅游主管部门的“三定”方案进行聚类分析后，可以将上述旅游主管部门的主要职能分为九类，分别是制定和贯彻政策法规、编制和执行旅游规划、旅游基础设施建设、旅游形象推广等，具体职能及其相对应的高频词（见表6.7）。其中，涉及旅游形象推广、旅游综合协调和旅

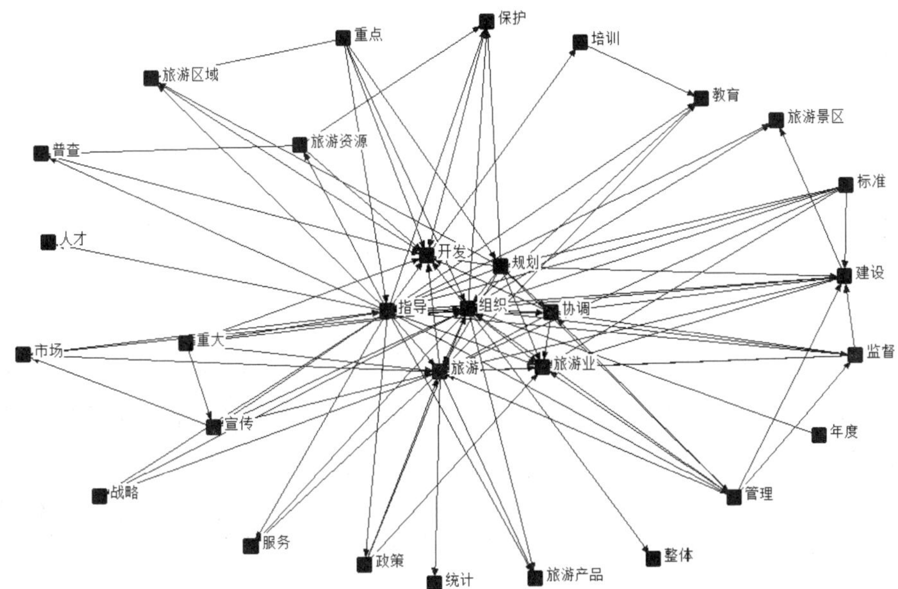

图 6.2 关于旅游主管部门主要职责的语义网络图

游标准化职能的词频数量最多。在省级和各市州的“三定”方案中也可以看到这一点，例如武汉市、恩施州、荆门市、潜江市、咸宁市等市州都明确提出加强综合协调职责，取消原有的行政审批事项或旅游设施涉外定点工作。以上事实同样说明，从旅游主管部门来看，虽然湖北省内各旅游管理体制仍为政府主导型，但是在当地人民政府对旅游主管部门的职责设定中，已经呈现出从微观管理到宏观管理的转变，区域旅游主管部门的主要职责已经开始向综合协调职能转变，并更加注重旅游形象推广、旅游资源保护等职能。

表 6.7 湖北省省域旅游主管部门管理职能的聚类分析

序号	职能	对应的高频特征词
1	制定和贯彻政策法规	政策、编制、贯彻、落实、法规、起草
2	编制和执行旅游规划	开发、规划、计划、普查
3	旅游基础设施建设	建设、报批、审批、旅游项目
4	旅游形象推广	宣传、促销、推广、促进、形象、精神文明、区域、旅游目的地
5	旅游综合协调	协调、有关部门、合作、综合协调、交办、市政府、会同、参与、红色旅游

续表

序号	职能	对应的高频特征词
6	旅游标准化	旅游景区、旅游名镇、质量、优秀旅游城市、旅游名村、星级评定、旅游饭店、旅游强县、等级标准、标准、规范、规范性
7	维护市场秩序	市场、旅行社、市场秩序、旅游服务、旅游商品
8	旅游安全	应急救援、旅游安全
9	旅游教育和培训	旅游从业人员、职业资格

在计划经济时期，中国政府对企业的管理比较微观，甚至直接干预企业经营。1998 年政府机构改革和政企分开后，国家旅游局开始将许多工作权限和职责下放至省级旅游管理部门和部分市级旅游主管部门，旅游主管部门“既当裁判员，又当运动员”的状况得到根本性改变。由于放权的结果，省级旅游主管部门开始承担本行政区域内导游资格考试、导游培训和服务监督等方面的职责。旅游主管部门与旅游企业的关系虽然仍是管理与被管理的关系，但是政府管理的内容主要体现在市场准入、市场监管和服务引导等方面。

市场准入。为了保证市场主体的规范，湖北省内各旅游主管部门通过《旅行社条例》、《导游人员管理条例》等一系列法律法规的授权和地方旅游管理制度建立了旅游市场准入制度。（1）旅行社特许经营制度。按照《中华人民共和国旅游法》（以下简称《旅游法》）、《旅行社条例》及其实施细则的规定，在中国经营旅行社业务需要取得相关许可证。其中，武汉市、襄阳市、宜昌市、十堰市、荆州市、鄂州市、荆门市、恩施州等市州旅游主管部门负责当地经营国内和入境旅游业务的旅行社的设立许可，湖北省旅游主管部门负责其他市州旅行社的设立许可；湖北省旅游主管部门统一受理出境旅游组团社的许可申请，并集中报国家旅游局审核。此外，经营大陆居民赴台旅游业务的旅行社还需要得到额外的许可。2006 年颁布的《大陆居民赴台湾地区旅游管理办法》（2011 年修订）规定，经营大陆居民赴台旅游业务的组团社由国家旅游局会同有关部门，从已批准的特许经营出境旅游业务的旅行社中指定，由海峡两岸旅游交流协会公布。除被指定的组团社外，任何单位和个人不得经营大陆居民赴台旅游业务。（2）导游人员资格证制度。《旅游法》和《导游人员管理条例》规定，从事导游活动必须取得导游证，而取得导游证的一个重要前提是通过国家组织的导游人员资格考试。1998年政府机构改革后，各省级旅游主管部门负责本行政区域的导游人员资格考试，考试合格的，由省旅游局核发经国家旅游局核准的《中华人民共和国导游员资格证书》。在中国，对领队也进行了市场准入的限制，《旅游法》规定导游证是担任领队的前置环节，要具有相应的学历、语言和职业经历等。此外，旅游主管部门还对导游人员进行计分管理和年度审查，对不合格者可吊销其从业资格证。

市场监管。旅游主管部门依据相关法律法规对旅游经营者和从业人员进行监督管理，维护旅游市场秩序。（1）质量保证金制度。旅游交易具有付款在前、消费在后的特征，而旅游产品和服务又存在很多差异，因此旅游者的消费风险较大，在权益受损时又难以通过修理、退换、重作等方式进行救济。在这一背景下，质量保证金制度成为法国、加拿大、俄罗斯、日本、澳大利亚、中国香港特别行政区、中国台湾地区等旅游发达国家或地区保障旅游者权益的利器。质量保证金制度不管对于旅行社还是旅游者来说都是一项很好的制度设计，在旅行社面临破产或违约责任时，质量保证金可以用于先行赔付，不仅规避了旅行社的经营风险，而且保障了旅游者的合法权益。中国于1994年开始实施旅行社质量保证金制度，国务院和国家旅游局制定了一系列管理办法，对质量保证金的缴纳标准、管理方式、赔偿对象、赔偿范围、赔偿标准和赔偿程序等作出了明确的规定。质量保证金制度的实施对规范旅行社经营行为、保护旅游者合法权益起到了重要作用，并延续至今。（2）旅游投诉制度。旅游纠纷的核心是旅游者与旅行社之间的合同纠纷，适用于中国的《合同法》。为了解决旅游投诉中的特殊情况，中国先后颁布实施了《旅游投诉处理办法》（国家旅游局32号令）和《最高人民法院关于审理旅游纠纷案件适用法律若干问题的规定》（法释〔2010〕13号）。针对旅游投诉渠道不畅的问题，中国还建立了旅游综合协调机制，《旅游法》第九十一条规定，“县级以上人民政府应当指定或者设立统一的旅游投诉受理机构。受理机构接到投诉，应当及时进行处理或者移交有关部门处理，并告知投诉者”。该条款规定了县级以上人民政府应当指定或设立统一的投诉受理机构，并就部门之间的转办职责提出了要求，厘清了投诉处理渠道，避免管理缺位或各自为政。

服务引导。旅游主管部门通过旅游等级评定、创先评优、旅游推广等活动督促旅游企业和从业人员提高服务质量。（1）等级评定。我国现行的旅游业国家标准和行业标准涉及饭店、旅行社、旅游景区、旅游设施等多个方面，其中，影响力较大的有《旅游饭店星级的划分与评定（GB/T 14308-2010）》《旅游规划通则（GB/T 18971-2003）》《旅游景区质量等级的划分与评定（修订）（GB/T 17775-2003）》和《旅游资源分类、调查与评价（GB/T 18972-2003）》。除了上述国家标准和行业标准之外，湖北省还制定了《旅行社品质旅游产品服务质量规范（DB42/T 538-2009）》《汽车自驾游领航员（领队）服务规范（DB42/T 663-2010）》《汽车自驾游目的地服务规范（DB42/T 662-2010）》等地方标准，对旅行社产品、自驾游服务等提出相关规范。这些国家标准、行业标准和地方标准共同构成了湖北省域旅游标准体系，为旅游业服务质量提升、市场秩序维护起到了不可忽视的作用。（2）创先评优。湖北省旅游主管部门通过“中国优秀旅游城市”“湖北旅游强县”“湖北旅游名镇”“湖北旅游名村”等创先评优活动激励各市州以高标准营造良好的旅游环境，为湖北旅游业的快速发展注入了强大的动力。（3）旅游推广。近年来，湖北省推出了“灵秀湖北”等主题宣传口号，各市州旅游主管部门在旅游推广方面也为旅游企业提供了很好的宣传平台，并引导旅游企业开发与旅游主题一致或类似的产品来实现外部经济性。

6.3.2 旅游制度侧重标准化，与旅游经济规模正相关

（1）管理制度侧重于旅游标准化工作

在湖北省和各市州中，黄冈市、黄石市、荆门市、荆州市、潜江市、天门市和孝感市等七市除“三定”方案外未颁布或实施与本行政区域旅游业相关的管理制度，其他行政区域均颁布了不同数量的旅游相关管理制度。这些管理制度的颁布时间从2000年开始，年均颁布4.4部管理制度，在2001和2002年未发现新的制度颁布。旅游管理制度的颁布在2010年达到峰值，当年湖北省域共颁布了21部各类管理制度，这与中国和湖北省当年的宏观政策环境不无关系。2009年，国务院颁布了《关于加快发展旅游业的意见》（国发〔2009〕41号），提出要“把旅游业培育成国民经济的战略性支柱产业和人民群众更加满意的现代服务业”，把旅游业提升到国家战略的高度。作为对国家政策的响应，湖北省政府于2010年颁布了《关于加快培育旅游支柱产业推进旅游经济强省建设的决定》，确定了湖北省“由旅游资源大省向旅游经济强省”跨越的战略目标，由此带动了市州人民政府和旅游主管部门发展旅游业的积极性，例如十堰市旅游局颁布了《武当山旅游优惠及奖励试行办法》、

《十堰市旅游宣传信息工作奖励办法》和《对旅行社组织“三线”旅游团队进行奖励的实施细则》等一系列促进地方旅游业发展的规范性文件。

按照性质的不同，这些管理制度可以分为地方法规、地方标准和地方规范性文件等三类①。其中，地方法规共 3 部，分别是湖北省、武汉市和恩施州人民代表大会所通过的当地旅游条例，占全部管理制度的 4.55%；只有湖北省和武汉市旅游局制定了 9 部地方标准，涵盖了湖北旅游名镇、湖北旅游强县、自驾游、旅行社、乡村旅游和旅游汽车等内容，占全部管理制度的 12.12%；数量最多的是各地人民政府、旅游主管部门所颁布实施的地方规范性文件，占全部管理制度的 83.83%。可见，在湖北省各市州中，法律效力最高的地方旅游条例仅有两部，占全省市州数量的 11.76%，湖北省域的旅游管理制度主要依靠地方规范性文件来约束，这些文件的法律效力最弱，大多数是一些旅游促进类的政策，并没有很高的法律约束力。

在关于湖北省域旅游管理体制的前 300 个高频特征词中，涉及管理内容的高频特征词包括“规划”（第 10 位，频次 402）、“标准”（第 17 位，频次 272）、“保护”（第 22 位，频次 225）、“统计”（第 115 位，频次 81）、“奖励”（第 32 位，频次 172）、“宣传”（第 37 位，频次 161）、“评定”（第 53 位，频次 129）等，说明湖北省域旅游主管部门尤其重视旅游标准化、旅游地营销以及旅游资源的开发和保护等工作。此外，与争优创先有关的高频词也值得关注，例如“旅游名镇”（第 105 位，频次 88）和“旅游强县”（第 278 位，频次 37），还有多部管理制度提到了“优秀旅游城市”（第 65 位，频次 25）和“旅游名村”（第 106 位，频次 19）等。其中，中国“优秀旅游城市”由国家文化和旅游部负责对全国范围的创优城市进行检查验收，而“旅游名镇”“旅游名村”和“旅游强县”则是湖北省旅游局针对省域的旅游城镇、乡村展开的创优活动。创优成功后，不仅可以改善当地旅游业的发展环境和服务质量，而且也常常被作为区域发展的名片，因此从省级到市州旅游主管部门都非常支持创优工作，这在湖北省域旅游管理制度中也得到了一定的体现。

（2）旅游管理制度数量与旅游经济规模呈正相关关系

以 2001 年至 2016 年湖北省各市州年均旅游收入作为旅游经济规模的衡

① 唐晓云．中国旅游发展政策的历史演进（1949—2013）：一个量化研究的视角[J]．旅游学刊，2014，29（8）：16-28.

量指标，以当地颁布实施的旅游相关管理制度的数量代表政府的空间管理水平，使用 SPSS 18.0 软件进行相关性分析，可得湖北省各行政区域年均旅游收入与旅游相关管理制度数量之间的相关性系数为 0.638，属于正相关关系，同时 T 检验显著性结果为 0.006<0.01，具备显著性，因此年均旅游收入与旅游相关管理制度数量之间属于中度的正相关关系。可见，各行政区域旅游业与当地政府空间管理水平之间存在密切联系，管理制度的颁布实施有助于旅游地的科学规划和旅游市场秩序的规范。

6.3.3 管理对象较为集中，政策参与意愿强

（1）管理对象以三类旅游企业为主

在关于湖北省域旅游管理体制的前 300 个高频特征词中，涉及管理客体的高频词共计 80 个（见表 6.8）。其中，出现频次最高的前十个特征词分别是“旅游”（第 1 位，频次 1316）、“服务”（第 5 位，频次 534）、“旅游业”（第 6 位，频次 527）、“旅行社”（第 7 位，频次 479）、“旅游者”（第 8 位，频次 463）、“导游”（第 11 位，频次 373）、“旅游景区”（第 13 位，频次 420）、“项目”（第 15 位，频次 283）、“企业”（第 16 位，频次 275）和“服务业”（第 23 位，频次 207）等。在高频特征词中，涉及的具体旅游企业包括“旅行社”（第 7 位，频次 479）、“旅游景区”（第 13 位，频次 420）、“旅游饭店”（第 90 位，频次 20）等，说明湖北省域旅游主管部门的管理对象仍以旅行社、旅游景区和旅游饭店等与旅游活动直接相关的企业类型为主。而在这三类旅游企业中，涉及旅行社的高频特征词最多，“服务”“旅行社”“旅游者”“导游”“企业”和“服务业”等高频词都直接或间接与旅行社有关。可见，在湖北省内各旅游管理体制的管理客体中，旅行社和旅游者之间的矛盾仍是湖北省内各旅游主管部门协调的重点。

表 6.8 与“管理客体”有关的高频词表

排序	高频词	频次	排序	高频词	频次	排序	高频词	频次	排序	高频词	频次
1	旅游	1316	71	旅游规划	111	167	旅游安全	58	235	旅游区域	42
5	服务	534	73	服务质量	108	175	团队	54	238	旅游线路	42
6	旅游业	527	84	人才	98	180	汽车	53	240	武汉	41
7	旅行社	479	86	旅游项目	97	183	购物	52	242	用地	41
8	旅游者	463	95	交通	92	188	从业人员	52	245	武当山	41

续表

排序	高频词	频次	排序	高频词	频次	排序	高频词	频次	排序	高频词	频次
11	导游	373	96	旅游企业	91	197	出境旅游	49	260	土司	39
13	旅游景区	420	98	教育	90	202	鄂西生态文化旅游圈	48	261	基础设施	39
15	项目	283	100	旅游商品	90	203	襄阳	48	263	商品	39
16	企业	275	101	旅游服务	89	205	文物	48	265	资格	39
23	服务业	207	102	产品	89	207	培育	47	268	城址	38
35	安全	167	104	导游证	89	208	形象	47	273	车辆	38
39	设施	157	105	旅游名镇	88	209	扶持	47	278	旅游强县	37
47	旅游资源	137	110	旅游经营者	85	211	一日游	47	279	旅游从业人员	37
52	湿地	131	124	饭店	75	212	餐饮业	46	281	自治州	37
58	领队	127	126	促销	74	220	旅游经济	45	283	观光	36
59	产业	126	140	目的地	67	223	旅游经营	45	284	会议	36
60	公园	124	146	投诉者	65	226	门票	44	286	宜昌市	36
63	资源	121	155	门市部	61	227	市场秩序	44	289	旅游业务	35
68	环境	117	156	国内旅游	61	228	娱乐	44	291	总体规划	35
69	旅游产品	116	165	文化旅游	58	230	旅游目的地	43	292	线路	35

（2）旅行社在旅游决策中的参与度低

旅行社是湖北省域旅游主管部门的主要管理对象，而对湖北省域旅行社的经营行为具有最大约束力的是《旅游法》以及《湖北省旅游条例》。其中，《旅游法》由于对旅行社的过多规范而被戏称为"旅行社法"，例如"旅游经营"一章共 27 条，其中 17 条与旅行社直接相关；"旅游服务合同"一章的内容则全部与旅行社有关。因此本书通过研究旅行社对《旅游法》的参与度、关注度和认可度借以判断旅游企业在湖北省旅游决策中的角色和地位。

为了了解湖北省的旅行社在旅游管理体制中的角色和作用，本书基于调研经费和调研人员的限制选择了武汉市旅行社作为代表①。武汉市旅行社不到

① 本书关于武汉市旅行社的调查数据来自中国旅游研究院武汉分院的《中国旅游业发展报告》数据库。

湖北省总量的30%，但在企业规模和经营绩效上居于全省领先地位，并囊括了全省所有的5A级旅行社。此外，加上武汉市作为湖北省省会城市的先天优势，都使武汉市旅行社业注定成为湖北省旅游管理体制中最活跃的群体之一。对旅行社的调查步骤如下：

首先，获取样本信息。本研究基于武汉市旅游局的旅行社基本信息数据库，对全市旅行社进行了分层随机抽样，分层标准包括营业规模、营业状况和开业时间等因素，如表6.9所示。此外，样本还被要求必须包含具有出境游、赴台游等特许经营资质的旅行社。为了保证所有的样本符合要求，抽样工作由就职于武汉市旅游局旅行社管理部门且具有五年以上工作经验的工作人员完成，最后由笔者进行审核，确定涵盖所有的旅行社类型。经过分层随机抽样后，共取得20家样本旅行社及其受访者（均为部门经理以上职务）和联系方式。根据保密协议的要求，本书未注明样本的具体信息。

表6.9 样本旅行社基本特征

序号	特征
1	大型，近年来营业收入、接待量显著提升
2	大型，近年来营业收入、接待量显著提升
3	大型，近年来营业收入、接待量平稳
4	大型，近年来营业收入、接待量平稳
5	大型，近年来营业收入、接待量不佳
6	大型，近年来营业收入、接待量不佳
7	中型，近年来营业收入、接待量显著提升
8	中型，近年来营业收入、接待量显著提升
9	中型，近年来营业收入、接待量平稳
10	中型，近年来营业收入、接待量平稳
11	中型，近年来营业收入、接待量不佳
12	中型，近年来营业收入、接待量不佳
13	小型，近年来营业收入、接待量显著提升
14	小型，近年来营业收入、接待量显著提升
15	小型，近年来营业收入、接待量平稳

续表

序号	特征
16	小型，近年来营业收入、接待量平稳
17	小型，近年来营业收入、接待量不佳
18	小型，近年来营业收入、接待量不佳
19	近三年成立
20	近三年成立

其次，筛选和培训调研员。访谈工作对调研员的要求较高，他们不仅要对研究内容比较熟悉，还需要在访谈过程中既置身事外又能积极鼓励受访者进行真实、详细的表达，因此，在获取样本信息后需要对调研员进行筛选和培训。本次调研员全部从华中师范大学城市与环境科学学院旅游管理方向的研究生中选择，要求他们对旅行社和《旅游法》都比较熟悉，且具有较强的沟通能力。由此筛选出 8 名研究生作为调研员，他们全部曾经参加过旅行社、《旅游法》的相关研究项目，或者在本科阶段主修或辅修了旅游管理的相关课程。筛选完毕后，于 2014 年 5 月 7 日对全部调研员进行了集中的调研培训，培训内容包括熟悉《旅游法》、掌握结构式访谈的技巧等。

再次，进行结构式访谈，获取一手数据。2014 年 5 月 9 日至 21 日，经过培训的调研员对 20 家样本旅行社进行了结构式访谈。在调研员与受访旅行社联系的过程中，有一家旅行社的负责人明确表示最近没有时间接受访问，但是热心提供了另外一家类似旅行社的联系人和联系方式，因此最后访谈成功的旅行社仍是 20 家。在全部受访者中，分别各有一位要求电话采访或书面采访，其余 18 位受访者均接受了面对面访谈。在得到受访者同意后，调研员使用移动电话中的“录音机”App 对访谈的全过程进行了录音，共形成 19 份 mp3 音频数据和 1 份书面采访记录。

此后，调研员将采访旅行社而获得的 mp3 音频数据逐字转录为文字，存入 TXT 文本文档，并反复核对音频和文字资料的一致性，由此形成 20732 字的访谈文本。然后，对预处理后的文本进行预分析，构建适合本研究需要的自定义词库和过滤词库。最后，采用 ROST Content Mining 软件对预处理后的文本进行分词、词频分析和语义网络分析。此外，还借鉴质性研究中的资料分析方法①，通过人工编码的方式研究文本内容，进而得出调研结果。前者可以通过软件迅速完成，编码的过程相对繁琐，编码示例见表 6.10。其中，左边一列是根据音频材料整理的访谈数据，右边两列是对该段数据的编码。

表 6.10　对样本 1 的编码示例

数据（样本 1：大型；经营平稳；有出境游资质；主要经营内河游轮旅游）	一级编码	二级编码
Q：您知道《旅游法》于 2013 年 10 月 1 日起实施吗？通过何种途径获知？ A：很早之前我们就知道 10 月 1 日要颁布《旅游法》，这个是中国第一部《旅游法》，我们当时第一呢通过网站，然后就是这个媒体啊，然后就是旅游主管部门，（武汉）市旅游局（知道了《旅游法》的相关信息）。	很早 通过网站、（传统）媒体和武汉市旅游局获知	早已获知《旅游法》 知晓渠道为媒体和地方旅游主管部门
Q：您认为《旅游法》有哪些亮点和不合理的地方？ A：亮点呢，因为以前嘛都是些《旅行社管理条例》啊等等，《旅游法》呢就是第一次把它作为法律来要求了，所以（规范了）以前的旅游过程中有很多像这种旅游纠纷，旅游者购物啊包括自费项目等等。现在（《旅游法》）颁布出来以后呢，首先来讲的话，因为我们旅行社是服务旅游者的，就保护了旅游者的权益，最起码这个作为旅游者来讲的话他可以通过《旅游法》的条款知道哪些是合理的哪些是不合理的。	亮点：提高了法律效力；使旅游纠纷有法可依；提高了旅游者维权意识	亮点：保护旅游者合法权益
不合理的地方？没有吧。	没有不合理之处	认可
Q：在《旅游法》起草到颁布的过程中，您有没有通过任何途径就相关内容提出意见或建议（向全国人大或当地旅游局）？ A：当时这个省市旅游局组织了相关的旅行社代表参加了一个征求对旅游法相关的意见或者建议，旅游局有组织。	参与渠道：省市旅游局组织的座谈会	参与渠道：地方旅游主管部门

① 朱丽叶•M. 科宾，安塞尔姆•L. 施特劳斯. 质性研究的基础：形成扎根理论的程序与方法［M］. 重庆：重庆大学出版社，2015.

续表

数据（样本 1：大型；经营平稳；有出境游资质；主要经营内河游轮旅游）	一级编码	二级编码
Q：您认为旅行社应该参与或影响相关法律法规的制定过程，为本行业争取更多的发展机会吗？为什么？ A：我认为旅行社应该参与相关法律法规的制定过程，因为作为旅行社，对这一行来讲的话，起草《旅游法》无非就是围绕着旅行社啊、景区啊和旅游者来制定，应该多方面地征求这个意见，（除了）征求旅行社的意见（之外），（还应有）景区的意见，还包括旅游者的意见。多方征询。	参与法律制定的原因：旅行社是利益相关者；还应全面征集其他旅游企业和旅游者的意见	需要多方参与旅游决策
Q：您认为最好的参与方式是什么？ A：我认为还是市局组织座谈啊，省市旅游局组织这个座谈会。	由省市旅游局组织的座谈会实现旅行社对旅游决策的参与	地方旅游主管部门是旅游决策参与的重要渠道
Q：您最关注《旅游法》中的哪些内容？《旅游法》中的哪些内容对旅行社有利，哪些内容对旅行社不利？ A：《旅游法》最关注的就是哪些旅行社的操作是不符合《旅游法》（规定）的，那么我们就是按照《旅游法》的要求使我们在整个的业务流程当中，按照《旅游法》的要求去做。那么同时来讲的话呢，某种程度上也规避了旅行社的一些风险，比如游客提前已经订了这个产品，现在突然要取消，那么如果取消来讲的话，要有一个怎样的补偿，（《旅游法》）上面也是说得非常的清楚。另外我们比较关注的就是，因为现在《旅游法》出来之后就是杜绝购物啊，还有自费的情况，旅游者就是要明明白白的去消费，以前我们一个旅游产品来讲的话都是有购物、自费环节的，《旅游法》出台之后最起码就是讲旅游者你要购物的话，双方要都有一个认可，客人要知晓，而且购物场所不是你旅行社或者是你的导游能够通过这个购物来谋取利益的。所以（需要）旅游者要求购物，要一个大众的（购物）场所，不是（到）旅行社、导游去拿回扣的一个场所去购物。这就是我们也知道什么地方旅游者要去，购物的话什么地方可以让他去，什么地方不能安排。	关注关于旅行社经营行为的条款；《旅游法》也规避了旅行社的经营风险；本旅行社以前的产品中也有自费和购物环节；尤其关注《旅游法》对购物和自费项目的规定；旅行社不得强制安排购物场所	《旅游法》引发旅行社对经营模式的反思

注：“Q”为调研员的提问；“A”为受访者的回答。

调查结果如下：

低参与度。在旅行社是否应该参与旅游决策这一问题上，所有的受访者都认为很有必要，因为旅行社是旅游经营活动的主体，对于旅游市场的乱象和症结应该更有发言权。然而在受访的20位旅行社管理人员中，只有两位受访者表示在《旅游法》起草的过程中曾经提过一些建议，他们的参与渠道分别是省市旅游局组织的征求意见会和通过网络提出自己的建议，而通过网络提建议的受访者称自己的意见并没有被采纳。其他18位受访者未提供建议的原因可以归纳为以下几个方面：对影响决策走向没有信心；没有渠道提建议；担心暴露行业的盈利方式而受同行排挤。

关于旅行社参与决策的理想途径，共有6位受访者希望通过省市级旅游局反映旅行社的建议；5位受访者认为网络是很好的广泛征求意见的方法；也有5位受访者认为应该由行业精英来反映旅行社的建议；有2位受访者提到了听证会这一形式可以广泛地征求各方面的意见，但也有一位受访者同时质疑这一途径的真实性和公正性，担心“中国的听证会太假了”；还有一位受访者认为针对旅行社的调研也可以反映自己的意见。

社会群体对政策制定的参与程度低在中国现阶段并不是个案，从调研来看，至少旅行社并不缺乏参与旅游决策的意愿，并希望通过旅游主管部门、网络、行业精英或听证会等形式反映本行业的利益诉求。

高关注度。《旅游法》的很多内容都直接影响了旅行社经营，几乎全部受访者在《旅游法》实施前已经获知了其相关情况，只有一位受访者对其实施的具体时间不太确定。其中，共有12位受访者通过网络、报纸等媒体获知了《旅游法》的信息，而通过网络获知《旅游法》的受访者高达8人；有10位受访者在省市旅游局所召集的会议或培训中获得了更多信息；还有多位受访者表示其所在的旅行社也为学习《旅游法》而召开了多次会议，有的还购买了相关图书。可见，由于利益直接相关，所以样本旅行社对《旅游法》保持了极高的关注度，其获取信息的渠道主要是旅游主管部门和媒体。

在问及“您最关注《旅游法》中的哪些内容”及“《旅游法》中的哪些内容对旅行社有利，哪些不利?”时，出现十次以上的高频词包括“旅行社”“旅游者”“旅游法”“有利”和“购物”等，见表6.11和图6.3。《旅游法》

对团队旅游中的购物和自费环节的影响，以及对团费的影响成为受访者关注的焦点。此外，“有利”的出现频次高于“不利”，也说明受访者对《旅游法》的影响基本持乐观态度。

表 6.11 关于《旅游法》关注度的高频词

序号	高频词	频次	序号	高频词	频次
1	旅行社	67	5	购物	18
2	旅游者	40	6	不利	18
3	旅游法	35	7	旅游	17
4	有利	25	8	团费	11

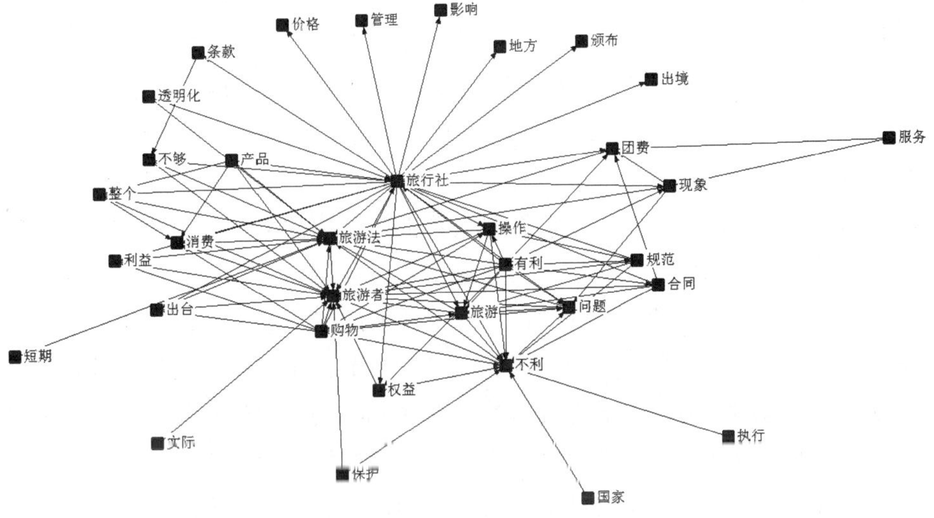

图 6.3 关于《旅游法》关注度的语义网络图

低认可度。为了了解受访者在中国现有政治经济环境下对《旅游法》的认可度，受访者被要求回答《旅游法》的亮点和不合理之处。

关于《旅游法》的亮点，有一位受访者不愿回答该问题；一位受访者认为没有亮点，认为《旅游法》“追求的是一种四平八稳”。共有 18 位受访者总结了《旅游法》的亮点，其中有两位受访者总结出四个亮点，一位受访者总结了三个亮点。从亮点的分布上看，分别有 8 人次和 6 人次认为《旅游法》的亮点主要体现在规范旅游市场秩序和保护旅游者权益，分别有 2 人次提到《旅游法》的亮点是满足旅游者需求、规范政府管理、提高旅游业的法律层次或保护旅行社权益，分别有 1 人次认为其亮点是提倡文明旅游、完善旅游设施、规范景区承载量或促进旅游业发展。

关于《旅游法》的不合理之处，受访者的回答比较集中。有两位受访者认为《旅游法》没有不合理的地方，一位受访者认为《旅游法》“没有什么创新的地方”。其他 17 位受访者对《旅游法》不合理之处的评价主要集中在法律条文本身和执行效果上。共有 10 人次的受访者认为《旅游法》对旅行社或旅游从业人员的约束过多，尤其是对购物环节的限制不符合市场规律，旅行社市场乱象的症结所在应该是通过有关政府部门的监控“把旅游产品质量合理化，让游客购物有一定的保障”。相应地，有 7 人次的受访者认为《旅游法》过度保护了旅游者的利益，《旅游法》的出台使“游客维权意识过强，导致我们现在收客挺难的”。有 6 人次的受访者认为《旅游法》的监管力度不够，一些条款并没有得到很好的实施，例如有的受访者指出，“(《旅游法》) 刚出来时（旅行社）还是按规矩来，但是后来许多零负团费现象开始死灰复燃”。

综上，旅行社等旅游企业是旅游主管部门管理的主要对象，它们具有很强的政策参与意愿。在《旅游法》实施前后，旅游主管部门、传统媒体和新媒体的大力宣传起到了良好的效果，几乎所有的受访者都知道《旅游法》的基本内容，并积极关注其实施情况。但是，旅游企业在旅游决策中的低参与度或参与渠道的不畅等因素直接影响了其在旅游政策中的利益表达，并使其在旅游政策的执行过程中产生排斥心理，使实施效果大打折扣。大部分受访者已经看到了零负团费现象对中国旅游业的负面影响，也希望这一市场乱象能得到根治，但是他们同时也不希望牺牲既得利益或者改变目前倚重购物的经营模式。如何使旅游企业在旅游政策的制定和实施中扮演更加积极主动的角色，既合理表达利益诉求，又不侵害旅游者的权益是省域旅游管理体制改革中亟须解决的问题。

6.4 问题剖析

6.4.1 旅游行业管理主体的职权不对等

在 20 世纪 80 年代初，当中国刚开始发展旅游业时，很多政府机构都未明确在旅游行业管理中的角色和职责，因此，旅游主管部门在行政体系中的作用被忽视，一些政府机构几乎很少关注旅游主管部门的意见，他们倾向于把任何与旅游局的合作当作是“帮个忙”[①]。在中国，如果没有其他政府机构的支持，国家旅游主管部门将难以顺利完成旅游政策的制定和执行[②]。在国家领导人中，主管旅游的副总理或国务委员对旅游行业管理进行直接的监督；国家旅游主管部门作为专门机构，负责旅游决策与旅游业发展；被称为“超部级部门”的国家发改委负责国民经济的宏观管理，并整合其他部门促进旅游发展；财政部提供财政支持；国家质量监督主管部门与国家旅游主管部门一起确定旅游产品和服务的质量标准；科研院所为政府决策提供咨询意见（见表 6.12）。国家旅游主管部门和国家发改委，特别是前者，是中国旅游政策提案的主要来源。

具体而言，在旅游行业管理中涉及的行政职能部门有旅游主管部门、工商主管部门、建设主管部门、林业主管部门等，多头管理成为旅游行业管理中的突出问题。多项研究表明，权力结构的过度分散是旅游政策实施的主要障碍。以旅游业中的旅行社、饭店和景区为例，传统旅行社主要归旅游主管部门管理，依托互联网开展旅游业务的在线旅游运营商（Online Tourism Agency，OTA）则归信息产业主管部门管理[③]；星级饭店的等级评定工作由国家旅游主管部门及受其委托的省级旅游主管部门负责，而社会旅馆则主要由工商行政主管部门管理；景区的情况更为复杂，在中国，风景名胜区归住房和城乡建设部所辖，国家森林公园和自然保护区归口于国家林业和草原局，地质公园为自然资源部所辖，各级文物保护单位隶属于文化和旅游部，宗教场所隶属于国家宗教事务局，风景水利区则属于水利部，而旅游主管部门仅负责旅游景区的等级评定。此外，一些跨区域的旅游资源还往往存在错综复杂的区域争夺，大张旗鼓的“区域旅游合作”在机制的约束下往往流于形式。

---

① WANG DAN, AP J. Factors affecting tourism policy implementation: A conceptual framework and a case study in China[J]. Tourism Management, 2013, 36(1): 221-233.

② ZHAO S N, TIMOTHY D J. Governance of red tourism in China: Perspectives on power and guanxi[J]. Tourism Management, 2015, 46(4): 489-500.

③ 2013 年《旅游法》颁布实施后，将 OTA 也纳入旅行社的范畴，OTA 经营旅行社业务也须得到旅游主管部门的准入许可。

表 6.12　与旅游业相关的行政主管部门

旅游企业（举例）		主管部门	管理内容
旅行社类	传统旅行社	旅游主管部门	市场准入、经营范围
		工商主管部门	监督管理
		物价主管部门	价格监督
	在线旅游运营商	电信主管部门	市场准入
		工商主管部门	监督管理
		旅游主管部门	市场准入、经营范围
		物价主管部门	价格监督
饭店类	星级饭店	旅游主管部门	星级评定
		卫生主管部门	卫生监督
		公安部门	安全监督
		物价部门	价格监督
	社会旅馆	工商主管部门	监督管理
		卫生主管部门	卫生监督
		公安部门	安全监督
		物价主管部门	价格监督
景区类	风景名胜区	建设主管部门	设立、规划、保护、利用
	森林公园	林业主管部门	监督管理
	自然保护区	林业主管部门	监督管理
	文物保护单位	文化主管部门	设立、规划、保护、利用
	国家地质公园	国土资源主管部门	设立、规划、保护、利用
	宗教场所	宗教事务主管部门	设立、监督管理
	A 级景区	旅游主管部门	等级评定

具体到湖北省，虽然湖北省旅游主管部门负责全省旅游政策的制定和实施，但在大多数情况下其制定和实施的结果甚至依赖于其他部门的配合。发端于计划经济时代的历史背景和旅游业先天的综合性特征使得湖北旅游资源、旅游企业等行业管理的多个环节被不同的政府机构分割，而不是由各级旅游主管部门全权管理，旅游主管部门真正有管辖权的只有旅行社的市场准入和经营规范，导游的资质认证和服务规范，以及星级饭店和 A 级景区的等级评

定等工作。以湖北省武汉市为例，其辖区内旅游资源价值和知名度最高的黄鹤楼公园、归元禅寺分别隶属于武汉市园林局、武汉市民族宗教事务委员会，东湖生态旅游风景区设有武汉市东湖生态旅游风景区管理委员会和中共武汉市委东湖生态旅游风景区工作委员会，前者为市人民政府派出机构，是市属正局级单位，两个委员会合署办公，统一履行东湖生态旅游风景区的规划和管理。上述矛盾的存在在一定程度上促成了湖北省旅游行业管理中的政出多门、多头管理等现象。

将不同类型的旅游资源或旅游企业划归对应的行政管理部门进行归口管理，在一定程度上保证了行政管理的专业化水平，来自不同部门的权力博弈在一定程度上促使了区域旅游经济格局的相对平衡①。但是旅游业也被人为地分割成不同板块，无形中增加了行业内部的沟通和协调成本。另外，旅游业具有很强的综合性和关联性，然而各级旅游主管部门作为旅游行业主管部门，其职权范围却相对狭小。但是在旅游业发生问题时，社会舆论却很容易波及旅游主管部门，这种情况被形象地称为“小马拉大车”。

综上，在湖北省旅游主管部门与其他主管部门之间的关系上，旅游部门处于明显的劣势。一方面，旅游部门的职权有限。在现行的行政体系中，决策权力分布广泛，例如，虽然国家旅游主管部门是负责全国旅游决策的中央政府机构，但是很多类别的旅游资源处于住房和城乡建设主管部门、林业主管部门等多部门的管辖之下。另一方面，旅游主管部门具有相对较低的行政地位，在重大问题上并没有话语权，这也与旅游业的综合性产业性质不符。为了解决这一问题，部分湖北省旅游主管部门开展了综合协调机制的探索，并进行了两个方向的尝试，一是提升原旅游局的行政级别，成立旅游委员会，例如恩施土家族苗族自治州旅游委员会和神农架林区旅游委员会；一是降低原旅游局的行政级别，与同旅游相关的商务、外事、文化、文物等管理部门合并，例如潜江市文化旅游局、随州市外事侨务旅游局、天门市外事侨务旅游局和孝感市外事侨务旅游局等。

---

① 王诚庆，戴学锋，金准．中国旅游业发展中的体制改革与创新［G］// 何德旭．北中国服务业发展报告 No. 5：中国服务业体制改革与创新．北京：社会科学文献出版社，2007.

6.4.2 管理制度滞后于区域旅游发展

根据前文研究结果，经济发展水平对湖北省的旅游经济规模有显著的正向影响，即经济发展水平越高的地区，旅游经济水平越高。但是各地方政府对旅游业的重视程度仍然不够，旅游管理制度明显滞后于区域旅游发展。在湖北省旅游管理制度中，颁布管理制度最多的是湖北省旅游局，共 15 部管理制度；其次是武汉市和十堰市，各 9 部；数量排名第三的是恩施州，共 6 部管理制度。湖北省旅游管理制度数量分布的雷达图和空间布局图如下（见图 6.4 和图 6.5）。

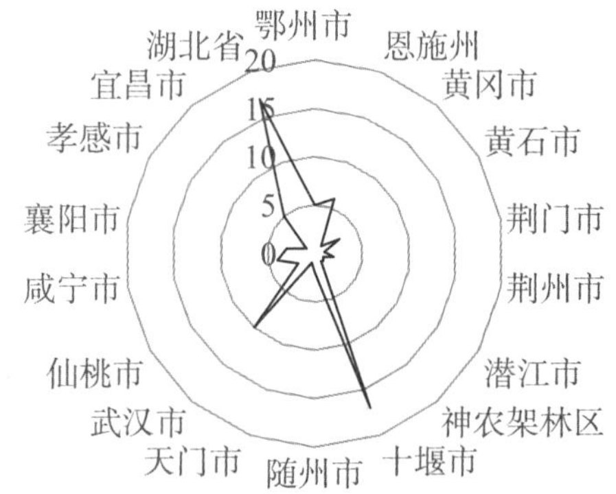

图 6.4 湖北省旅游管理制度数量分布的雷达图

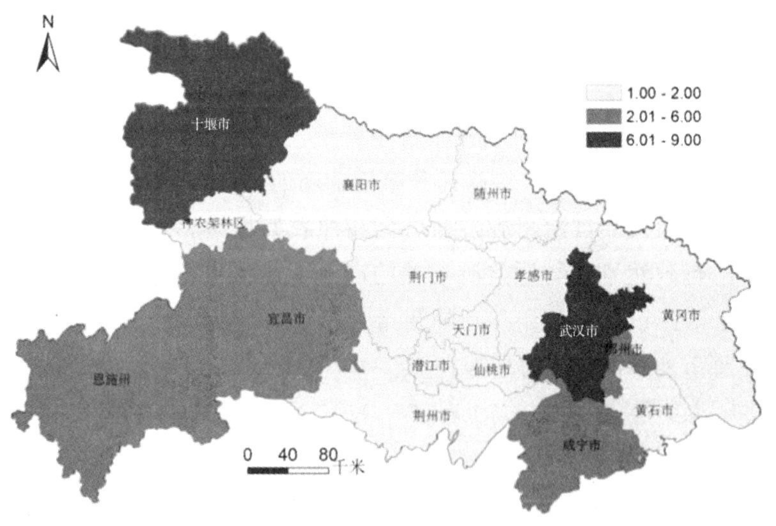

图 6.5 湖北省旅游管理制度数量的空间分布

除了《湖北省旅游条例》之外，在湖北省 17 个市州中，只有武汉市和恩施州两个市州颁布了地方旅游法规，已颁布地方旅游法规的市州仅占全省的 11.76％，88.24％的市州并无地方旅游法规约束当地旅游活动，致使多地旅游业的发展处于无地方法可依的状态，且旅游管理制度颁布时间较为久远，全省年均颁布的制度仅有 4.4 部，与“旅游经济强省”的地位极不相符，迫切需要修订和丰富地方旅游法规。

从国家层面来看，国家治理体系的构建需要变革旅游管理体制。近年来，中国的宏观环境正在发生变化。2013 年 11 月，中国共产党第十八届中央委员会第三次全体会议通过了《中共中央关于全面深化改革若干重大问题的决定》，该决定提出了全面深化改革的总体目标，即“推进国家治理体系和治理能力现代化”。从“国家统治”到“国家治理”，体现了国家政治体制改革的重要方向和执政思路的变化。国家治理体系是规范政府的行政行为、企业的市场行为和公民的社会行为，以实现社会权力和公共秩序规范运行的制度体系①。该制度体系包含行政体系、经济体制和社会体制等，本书所谈及的空间治理是国家治理体系的有机组成部分，因此，通过在旅游管理体制中贯彻治理理念，实现公共利益的最大化成为新形势下的必然选择。

从旅游领域来看，旅游环境的变化要求更新管理制度的相关内容。随着旅游业的持续发展和旅游法制环境的改善，地方旅游管理制度的许多内容已经不能适应新形势。是上位法的出台。《中华人民共和国旅游法》（以下简称“《旅游法》”）已于 2013 年 4 月 25 日颁布，并在 2013 年 10 月 1 日正式实施。湖北省已颁布的地方旅游法规的部分条款与《旅游法》的旅游者权益保护、旅游经营规范、旅游服务合同等相关规定存在较大差异，亟须进行修改。二是行政法规和部门规章的完善。2009 年 1 月 21 日，国务院颁布了《旅行社条例》，随后，国家旅游局颁发了《旅行社条例实施细则》。《旅行社条例》的修订和部门规章的出台，对旅行社的监督管理作出了新的规定。2017 年 10 月 16 日，国家旅游局第 17 次局长办公会议审议通过了《导游管理办法》，于 2018 年 1 月 1 日起施行。此外，2005 年以来，国务院、国家旅游局、公安

---

① 俞可平. 推进国家治理体系和治理能力现代化 [J]. 前线，2014（1）：5-8，13.

部、商务部等出台了20多部与旅游相关的部门规章，内容涉及旅游行政处罚、旅行社责任保险、导游人员管理、旅游投诉、出境旅游等方面，迫切需要对旧的地方旅游法规进行相应的修订。三是国务院有关规范性文件的出台。2009年12月，国务院出台了《关于加快发展旅游业的意见》（国发〔2009〕41号），提出“将旅游业培育成国民经济的战略性支柱产业和人民群众更加满意的现代服务业”；2013年2月，国务院办公厅颁发了《国民旅游休闲纲要》，由国家主导的国民休闲启动，标志着国民休闲时代的到来；2014年8月，国务院发布了《关于促进旅游业改革发展的若干意见》，确定促进旅游业改革发展的政策措施；2018年3月，国务院颁布了《关于促进全域旅游发展的指导意见》。国务院促进旅游业发展两个意见和一个纲要等相关文件的出台，对旅游业的发展提出了新的要求。湖北省原有的地方法规已经不能适应旅游业发展的新形势。

6.5 经验借鉴

6.5.1 国外经验

（1）泰国：高度集权的管理模式

泰国具有典型的东南亚风情，旅游资源非常丰富，也是世界重要的入境旅游接待国。旅游业是泰国的支柱型产业，因此泰国政府对旅游业的管理也在不断加强，其管理范畴从单一的市场促销逐渐扩展到行业管理，并最终形成了高度集中的旅游管理体制①。

早在1960年3月18日，泰国已成立了“旅游组织”（Tourist Organisation），专门负责泰国旅游业营销和推广，并与1960年改名为“泰国观光振兴组织”（Tourist Organization of Thailand，TOT）。基于泰国旅游业的持续增长及其在出口创汇中的重要角色，泰国政府认为有必要更加重视旅游业的发展，因此在1979年通过了相关法案，成立了泰国旅游局（Tourism Authority of Thailand，TAT）。在2002年之前，泰国旅游局承担

① 如无特别说明，本书关于泰国旅游管理经验的内容均参考自泰国旅游局（http://www.tourismthailand.org）的官方网站。

“对旅游行业的直接管理职能”①②③，2002 年后成为专门负责泰国旅游业海外营销的政府部门。目前，泰国旅游局已经成为一个成熟的旅游营销组织，并设有 35 个国内办事处和 26 个海外办事处。泰国旅游局的宗旨是促进泰国成为全球热门的旅游目的地，同时也支持泰国旅游业的发展，鼓励泰国人通过国内旅游更好地欣赏自然风光和文化古迹。为此，泰国旅游局主要负责向公众提供关于旅游的信息和数据；在泰国国内和全球范围开展泰国旅游业的宣传促销和国际合作，使泰国成为东南亚旅游集散中心；为旅游地的发展规划提供参考；扶持旅游产品的开发；促进电子商务和信息技术在旅游业的应用，并保障其安全性等。

2002 年之后，具体负责泰国旅游业市场秩序和行业管理的政府机构是泰国旅游与体育部（Ministry of Tourism and Sports，MTS），它也是目前泰国最高级别的旅游管理机构。泰国旅游与体育部成立于 2002 年，负责推广、扶持和发展旅游业、体育事业和体育教育。该部下设四个办公室：部长办公室、常务秘书长办公室、体育和娱乐业发展办公室，以及旅游发展办公室（Office of Tourism Development）。2002 年后，原泰国旅游局除营销推广外的其他职能基本都转移到旅游发展办公室。旅游发展办公室主要负责泰国旅游景点、旅游产品和服务、旅游企业和导游等相关标准的执行和监督。其具体职责包括：旅游企业和导游的注册和认证；鼓励旅游企业和导游按照《旅游企业和导游法案》（Tourism Business and Tour Guides Act）等法律法规的要求执行相关专业标准；监督和控制旅游企业经营，保证旅游场所和导游符合相关法律法规的要求；依法制裁旅游业中的违法违规行为；整理和研究旅游统计数据，为旅游发展政策和规划提供参考；制定旅游服务、旅游企业、导游和旅游景点的发展规划，并在规划的实施过程中进行协调、促进和支持；确保《旅游企业和导游法案》等旅游相关法律法规的实施；监督和跟进旅游业发展；促进和支持电影业发展；履行旅游主管部门、法律法规、教育部或内阁

---

① 田世政. 论中国旅游行业管理制度的改革 [J]. 西南师范大学学报（人文社会科学版），2003，29（4）：88-92.

② 蒋莎. 中国旅游产业发展中的政府职能定位分析 [J]. 云南地理环境研究，2006，18（9）：108-112.

③ 王东. 珠海市政府主导旅游产业发展战略研究 [D]. 长春：吉林大学行政学院，2012：37-38.

规定的其他职责。

综上，泰国旅游管理体制的改革可以以2002年为时间界限分为两个阶段：在2002年前，泰国旅游局全权负责了旅游行业管理工作；2002年后，原先的旅游管理职能被分解，泰国旅游局仅负责泰国旅游形象的国内外推广工作，而新成立的泰国旅游与体育部旅游发展办公室则承接了除旅游营销之外的旅游行业管理职能。泰国在以下方面可供中国参考：

第一，泰国旅游局全权负责泰国旅游业的国内外促销。随着泰国旅游业的发展，从2002年开始，泰国旅游管理体制发生了巨大变化，营销推广职能从旅游管理职能中分离出来，泰国旅游局不再全盘负责旅游行业管理，泰国旅游局包括其在海内外的几十个办事处仅承担泰国旅游业的营销推广。这一改革措施取得了良好的效果，充分显示了目的地营销在旅游业发展中的重要性。

第二，对旅游企业和旅游从业人员进行严格的监管。泰国属于旅游资源丰富、旅游业发达而市场经济不发达的发展中国家，其管理模式突出表现在对旅游业的高度干预，从战略规划的制定，到旅游企业和导游的市场准入和经营活动，再到具体的投资开发行为都被纳入旅游和体育部的主要职能，并进行严格的审批和监督，以确保旅游市场秩序和服务质量的健康、稳定和可持续。高度集中的旅游管理体制有助于集中优势资源保障旅游业的发展，当然也有可能会存在决策滞后、滋生腐败等问题。

第三，实施“大部制”改革，体现旅游业的综合性。泰国在中央机构的设置方面也采取了“大部制”的结构，即将旅游管理职能与其他相关职能合并成立一个部委，进行旅游业和其他相关行业的统筹管理。2002年后，除营销推广外的其他职能转移至新成立的泰国旅游和体育部，作为最高行政级别的旅游管理机关。

如何使旅游管理体制的构建更加符合旅游业的产业属性，如何避免旅游主管部门与其他相关部门之间的内耗，如何处理中央和地方两级旅游主管部门之间的关系，如何更加到位和高效地对旅游企业和从业人员进行监管，这些问题也正是中国要面对的。

（2）日本：政府主导下的官民协办模式

日本是中国一衣带水的邻邦，在国际旅游中互为旅游客源地和目的地。在日本，随着高龄化社会推进，旅游业因其刺激消费、创造就业，以及增强民族自豪感等方面的综合效益而备受关注，观光立国成为21世纪日本经济社会发展不可欠缺的重要课题。在这一背景下，《推进观光立国基本法》于2007年开始实施①，以促进区域旅游业发展，使日本成为令当地居民自豪且充满活力的地方社会，并通过发展国际旅游和国内旅游实现长期富民的目标。随后，内阁会议还通过了《推进观光立国基本计划》，并于2012年进行了修订，增加了游客满意度指标。该计划提出了日本观光立国的基本方针，即灾后重建、推动国民经济发展、增进国际间相互了解，以及促进人民生活的改善等。

20世纪中期，日本官方政府的旅游主管部门是原运输省观光部②。2001年，日本政府部门重新整编后，旅游部门被设在国土交通省（Ministry of Land，Infrastructure，Transport and Tourism）综合政策局的相关科室。2007年6月26日，日本国土交通省将负责旅游管理的各部门进行整合，并于2008年10月1日正式设立“日本观光厅”（Japan Tourism Agency，JTA），以推进日本政府的观光立国政策。日本国土交通省主要负责在不同的社会和经济条件下实现经济和社会安全保障，其职责范围包括：完善基础设施、健全公民生活保障、应对能源和环境问题，以及促进经济发展和增强国际竞争力等。与旅游业相关的政策体现在最后一个方面的职能即“促进经济发展和增强国际竞争力”，国土交通省负责日本旅游形象的海外推广，促进赴日旅游和国内旅游的安全、舒适和便捷；构建品牌旅游区，推进国内外区域旅游合作；通过举办会展活动提升旅游业吸引力。国土交通省下设的综合政策局具体负责日本的旅游行业管理；观光政策审议会是日本的旅游政策咨询机构，主要审议旅游方针政策和法规。在日本，由国土交通省提供资金，日本观光厅具体负责实施日本旅游业的国际推广。

作为国土交通省的直属机构，日本观光厅主要负责观光立国战略的推进、政策制定、旅游调查和统计、国际旅游合作和协调、旅游资源开发和旅游人才培训等。1997年前，日本观光厅的前身日本观光部（相当于司级）设在日

---

① 如无特别说明，本书关于日本旅游管理经验的内容均参考自日本国土交通省（http://www.mlit.go.jp）、日本观光厅（http://www.mlit.go.jp/kankocho）、日本国际观光振兴机构（http://www.jnto.go.jp/）、日本旅行业协会（https://www.jata-net.or.jp）的官方网站。

② 韩玉灵，申海恩. 最新境外旅游法律汇编［M］. 北京：中国法制出版社，2012：502.

本运输省内。2001 年后，日本运输省与建设省合并为国土交通省，观光部升格为观光局（相当于副部级），其职责是制定旅游政策法规，指导旅游规划、资源开发和设施建设，对旅行社、饭店的审批、注册、监督和检查，对外宣传、联络与国际合作，旅游调研与统计。目前的日本观光厅成立于 2008 年 10 月 1 日，是 2001 年 1 月政府部门重整后所设置的第一个“厅”，成立时被赋予了“不受过去框架所羁绊，换言之应该是一个不像政府机构的单位”等期待。日本政府为了实现观光立国的目标，不断充实旅游有关的各项政策，日本观光厅正是为推动观光立国政策所成立的核心机构。观光厅以“开放的观光厅”作为口号，致力于“共建住得好、玩得好的国家”，努力实现观光立国的目标。日本观光厅下设观光地区振兴部、观光产业课、国际观光政策课、国际交流推进课、观光地区振兴课和观光资源课等。日本观光厅的具体工作目标是：向国内外宣传日本的魅力；扩大国内外的交流，提升日本的国家形象；支持各地区自主开发旅游活动；搞活旅游相关产业；使旅行环境更加优良（见图 6.6）。

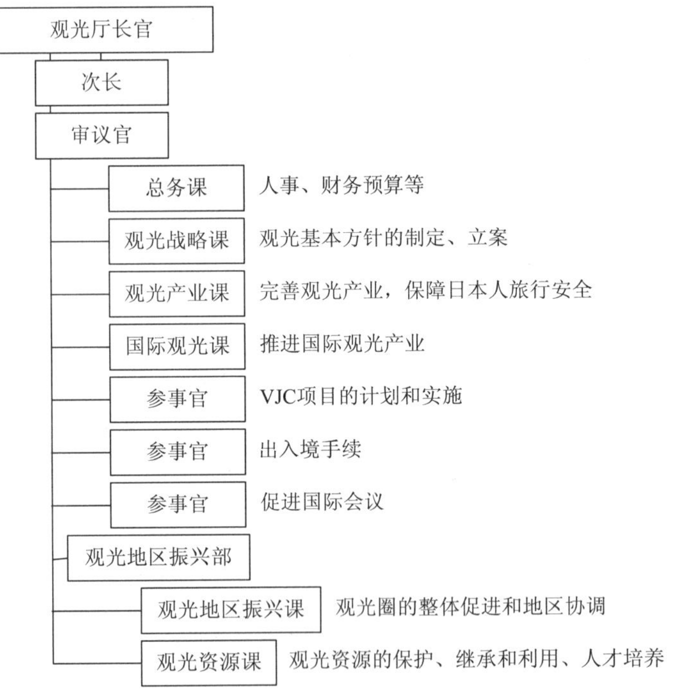

图 6.6 日本观光厅的组织架构

观光厅目前正积极打造便利的旅游环境，并在实施《推进观光立国基本计划》中起主导作用，除了展开“赴日旅游宣传推进计划”（Visit Japan Campaign，VJC）、加强与国外的观光交流之外，日本观光厅的政策措施还包括：（1）积极建设极具魅力的旅游景点和旅游圈。除了构建各地的特色旅游景点外，日本观光厅还鼓励旅游圈的建设。旅游圈是将自然、历史、文化等有密切关系的景点连为一体的区域，日本积极鼓励各旅游圈的合作和分工，以增加过夜旅游人次和过夜天数。国土交通部部长分别于 2008 年 10 月 1 日、2009 年 4 月 22 日实施旅游圈整顿实施计划，目前被支持的旅游圈达到 30 个，包括富士山—富士五湖旅游圈、福岛旅游圈、雪国旅游圈和京都丹后旅游圈等。日本观光厅对旅游圈在宣传推广、增加旅游体验项目、促进游客住宿、便捷游客出行、修建历史建筑和整顿旅行社等方面给予资金支持。（2）扩大与海外的旅游交流。日本观光厅通过举办 MICE 活动，促进入境旅游和出境旅游的开展，推广本国旅游业，以振兴地方品牌，促进日本旅游业发展。（3）促进旅游产业提档升级。日本通过《国际观光饭店整备法》和《旅行业法》维护旅游市场秩序（见表 6.13）。《国际观光饭店整备法》制定了外宾接待饭店的标准，主要包括客房数量、客房设施和饭店公共设施等方面，满足这些标准并进行登记的饭店可以享受一定的税收优惠。《旅行社法》规定了日本旅行社的注册登记制度和业务范围等。按照该法律，日本的旅行社实施登记制度，并按照业务范围的不同分为三类：第 1 类旅行社可以从事国内外招徕、接待和代理业务；第 2 类旅行社可以经营除海外招徕之外的其他业务；第 3 类旅行社仅从事接待和代理业务和邻近市町村的国内招徕。（4）促进观光领域相关人才的培养。日本推出“旅游魅力百佳”、“日本观光大使”等活动，以提升旅游业对优秀人才的吸引力。为了培养在各地旅游振兴中的核心人才，日本观光厅设立了“旅游魅力百佳”选定委员会（『観光カリスマ百選』選定委員会），选出“旅游魅力百佳”，并介绍他们的成绩和成就，鼓励在旅游推广中作出贡献的个人。日本观光大使（VISIT JAPAN 大使）目前有 58 人，由国土交通省任命，主要是为了向外国人宣传日本旅游业。此外，日本还积极推动志愿者导游活动。（5）完善旅游环境。包括推动带薪休假制度的制定和执行，制定日本出境游客的安全措施等。

表 6.13　日本旅行社的分类

类别	注册审批的行政机构	业务范围				注册条件		
		招徕		接待	代理	业务保证金	注册资产	经过认证的管理人员
		海外招徕	国内招徕					
第 1 类	观光厅厅长	○	○	○	○	7000 万	3000 万	必要
第 2 类	当地都道府县知事	×	○	○	○	1100 万	700 万	必要
第 3 类	当地都道府县知事	×	▲（邻近市町村）	○	○	300 万	300 万	必要
旅行代理商	当地都道府县知事	接受旅游经营商的委托				不必要	—	必要
旅游圈特别代理商	国土交通部部长（作为旅游圈实施项目的一部分）	接受旅游经营商的委托（限于旅游圈或过夜旅游者）				不必要	—	可由完成培训的人员代替

注：“○”表示“是”；“×”表示“否”；“▲”表示“特例”

日本国际观光振兴机构（Japan National Tourism Organization，JNTO，又译“日本国家旅游局”）成立于 1964 年，由观光厅管辖，主要从事日本旅游业的海外推广，以促进外国游客到访。JNTO 是全国性宣传推广机构，其推广活动包括编制和出版日本旅游指南书籍和视频资料、设立为外国游客提供咨询的旅游服务中心、增设接待外国游客的设施、促进 MICE 的举办、协助 VJC 项目在海外参展、邀请海外旅行社及教育单位开展访日修学旅行等的业务。即使是由日本各地方的运输局或旅游局主办的 VJC 合作活动，JNTO 也会协助该团体选定旅行社及收集旅行社的相关信息。而各海外办事处都会在每次 VJC 活动完结后继续跟进。JNTO 目前在世界主要客源市场设立了 13 家海外办事处，并通过这些海外办事处开展收集信息、销售推广、传媒联络、宣传推广等活动。JNTO 是 VJC 活动的重要执行者，通过在旅游展览会及各式活动中展示 VJC 海报及派发 VJC 徽章、向当地旅行社推广在其产品宣传册上使用 VJC 标志等，积极提升国际市场对 VJC 活动的认知度。

除政府背景的管理机构外，日本还有很多非官方旅游组织，例如日本旅行社协会、日本导游协会、全日本旅行社协会、日本观光旅馆联盟和日本观光协会等，它们在行业规范、协调等方面发挥了重要作用。日本旅行社协会（Japan Association of Travel Agents，JATA）于1959年依照《旅行社法》成立，并得到日本国土交通省的认可，其宗旨在于提升日本旅游行业的服务质量，主要任务包括通过信息传播、鼓励成员合作、推动立法进程等活动保障会员和全行业利益。JATA最初的会员只有26家，截至2018年5月10日，已经吸收了1187个活跃会员、409个准会员、90个联盟会员和496个海外联盟会员。JATA的主要活动包括：（1）旅游业的整体协调。JATA国际观光会议（JATA World Tourism Congress）每年召开一次，它汇集了约1000名来自日本和世界的旅游专业人士，就日本的旅游地营销提供宝贵意见。JATA世界旅游博览会（JATA World Travel Fair）是公认的亚洲最大的旅游展会，为旅游业界、媒体和旅游者提供了交流的平台，其最终目的是加强对旅游业的认识，刺激新的出行需求。（2）保障旅游者权益。JATA下设的公平贸易委员会（Fair Trade Practices Committee）负责受理游客投诉。如果三个月后旅游者和旅游企业未达成和解，游客投诉会被转到消费者索赔解决委员会（Consumer Claims Settlement Commission）。赔偿委员会（Compensation Business Committee）在国土交通省的授权下成立，负责为因违约或旅行社破产而遭受损失的旅游者索赔。JATA还接受国土交通省的委托负责旅行社经理人资格考试，考试、培训和教育委员会（Examination，Training and Education Committee）具体实施这一职能[①]，并负责培训旅行社经理人。（3）旅游发展与合作。JATA法律事务委员会（Legal Affairs Committee）负责向会员宣传与旅游相关的法律。企业管理委员会（Managerial Issues Committee）通过举办研讨会等形式为旅行社的业务管理和运营提供专业建议。社会贡献委员会（Social Contributions Committee）主要号召会员关注生态环境和特殊人群的旅游权利。

除了政府部门和行业协会的协同管理外，日本的旅游立法也比较完善，基本涵盖了旅游景区、饭店、旅行社、旅游从业人员、区域旅游发展、旅游推广、旅游资源保护等多个方面（见表6.14）。

---

① 根据日本《旅行社法》的规定，从事境外旅游业务的旅行社至少应有一个拥有旅行社经理人资质的管理人员。

表 6.14　日本的旅游法律法规（部分）

序号	时间	名称	类别
1	1931 年	《国立公园法》	旅游景区
2	1948 年	《温泉法》	旅游景区
3	1948 年	《旅馆业法》	住宿
4	1948 年	《旅游设施抵押法》	旅游设施
5	1949 年	《国际观光旅馆发展法》（1993 年修订）	住宿
6	1949 年	《国际旅游事业资助法》	旅游景区
7	1949 年	《翻译导游业法》（1952、2006 年修订）	导游
8	1950 年	《国际观光旅馆发展执法条例》	住宿
9	1950 年	《文化遗产保护法》	旅游景区
10	1951 年	《森林法》	旅游景区
11	1951 年	《博物馆法》	旅游景区
12	1951 年	《关于国际旅游业统计调查的规定》	旅游统计
13	1957 年	《自然公园法》	旅游景区
14	1959 年	《旅行业法》（已修订 12 次）	旅行社
15	1959 年	《国际旅游振兴会法》	旅游景区
16	1963 年	《观光基本法》	基本法
17	1966 年	《保护古都历史风情特别措施法》	旅游景区
18	1987 年	《综合度假区发展法》	旅游景区
19	1991 年	《一般特别区法》	区域旅游
20	1992 年	《节庆法》	旅游推广
21	1992 年	《有效利用地方传统表演艺术等活动振兴旅游和特定地区工商业法》	旅游推广
22	1992 年	《冲绳特别振兴法》	区域旅游
23	1992 年	《福岛重建特别法》	区域旅游
24	1994 年	《国际会议促销法》	旅游推广
25	1997 年	《国际旅游促进法》	旅游推广
26	1997 年	《促进外国旅游者访问地区多样化振兴国际旅游法》	旅游推广
27	2002 年	《国际观光振兴机构法》	旅游推广
28	2004 年	《景观法》	旅游景区
29	2006 年	《观光立国推进基本法》	旅游推广
30	2007 年	《生态旅游促进法》	生态旅游

续表

序号	时间	名称	类别
31	2008 年	《观光圈整备法》	区域旅游
32	2011 年	《住宿促进法》	住宿

资料来源：袁正兴、张国兴. 旅游政策与法规［M］. 北京：中国林业出版社、北京大学出版社，2008；日本观光厅. 施政［EB/OL］.（2013-05-29）［2014-03-14］. http://www.mlit.go.jp/kankocho/shisaku/index.html.

日本的旅游管理体制非常符合日本的政治经济状况，日本的政体是议会内阁制下的代议民主制。一方面，日本是一个市场经济高度发达的资本主义国家，立法、行政和司法三权分立，以宪法和国会所制定的法律、法令为基础运行；另一方面，日本仍然保留着名义上的君主，世袭君主天皇被作为日本国的象征。此外，日本还实行地方自治，全国划分为 47 个都道府县，都道府县中又划分出市町村，这两级地方公共团体共同承担地方自治职能，并有权在法律范围内制定地方条例。这样的制度环境决定了日本的经济运行在民主与集中、市场与政府的关系上进行了独特的协调。日本在旅游行业管理中采用了官民协管的模式，在发挥市场作用的同时，政府也积极采用经济杠杆调节旅游市场，并加强旅游业的发展规划和指导。其在旅游管理体制上的成功经验主要体现在以下方面：

第一，强化旅游业的政府干预。相对于其他发达国家而言，日本行政主管部门对旅游市场运行的干预较多。日本国土交通省和观光厅作为政府主管部门在旅游业发展中扮演了协调者的角色，二者各司其职提升日本旅游业在全球的吸引力，最终实现观光立国的目标。国土交通省是最高级别的旅游主管部门，观光厅具体负责观光立国战略的推进、政策制定、旅游调查和统计、国际旅游合作和协调、旅游资源开发和旅游人才培训等，与原中国国家旅游局的职责比较类似。日本观光厅还实施了旅游圈整顿实施计划，为区域旅游合作和发展提供资金支持和政策保障。以旅行社为例，日本对旅行社行业实行了严格的准入限制，在日本经营旅行社业务需要得到官方的认可，有明确的经营范围，还必须缴纳业务保证金，甚至需要有一名管理人员获得官方颁发的旅行社经理人资格。就这一方面来看，日本旅行社的市场准入比中国还要严格，中国已经取消了对旅行社经理人资格的要求，对经营范围也进一步放宽。

第二，实行地方旅游自治。日本中央政府将国家公园、旅行社和导游等旅游事务交由47个地方自治政府代管，但是中央与地方旅游主管部门之间不存在垂直领导关系，地方旅游机构没有统一的模式，在行政隶属上可能属于不同的部门，大部分地方旅游管理机构是商工部或劳动部下设的观光振兴课或商业观光课，而东京是在新闻文化部下设了观光娱乐课，不同的机构设置充分考虑了各地对旅游业发展的需要。

第三，将行业自律作为政府管理的补充。与政府干预相对应的是大量的旅游行业协会，这些行业协会履行了部分行业管理职能。例如日本旅行社经理人的资格考试、游客投诉受理和旅行社业务保证金①的管理都由日本旅行业协会（JATA）负责，导游资格考试则由国际观光振兴机构负责。这些协会通过行业自律维护旅游市场秩序，成为政府管理的有效补充。

第四，由专门机构推广日本旅游形象。日本政府把发展旅游业作为拉动经济增长的助推器，非常重视本国旅游形象的国内外推广，并制定了观光立国战略，以增强日本对世界旅游者的吸引力。日本国际观光振兴机构是由观光厅管辖的全国性宣传机构，专门从事日本旅游业的海外推广。

（3）英国：高度市场化背景下的治理模式

英国早在中世纪即颁布了《饭店法》，是世界上历史最悠久的关于饭店的法律②。1969年，英国颁布了本国的旅游基本法《英国旅游发展法》（Development of Tourism Act 1969），并根据该法案成立了英国旅游局、英格兰旅游局、苏格兰旅游局和威尔士旅游局四个旅游主管部门。英国旅游业的管理部门包括政府机构和行业协会两大类，其中，政府部门负责指导和推广英国旅游业，不干涉企业的经营管理；各类专业性很强的行业协会具体负责旅游业的行业管理。

近年来，旅游业成为英国出口创汇的重要来源，旅游业的贸易价值超过原油、食品饮料和烟草。英国旅游业接纳的就业人数达300万人，占英国经

---

① 旅行社业务保证金相当于中国的旅行社质量保证金，用于旅行社违约或破产时补偿游客的损失。

② 韩玉灵，申海恩. 最新境外旅游法律汇编［M］. 北京：中国法制出版社，2012：17.

济总量的10%左右[①]。在资本主义发达国家普遍出现经济缓慢衰退的背景下，近几年英国入境旅游收入保持了10%左右的增长速度，因此，旅游业的发展也得到了英国政府的重视。2010年8月12日，英国首相卡梅伦就英国旅游业的挑战和机遇发表了讲话，他指出："长久以来，旅游业被作为'第二类'服务行业（a second class service sector）的观点是绝对错误的。旅游业是一个竞争激烈的市场，同样需要的技术、人才、企业家精神（enterprise）和政府管理。旅游业是英国经济重建的基础。"卡梅伦的讲话体现了英国政府对旅游业的雄心，即吸引更多的海外旅游者，并鼓励英国人在国内旅游度假。在英国首相的直接关注下，2011年3月，《英国旅游政策》（Government Tourism Policy）出台，并提出了三个目标：开展英国旅游业的全球推广活动，增加入境旅游人数；提高英国居民在英国度假的比例；提高旅游部门的生产力，使英国成为世界旅游经济竞争力前5强。

英国最高级别的旅游管理部门是英国文化、媒体和体育部（Department for Culture，Media and Sport，DCMS)。英国文化、媒体和体育部致力于通过保护文化和艺术遗产，使英国成为受欢迎的国际旅游目的地，其在旅游管理方面的职责包括为旅游企业的发展扫除障碍、提供咨询和支持创新等。英国作为市场经济高度发达的国家，充分发挥了市场机制的能动性，对企业行为几乎没有干预，主要是维护市场秩序，同时对英国丰富的文化遗产进行保护。

英国旅游局（VisitBritain）是英国旅游业的非政府公共机构（a nondepartmental public body)[②]，由英国文化、媒体和体育部提供资金和政策支持，负责英国在全球的旅游推广，其宗旨是促进入境旅游的发展，增加入境旅游消费，并提高英国在世界的知名度。英国旅游局将其使命概括为"推广英国海外旅游形象，促进英国旅游经济发展"，具体包括：鼓励海外旅游者到英国旅游；利用其全球网络支持英国旅游业的海外推广；向政府和业界提

---

① 如无特别说明，本书关于英国旅游管理经验的内容均参考自英国旅游局的官方网站（http://www.visitbritain.org)。

② "非政府公共机构"即由中央政府在其与接受拨款的文化艺术团体和机构之间，设置了一级作为中介的非政府的公共机构，机构负责向政府提供政策咨询、文化拨款的具体分配，并协助政府制定和具体实施政策等。

出旅游发展建议，以提升英国的全球竞争力；通过合作伙伴的参与和商业活动使公共投资最大化。英国旅游局的合作伙伴包括政府机构（如英国贸易投资总署和英国文化协会）、航空公司、全球知名品牌（如三星和英超联赛），以及伦敦、英格兰、苏格兰和威尔士的官方旅游机构。不列颠诸岛的英格兰、苏格兰、威尔士、北爱尔兰和伦敦都有自己的旅游局，它们分别负责本区域的旅游协调和推广，并与英国旅游局密切合作，通过英国旅游局的国际网络进行国际营销。

英国的旅游行业协会覆盖面很广，从旅行社、酒店、景点和导游的行业协会，到独立博物馆、宿营地、房车、酒吧，甚至连地方政府都有自己的行业协会，即英国地方政府协会（Local Government Association），它主要在国家层面为本地区争取更大的地方利益。这些行业协会积极宣传本行业在国民经济中的地位和作用，就有关法律和条例的修改向议会和政府游说；制定行业规范维护市场秩序；加强人员培训，提高旅游从业人员的业务水平和服务质量；建立信息反馈系统，并为会员服务（见表 6.15）。

表 6.15　英国旅游业的社会团体和组织

序号	名称	宗旨
1	英国旅行社协会（Association of British Travel Agents，ABTA）	负责管理旅行社业务，并处理相关投诉
2	英国独立博物馆协会（Association of Independent Museums）	代表独立博物馆的利益，负责提高行业标准并影响国家政策
3	英国旅游景点协会（Association of Leading Visitor Attractions，ALVA）	会员主要涵盖了年接待量超过 100 万人次的英国最大、最著名的旅游景点
4	英国啤酒与酒吧协会（The British Beer and Pub Association）	提升英国酿酒业和酒吧业的声誉
5	英国休闲公园、栈桥及景点协会（British Association of Leisure Parks，Piers and Attractions，BALPPA）	代表英国休闲公园、栈桥、动物园和景点的所有者、管理者、供应商和开发商的利益

续表

序号	名称	宗旨
6	英国教育旅行协会（British Educational Travel Association，BETA）	代表青年、学生和教育旅行相关产品的生产商和供应商的利益
7	英国酒店协会（British Hospitality Association，BHA）	代表酒店业的利益，影响政策制定
8	全英旅店业及零售商业协会（British Institute of Innkeeping）	特许零售业的专业机构
9	英国旅游产业集团（British Tourism Industry Group，BTIG）	将英国旅游局的四年营销方案告知利益相关者，并征询其意见，通过促进英国旅游局和广大旅游业者之间的战略对话，使英国旅游局更好地为政府的旅游决策提供建议
10	商务通（Business Link）	由政府资助的免费业务咨询和服务机构
11	英国房车露营俱乐部（The Camping and Caravanning Club，CCC）	世界上最古老的露营俱乐部，拥有400000多名会员
12	房车俱乐部（The Caravan Club）	为100万房车提供服务
13	英国外交及联邦事务部（Foreign & Commonwealth Office）	支持英国海外推广、促进英国商业发展的官方机构
14	英国古建筑协会（Historic Houses Association）	代表1500座私人拥有的历史建筑、城堡和花园，协助私人业主对其进行维修
15	HM 海关（HM Customs & Excise，HMCE）*	官方机构
16	英国酒店国际管理协会（Hotel and Catering International Management Association，HCIMA）	代表酒店业、休闲业和旅游业的经理人
17	运动、公园和休闲学会（Institute for Sport，Parks and Leisure）	代表运动、公园和休闲业专业人士，为其提供支持、宣传和专业培训

续表

序号	名称	宗旨
18	导游学会（Institute of Tourist Guiding）	蓝牌导游**（Blue Badge tourist guide）和导游业的标准制定机构
19	英国旅游组织（Institute of Travel and Tourism）	代表旅游从业人员的专业会员机构，致力于为成员和全行业利益制定专业标准
20	英国地方政府协会（Local Government Association）	在国家层面代表地方政府的利益
21	英国博彩业论坛（National Casino Industry Forum）	代表英国90%的博彩业者
22	英国旅游业应急小组（Tourism Industry Emergency Response Group，TIER）	由主要的旅游产业组织和政府组成，主要负责制定旅游业危机应对方案，并对特定危机事件作出响应。小组由英国旅游局和十多名行业代表协助。成员具体包括英国旅行代理商协会、英国入境旅游协会、英国酒店协会、英国旅游局、英国航空公司和英国旅游景点协会。其他成员取决于危机的位置和性质
23	英国旅游联盟（Tourism Alliance）	通过游说为旅游业、旅游协会和贸易组织创造和维护良好的经营环境
24	英国旅游管理学会（Tourism Management Institute）	旅游目的地旅游从业人员的专业机构
25	英国旅游协会（Tourism Society）	为旅游行业各领域从业人员提供的论坛
26	英国入境旅游协会（UKInbound）	代表英国入境旅游企业的行业协会

* 2005年4月，原HMCE已经与原英国税务局（Inland Revenue）合并成一个新的部门——英国税务及海关总署（HM Revenue and Customs，HMRC）。

** 蓝牌导游（也叫蓝标导游、蓝章导游）是英国导游资格认证的最高级别，他们熟知英国的历史、文化和传统，可以提供多种旅游服务（包括针对残障人士的旅游服务）。

与泰国相比，英国实行的是一种完全相反的旅游管理模式，或者说英国的模式更加符合治理理论的精髓。在英国，官方对旅游业最具体的干预仅仅体现在出入境管理、基本的法律规范（英国制定了《旅行批发商条例》和《旅行代理人条例》，并根据欧盟的相关法令颁布了《英国包价旅行、包价度假、包价旅游的规定》），以及为英国旅游形象的海外推广提供资金支持方面。在英国文化、媒体和体育部的资助下，由英国旅游局具体负责海外旅游推广工作，所谓的“英国旅游局”也是一个半官方组织。除此之外，活跃在英国旅游管理体制舞台上的是主要是上述近 30 个行业协会（不完全统计），全英国共有上万家饭店、旅行社和旅游巴士公司，绝大多数是私人企业，它们分别在本系统内成立了全国性的行业组织。这些组织分别在各自范围内负责对英国各类旅游企业和旅游从业人员进行行业管理，政府部门不得直接干预。在同一行业内部还有不同的协会，协会之间存在一定的竞争关系，例如饭店业有英国酒店协会、酒店及餐饮业国际管理协会等，旅行社业有英国旅行代理商协会、英国入境旅游协会等，导游人员有导游协会、旅行和旅游协会等。因此，这些行业协会必须要真正代表会员利益并为会员谋福利才有可能生存。

（4）法国：公私合营的经典模式

长期以来，法国因其悠久的历史、灿烂的文化和浪漫的民族风情吸引着来自世界各地的旅游者，并稳居世界排名第一的国际旅游目的地。2016 年，法国接待国际入境旅游人数 8260 万人次，继续排名世界第 1；实现国际旅游收入 425 亿美元，排名全球第 5①，旅游收入占全国当年 GDP 的近 10%。旅游业的稳定发展与其运作高效的旅游管理体制不无关系。

法国政府一贯重视旅游业的发展，根据 1910 年的《财政法》成立了法国国家旅游局。1993 年，旅游局与公共工程、住房和交通部合并，成立了“国家公共工程、住房、交通和旅游部”，其中的旅游部主要负责制定针对旅游企业的法规和条例。经过改组后，目前法国旅游业的主管部门是“法国生产振兴部竞争力、工业和服务业总署”，这种混合职能模式有利于对旅游业实行综合协调管理。

法国旅游业的另外一个成功经验是由政府出资建立旅游办公室负责国际旅游营销。2009 年 5 月 19 日，原“法兰西之家”（Maison de la France）和法国旅游业发展监督局（ODIT France）合并组建了法国旅游发展署（ATOUT FRANCE），代表法国政府全面负责法国旅游在海外的宣传和推广。法国旅游

---

① World Tourism Organization. UNWTO Tourism Highlights 2017 Edition[EB/OL]. (2017-08-27) [2018-03-07]. http://mkt. unwto. org/publication/unwto-tourism-highlights-2017-edition.

发展署集结法国政府、地方行政部门、旅游专业人士以及法国经济部相关单位以合作伙伴的方式运作，会员单位将近1300个。其主要任务包括旅游宣传和营销活动（年度推广宣传、媒体和B2B活动、网络营销、展会、市场研究、出版物制作等），旅游基础设施建设（景区、旅游设施和基础设施的开发）和行业服务质量提升（酒店等级评定、旅行社许可、培训和教育）。

法兰西共和国有22个行政大区，大区下辖100个行省，各大区和行省下设大区旅游委员会和省旅游委员会。这些旅游委员会是各大区和行省的常设机构，负责本地区的旅游事务，但是在工作重点上有所侧重，其中，大区旅游委员会主要负责国际旅游推广，省级旅游委员会主要负责国内旅游推广。

法国的旅游办公室（Office de Tourisme）成立于1986年11月，是由原旅游局宣传司牵头成立的半官方旅游组织。旅游办公室吸纳了法国95个省的旅游委员会和2823个咨询中心，统一负责游客咨询接待。该机构在全球27个国家设立了31个办事处，全面负责法国国际旅游市场的推广。游客可以在旅游办公室索取地图或旅游地宣传资料，获得当地风景名胜和食宿交通等旅游信息，全法国3600个旅游办公室每年接待的游客超过5000万人次。作为法国旅游管理体制中“公私合营旅游促销的经典模式”①，旅游办公室是法国市镇级行政区负责旅游促进的机构，但并不是行政机关，可以从事经营活动。在法国，地区政府负责指导旅游办公室的工作，但大多不直接参与管理。旅游办公室可以依法接受市政委员会的委托，部分或全部代理制定和实施当地的旅游政策以及地区性旅游发展规划，还可以调查市场需求、开发旅游产品和组织节庆活动。此外，旅游办公室的另一个主要职责是为旅游者和当地居民提供旅游信息服务。

为了保障旅游办公室的服务质量，法国国家旅游联盟制定了严格的质量监督与评估标准。评估内容包括辖区内旅游景点的指示标志是否清晰、统一；旅游咨询是否全面、准确；服务用语是否到位；电话咨询、邮递服务和外语接待是否令人满意等等。旅游办公室按所在市镇大小、开放时间长短和接待人数多少分为1～4星级，星级越高，下属员工人数越多。国家负责每五年审

① 徐菊凤. 旅游公共服务：理论与实践［M］. 北京：中国旅游出版社，2013：43.

核评定一次级别。旅游办公室56%的活动经费来自各级政府的补贴，其余来自当地旅游企业的赞助、旅游纪念品的销售收入等，但其在行政上完全独立。为了维护旅游办公室在旅游咨询上的权威性，商业性活动不是其主要工作。

法国的旅游管理体制体现了市场经济发达的国家对市场和政府两种力量的充分调动，其有效的管理体制在旅游业发展过程中发挥了积极的作用（见图6.7）。主要经验包括：

第一，综合部制的旅游主管部门设置。旅游与公共工程、交通等旅游相关部门的合并成立公共工程、住房、交通和旅游部，符合旅游业综合性的产业属性，有利于在旅游业发展中进行综合协调。

第二，强化旅游推广功能。将营销推广从政府职能中分离出来，把旅游办公室作为海外旅游推广的专门机构，在向它提供资助的同时保证其行政独立性，此外还制定了相关标准对其进行监督，充分保障服务质量。

第三，环环相扣的机构设置。在部门设置上，法国从国家层面到大区层面和行省层面，再到市镇级别都有相应的旅游推广机构。在国家层面是法国旅游发展署，其核心职能是制定国家旅游发展规划和国家旅游形象推广；大区旅游委员会负责国际旅游市场推广；行省旅游委员会针对国内旅游市场进行营销推广；市镇旅游办公室遍布法国的车站、机场、景区和中心市区，免费为旅游者提供旅游信息，并直接推广本地旅游产品。

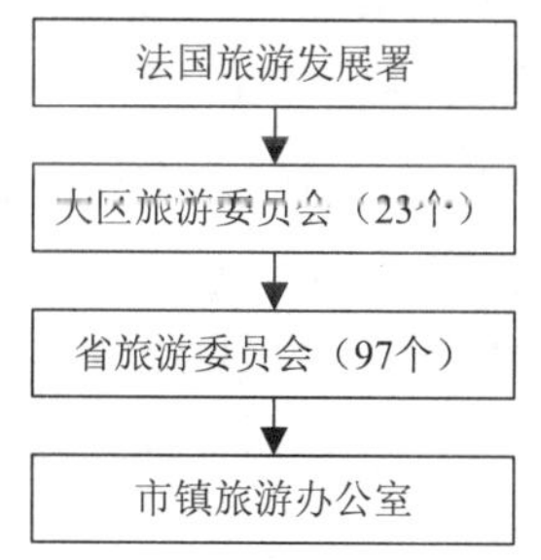

图6.7 法国的旅游管理体制

资料来源：韩玉灵，申海恩. 最新境外旅游法律汇编［M］. 北京：中国法制出版社，2012：81.

6.5.2 国内案例

（1）香港：以协会自律为主的“三驾马车”模式

香港是世界著名的购物天堂，2018年6月，香港共接待来自世界各地的旅游者 4741779 人次，比 2017 年同期增长了 12.8%①。1997 年香港回归，尤其是 2003 年开放大陆游客香港自由行之后，赴香港旅游的大陆游客数量激增，在为香港旅游业带来客观收益的同时，也推动了香港旅游管理体制的变革。目前，香港的旅游管理体制可以概括为以协会自律监管为主，包含了“香港旅游事务署（官方机构）＋香港旅游发展局（半官方机构）＋香港旅游业议会（协会）”的“三驾马车”模式（见图 6.8）。在该模式中，以协会自律监管为主，香港旅游事务署、香港旅游发展局和香港旅游业议会三大机构分别负责政府间协调、旅游目的地的市场推广和行业自律等领域②，共同履行旅游市场监管职能。

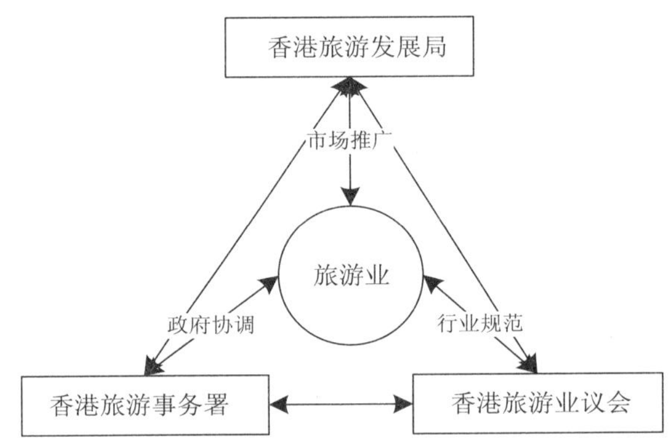

图 6.8 香港旅游业监管模式

香港旅游事务署（HongKong Tourism Commission）成立于 1999 年 5 月③，是香港旅游行业管理的官方机构，隶属于香港特别行政区政府商务及经济发展局，其发展愿景是促进香港成为亚洲首屈一指的国际城市和世界级休闲商务旅游目的地。香港旅游事务署由旅游事务专员掌管，主要负责制定政府的旅游业发展政策和策略，并统筹与业界的联系，加强协调，推动旅游

---

① 香港旅游发展局. 2018 年 6 月访港旅客统计[EB/OL].(2018-07-31)[2018-08-30]. https://partnernet.hktb.com/tc/research_statistics/latest_statistics/index.html?gvHelpers=FROM_DATE&gvHelpera=false&gvHelperp=1.

② 徐菊凤. 旅游公共服务：理论与实践［M］. 北京：中国旅游出版社，2013：63.

③ 如无特别说明，本书关于香港旅游管理经验的内容均参考自香港旅游事务署（http://www.tourism.gov.hk）、香港旅游发展局（http://www.discoverhongkong.com）和香港旅游业议会（http://www.tichk.org）官方网站。

业的发展。旅游事务署设立有由旅游专员任主席、相关协会代表、专家学者参与的旅游业策略小组，定期举行会议，从策略部署的角度，研究并向政府提出促进旅游业发展的对策与建议。旅游事务署正副专员下设四名专员助理（Assistant Commissioner for Tourism）和一名旅行代理商注册主任。四个专员助理分别负责到港与出港旅游，规划及项目，盛事、宣传活动、地区发展规划，国际主题公园；后者负责审核和发放营业牌照。香港旅游事务署与香港旅游发展局等其他组织紧密合作，其具体职责包括制定和协调旅游业政策、战略和规划的执行，同时协调与相关政府部门出台旅游方面的工作。此外，作为依据《香港旅游事务署条例》（Hong Kong Tourism Board Ordinance）成立的法定机构，香港旅游事务署还负责香港旅游业的营销和推广，采取措施提高赴港游客的旅游体验，并定期向政府和其他旅游相关机构提出建议。

香港旅游发展局（Hong Kong Tourism Board，HKTB）简称"旅发局"，成立于2001年4月1日，隶属于经济发展及劳工局。旅发局的前身是1957年根据法例设立的香港旅游协会（简称"旅协"），旅发局成立后，成为政府资助机构，不再沿用旅协的会员制度，与业界或其他组织也取消了从属关系，以便全面协助推动香港整体旅游业的发展。根据2001年生效的《香港旅游发展局条例》，旅发局的六项宗旨如下：致力于扩大旅游业对香港的贡献；在全世界推广香港为亚洲国际都会和世界级的旅游目的地；促进旅游设施的改善；在政府推广旅游业的过程中给予支持；在适当的情况下支持为到访香港游客提供服务，就以上事宜向香港特别行政区行政长官提供建议或意见。可见，旅发局的核心任务是旅游地的形象推广。旅发局进行广泛的游客调查，收集有关访港游客特征、消费偏好等各方面的资料，并参考上述研究数据和旅游业的发展趋势、国际机构所作的分析及预测，为不同客源市场制订合适的推广策略。旅发局于全年不同时段进行不同形式的宣传，同时通过举办各项大型活动或盛事，向全球各地的旅游业界、媒体及消费者推广香港的品牌，并为香港旅游业界创造业务平台。

为保障游客在港期间的旅游体验，旅发局一项比较成功的工作是"优质旅游服务"计划，该计划的目的是解决旅游消费中的信息不对称，帮助旅游者轻易识别出值得信赖的零售商户、餐馆及经济实惠的旅客住宿服务。获得认证的商户可以获发和张贴"优质旅游服务"的标志（见图6.9），并由旅发局向旅游者推荐。连续十年或以上获得"优质旅游服务"计划认证的资深商户，还可被颁发特别设计的“优质旅游服务”标贴，供其张贴于店铺内。认证商户必须通过每年严谨的评审，以确保产品和服务达到“明码实价、资料清晰、优质服务”的标准。香港旅游发展局还委托香港生产力促进局作为“优质旅游服务”计划的顾问，负责为零售及餐饮商户进行专业评审及年中监察访查；游客住宿服务的评审，则由香港品质保证局负责。该计划实施十年来，为保持香港作为世界优秀旅游城市的形象做出了突出贡献。截至2013年初，获“优质旅游服务”认证的零售商户达802家、餐馆514家、酒店11家。从2011年开始香港旅游发展局新设“杰出优质商户奖”，以表扬杰出的“优质旅游服务”计划的认证商户。2013年又增设“杰出优质商户员工服务奖”，以推广优质旅游服务，奖励表现优秀的“优质旅游服务”计划认证商户的一线工作人员。

图6.9　香港旅游发展局推出的“优质旅游服务”标志

香港旅游业议会（Travel Industry Council of Hong Kong，TIC）成立于1978年，主要负责对香港旅游业进行自律管理，是推动香港旅游业发展的法定社会机构。议会相当于香港旅行社的行业协会，据港府的法规依法成立，以保障旅行社的利益为宗旨。根据《旅行代理商条例（修订）》的规定，议会负责监管外游和入境旅行社，其目标是“维持旅游业的高专业水平，保障旅游业者与出入境旅客双方的利益”。议会主要针对会员和公众提供相关服务。议会在推行政策之前先咨询有关委员会，然后由理事会作出决定，再交由议会办事处执行。议会共有三类会员：属会、基本会员及普通会员。议会下辖的属会有八个，相当于分会，基本会员和普通会员合计约有1400家。议会下辖的八个属会各有特色，专门负责不同市场和照顾各类旅行社的需要。要加入议会必须先加入以下其中一个属会：香港旅行社协会（HATA）、香港华商旅游协会（FHCTA）、国际华商观光协会（ICTA）、国际航空协会审订旅行社商会（SIPA）、港台旅行社同业商会（TTOA）、香港中国旅游协会（HACTO）、香港外游旅行团代理商协会（OTOA）和香港日本人旅客手配业社协会（HJTOA）。议会所制定的储备基金、赔偿基金等行业规范充分保障了旅行社和游客的合法权益，并“因其卓有成效的管理被誉为全球最成功的旅游业主管机构之一”①。议会根据基金结余数额于 1992 年、1997 年和 2009 年多次下调印花费，使印花费从 1%降至 0.15%，这种做法满足了业界诉求，因此其行业自律原则也得到政府、业界和公众的普遍支持，入境旅行社和外游旅行社都被纳入了议会的监管范围。

香港的旅游管理体制非常突出了行业协会的行业自律功能，并发挥了官方组织和半官方组织的不同优势。主要经验如下：

第一，协会主导旅游业发展。香港是著名的国际自由贸易港，市场经济高度发达，行业协会在旅游管理体制中一直发挥着重要作用。旅游发展局作为政府资助机构也不接受旅游事务署的直接领导，而是直接对理事会和港府负责。

第二，政府协调旅游事务。随着访港游客的增加，港府认识到需要在政府层面对旅游基础设施和旅游公共服务的完善进行协调，因此才有了旅游事务署。旅游事务署虽然是香港“最高级别的旅游管理机构”，但是它在政府序列中的级别并不高，人员数量也不多，这并没有妨碍其在旅游政策制定、旅游项目规划等方面的统筹和协调，甚至还可以负责领导和协调其他部门推行旅游相关的政策和措施，其综合协调性“相当（于）甚至大于中国某些城市的旅游事业管理委员会”②。可见，即使在市场经济和旅游业成熟的地方，仍然需要行政力量发挥统筹和协调作用。

（2）广东：协会自治模式

广东是中国改革开放的排头兵，在旅游管理体制改革方面也走在全国的前列，尤其是广东省在实现广东省旅游局的职能转移、促进旅游行业协会自治方面进行了先行先试。

---

① 田世政. 论中国旅游行业管理制度的改革［J］. 西南大学学报（社会科学版），2003，29（4）：88-92.

② 徐菊凤. 旅游公共服务：理论与实践［M］. 北京：中国旅游出版社，2013：72.

广东省旅游局在全国率先开始了深化行政审批制度的改革。2013年底至2014年初，广东省旅游局与广东省旅游协会签订协议，先后将旅游饭店星级评定、旅游景区质量等级评定和旅游规划设计单位资质等级认定等职能转移至广东省旅游协会，广东省旅游协会承接上述职能的时限暂定为两年。广东省的政府职能转移为全国旅游管理体制改革提供了宝贵的经验。

广东省旅游协会成立于1994年，会员来自全省各旅游行业协会、大型旅游企业集团、旅游景区（点）、旅游院校、旅游科研与新闻出版单位以及与旅游业紧密相关的行业社团，具有广泛代表性。协会每年主办广东国际温泉旅游节、广东自驾旅游节、广东大学生旅游文化节等节庆活动，并承担了中央党政机关工作人员广东（不含深圳市）出差住宿及会议定点饭店相关管理工作和日常服务、温泉星级评定等政府部门委托的工作。

2012年后，广东省旅游协会对组织架构和工作人员进行了调整，通过换届解决了公务员在协会兼职的问题。目前，广东省旅游协会理事会的职位大部分由旅游相关企业家担任，仅有少数职位经广东省委省政府正式批准仍由公务员兼任。此外，广东省旅游协会直属的广东酒店行业协会、广东旅行社行业协会、广东温泉行业协会、广东省自驾旅游协会四个专业协会，不再与政府机关或事业单位合署办公，并在组织机构、人员配备、财务管理等方面实现了“政事分离”、“政会分离”。由此，这些旅游协会全部实现了“自愿发起、自选会长、自筹经费、自聘人员、自主会务”和“无政府主管部门、无行政级别、无行政事业编制、无国家机关工作人员任职”的“五自、四无”原则运作。与改革前的行业协会相比，其民间化和自治化程度有所提升。

（3）焦作：“政府主导＋全民参与＋强力营销”的焦作模式

在中国，地方政府的支持对于增强地方旅游主管部门的影响力并获取财政资源来说是非常重要的①，正是这样的现状促使了在政府主导的背景下焦作模式的产生。焦作模式总结自河南省焦作市依靠政府主导发展旅游业的成功范式，严格地说是旅游业发展的模式，而不是单纯的旅游管理模式，但是焦作在发展旅游业的过程中充分利用了中国的行政权威和政府主导这些优势，值得其他地区在改革旅游管理体制的过程中予以借鉴，并正确理解和利用

---

① WANG Dan, AP J.. Factors affecting tourism policy implementation: A conceptual framework and a case study in China[J]. Tourism Management, 2013, 36(4): 221-233.

“政府主导”这一传统。

焦作市位于河南省西北部，北依太行山，南邻黄河水，是一座因煤而兴的资源型城市。1957 年，焦作市煤炭工业产值占全部工业总产值的 44.7%。而到了 1999 年，这一比例下降到 5%，焦作的煤炭资源濒临枯竭，城市的产业转型被提到了议事日程。焦作市委、市政府经过调研后发现，焦作自然风光独特，已有一批具备旅游发展基础的山水峡谷精品，例如省级风景区云台山、青天河、神农山等，同时焦作还是太极拳的发祥地和许多历史文化名人的故里。焦作市委、市政府借助国家发展假日经济的良机，于 1999 年底做出了以旅游业为龙头，加快发展第三产业，优化经济结构，加速城市化进程，带动经济社会全面发展的战略决策①，开始强力实施“旅游带动”战略。市委、市政府明确提出了“做大、做强、做精”焦作旅游业的战略目标，并把旅游业作为第三产业的龙头产业来抓。通过“旅游带动”战略的实施，焦作市不断加大对旅游业的投入，加快旅游景区（点）创 A 和中心城区“创优”的步伐，完善旅游基础设施和配套设施建设，不断提升旅游服务质量，并精心策划了一系列旅游宣传促销活动，培育出“太极圣地、山水焦作”等旅游品牌，有力促进了旅游业的快速发展，焦作模式也因此引起了社会各界的广泛关注。

第一，地方政府高度重视旅游。焦作开始准备大力发展旅游业时已经是资源枯竭型城市，基础设施薄弱，旅游资源开发滞后，在这一背景下发展旅游业，市委、市政府及其主要领导的高度重视和大力支持起到了至关重要的作用。焦作市委、政府主要负责人亲自带队，到主要客源地征求意见及建议，及时调整旅游发展战略。市委副书记、副市长等领导亲自抓旅游，经常到旅游企业调研，协调相关部门解决旅游业发展中遇到的困难和问题。例如焦作市的核心景区——云台山风景区，从开发以来一直是市、县主要领导亲自抓的“一把手工程”，大到旅游规划，小到环境卫生，市、县领导都是亲自抓，率先垂范。主要体现在：（1）加强工作指导。焦作市委、市政府每年都多次召开常委会和常务会议，专题研究旅游工作。为确保旅游工作快速发展，市委、市政府每年初都要组织召开高规格的旅游工作会议，对全年旅游工作进

---

① 宁月. 焦作市旅游业经济绩效分析［D］. 上海：上海师范大学，2018.

行安排部署。每个黄金周过后，市委、市政府都要及时召开会议总结经验，查找问题和不足，明确下一阶段的发展目标。此外，市委、市政府把旅游业列为“一号工程”，每年都有关于旅游业发展的文件出台，例如《关于进行第三次创业加快发展旅游业的意见》《关于做好假日旅游工作的意见》《关于旅游服务创品牌工作的意见》《关于进一步加快旅游产业化发展的意见》等一系列指导性文件，明确了旅游业的发展思路和工作重点，为旅游业发展创造了广阔的空间和良好的环境。（2）完善工作机制。焦作市形成了“主要领导亲自抓，分管领导具体抓，其他领导配合抓，一级抓一级，层层抓落实”的工作机制。对每一项旅游工作，市委、市政府都明确了相关的责任单位，同时加强督查，狠抓落实。（3）加强组织协调。为加强全市旅游工作的协调，焦作市成立了多个由一把手或主要领导负责的旅游综合协调机构。为协调部门利益，焦作市成立了市委副书记牵头，市人大、政协、政府及相关职能部门参加的旅游领导小组，负责全市旅游工作的组织协调；创优工作开始后，市委、市政府又及时成立了焦作市“创建中国优秀旅游城市工作委员会”，由市委书记任政委，市长任主任，人大、政协的主要领导和市委、市政府的班子其他成员全部担任副主任，11 个县市区和 57 个市直有关部门的主要领导为组成人员；2004 年，市委、市政府调整充实了市旅游工作领导机构，成立了焦作市加快发展旅游工作领导小组，由市委副书记任组长，四大班子相关领导任副组长。此外，还采取交叉任职的办法，即水利局、林业局和国土局局长，以及岸上乡党委书记同时兼任云台山管理局副局长，解决了困扰中国很多风景区的多头管理和条块分割问题。（4）加大旅游投入。近年来，焦作市用于旅游基础设施建设的配套资金高达 36 亿元，每年市财政都要拿出几百万元专项经费用于旅游宣传促销工作。

第二，规范市场秩序。为了保证旅游服务质量，建立和维护健康有序的旅游市场，焦作市制定了一系列地方法规和行业标准规范市场秩序。在制度上，焦作市先后出台了《焦作市旅行社管理暂行办法》《焦作市导游人员管理若干规定》等 6 个规范性文件，此外还颁布了 5 项行业标准、5 项自律公约，制定的各种承诺、公约、制度多达 152 项，并针对景区、旅行社、饭店、旅游车队、定点餐馆等行业分别制定了不同的管理办法，为行业管理的规范化、法制化创造了必要的制度条件。在旅游执法上，组建了旅游执法大队，强化旅游部门与公安、工商、税务等相关部门的联合执法，严格执法。在行业规范上，在全市大力推行旅游标准化。积极鼓励和支持各景区按照《旅游区（点）质量等级的划分与评定》（GB/T 17775-2003）的规范参加国家4A级景区创建，在旅游行业大力推行《旅游饭店星级的划分与评定》（GB/T 14308-2010）等有关国家标准和行业标准，并根据本市情况制定相应的地方标准。

第三，持续开展旅游营销（见表6.16）。从实施“旅游带动”战略到确立“焦作山水”的形象定位，焦作市一直非常重视宣传促销，并针对客源市场坚持全面、集中的营销策略。近年来，焦作市通过举办各种节会活动、参加国内外旅游交易会、在境内外重要媒体做广告等多种形式积极推广“焦作山水”的旅游形象。纵观焦作市旅游促销活动，突出体现在“四个大”。一是坚持大投入。仅2005年，除了焦作市财政每年拨出500万旅游促销经费外，云台山还拿出1000万元做市场营销，焦作市、修武县和云台山管理局三级宣传经费就达到3000万元。近年来，云台山的宣传促销经费占到当年门票收入的15%～20%。二是依托大媒体。2001年以来，焦作市连续在中央电视台、旅游卫视、《香港大公报》等重要媒体发布焦作旅游形象宣传广告。三是举办大活动。举办焦作山水国际摄影大赛、焦作红叶节、“世界旅游小姐游云台”、“走进云台山”等节庆和旅游主题活动。四是创意大手笔。组织参加旅游交易会，邀请知名作家、书画家等艺术家到焦作采风，邀请重点科研院所将云台山作为产学研实习基地，邀请国内外旅行商、媒体来焦踩线、采风，通过这些特殊的平台宣传云台山。持续的营销措施取得了不俗的回报。仅2002年，联合国教科文组织正式命名以云台山为首的五大景区为世界首批地质公园后，焦作市的旅游综合收入已经超过30亿元，并形成了较稳固的国内外客源市场。

表6.16　焦作市开展的旅游营销活动

序号	类别	主要宣传渠道
1	主流媒体	新华社、《人民日报》、《光明日报》、《中国旅游报》、香港《大公报》、新加坡《联合早报》、泰国《亚洲日报》以及中央电视台、中国旅游卫视、香港阳光卫视、澳门莲花卫视、台湾东森电视台和中国国际广播电台
2	大篷车	利用“旅游宣传促销大篷车”先后奔赴北京、天津、上海、南京、杭州、武汉、广州、厦门、海口等全国80多个城市巡回促销

续表

序号	类别	主要宣传渠道
3	节庆活动	“云台山杯”全国武术散打擂台争霸赛、焦作山水国际摄影大赛、焦作红叶摄影大赛、中国焦作国际太极拳年会（交流大赛）、焦作山水高端旅游推介会、焦作山水国际旅游节和焦作红叶节等
4	网络宣传	网上发布旅游节庆和优惠信息等
5	编制宣传资料	《焦作山水》画册、《焦作山水》VCD光碟、《焦作山水》折页、历届《焦作山水国际旅游节会刊》、《焦作旅游文化娱乐精品指南》、《焦作旅游购物精品指南》折页、《焦作市旅游景区导游词汇编》、《焦作旅游地图》、《焦作旅游精品指南》

第四，鼓励全民参与旅游。在旅游基础设施和配套设施建设上，焦作市不仅提供了大量的财政资金，而且集中全社会力量大办旅游，坚持政府主导，以财政投资为主，社会投资共同参与景区的开发建设，解决了建设初期基础设施建设资金不足。为了使全市人民享受旅游发展的成果，吸引公众对旅游业的支持，焦作还实施了“百村万户”旅游富民工程，将博爱县青天河村、修武县岸上乡岸上村、沁阳市九渡村、武陟县万花庄、中站区栗井村、孟州市河阳办事处前龙宿村、博爱县苏家作乡寨卜昌村、武陟县嘉应观乡杨庄村、修武县岸上乡古洞窑村、温县陈家沟村10个村确定为全省“百村万户”旅游富民工程重点扶持对象，提高全民参与旅游发展的积极性。

（4）上海和北京等：旅游发展委员会模式

在中国地方旅游主管部门中，上海较先开始了管理体制改革的尝试。1997年成立的上海旅游发展委员会由上海市副市长兼任旅管会主任，市政府下辖的旅游局、商业局、交通办、园林局和新亚集团等单位为旅委会成员。上海市政府希望借助委员会调动相关部门发展旅游业的积极性，加强旅游主管部门的综合协调能力。但是在实际工作中，由于旅游业的综合性太强，上海旅管会难以将所有与旅游业相关的单位一一吸收进来，而且各部门都有自己固有的职责和职权，在具体的旅游业协调中还是难以避免部门利益的分割。此外，希望借助一位副市长实现旅游管理中的综合协调职能也不太现实，例如最后一任旅管会主任即时任上海市常务副市长主要分管体育、旅游、知识产权、文史、参事和妇儿委等工作，旅游管理也只是其分管的多项工作之一，在时间和精力有限的情况下不可能面面俱到。基于以上种种原因，上海市于2010年撤销了旅管会，重新恢复了上海市旅游局的设置。

上海在旅游委员会模式探索上的失败并没有打击地方旅游管理体制改革的积极性。2011年4月，“北京市旅游局”正式更名为“北京市旅游发展委员会”，在单位性质、机构职能和工作机制等方面实现了重大转变[①]。

在单位性质上，由原来的北京市政府直属机构调整为北京市政府组成部门。与上海市常务副市长兼任旅管会主任不同，原北京市政府副秘书长被任命为市旅游发展委员会主任，并设了六个副主任、三个委员和八个兼职委员（例如北京市发改委副主任、财政局副局长等）。因此，在单位升级的同时也保证了工作的有效性，更有助于发挥旅游主管部门的综合协调职能，推动首都旅游业的跨越式发展。

在机构职能上，由单一的行业管理向旅游发展“统筹协调、产业促进和行业管理”等综合职能转变。北京市旅游发展委员会的职责是负责统筹协调全市旅游业的发展，具体包括：旅游法律、法规和政策的贯彻落实、起草和组织实施；旅游产业发展规划的组织拟定和实施；统筹北京地区旅游资源的规划、开发和保护；旅游市场开发战略的组织实施和合作；会同有关部门开展旅游产业投资促进和重大旅游项目的协调、服务工作；旅游统计、分析和信息发布；旅游公共服务体系建设和管理；规范旅游市场秩序；本市旅游安全监管；制定并组织实施本市旅游人才规划和管理。与机构职能相对应，北京市旅游委下设政策法规处、产业发展促进处、首都旅游协调与区域合作处、城市形象与市场推介处、高端旅游发展处、旅游消费促进处、大型活动处、旅游环境与公共服务处、行政许可处、行业监督管理处和安全与应急处（假日办）等处室。唯一具有政府主导色彩的处室仅存行政许可处，该处的前身是旅行社管理处，负责北京市设立旅行社、颁发导游证等行政许可事项，以及旅游团队出境名单表的审核、外国人来华旅游邀请函电相关手续的办理等工作，充分体现了北京市旅游委“统筹协调、产业促进和行业管理”的综合职能。

在工作机制上，从单一部门推动向部门综合联动转变。北京市旅游发展

① 如无特别说明，本书关于“北京市旅游委员会”的描述均参考自其官方网站（http://www.bjta.gov.cn/）。

委员会为市政府组成部门，在部门协调方面具有先天的优势，可以充分实现园林、绿化、文化、文物、水务、商务、规划、国土、建设、交通等多部门联动。此外，旅游发展也得到市政府的重视，北京市政府每年划拨的旅游专项资金达10多亿元以上，机构和资金支持充分保障了北京市旅游发展的转型升级，旅游业正从国民经济的配角向战略产业的主角转变。

旅游委员会模式在北京的成功和在上海的失败在一定程度上说明制度设计的重要性。在中国现行条块分割的行政体系下，各部门的职权不清晰，对于旅游业这样的综合性产业来说，更高级别的行政权限、更高级别长官的关注可能对旅游业的影响更大，焦作模式就是很好的例证。

6.5.3 评析

(1) 国外旅游管理模式评析

不同国家的政治体制、经济结构和历史沿革直接影响旅游管理模式的形成。随着旅游业的成熟、市场经济的规范，以及法治观念和体系的深入人心，各国旅游管理模式呈现出一些类似的特征。

第一，完善旅游部际协调机构。鉴于旅游业的综合性和关联性，上述各国几乎都在中央层面建立了部门间协调机制，或设立相关机构从事部际协调。例如日本的部际旅游联络会议主要由21个相关部级机构的代表组成，负责审议旅游业发展的方针、政策和法规；韩国在国务总理下设旅游政策审议委员会，主要负责协调和审议旅游开发、宣传推广等；美国在商务部旅游产业办公室下设内阁级的旅游协调部，由国务卿、内政部、劳工部、交通部、移民局、海关、国家旅游组织、美国商会、国际行业管理、管理与预算办公室的代表组成，负责协调联邦旅游政策；泰国也曾在总理府下设旅游发展委员会，由相关部门代表参加。

第二，旅游主管部门设置趋向于大部制。上述国家在旅游主管部门的部门设置和政府职能上也显现出大部制的趋势，在这方面泰国表现得最为突出。泰国旅游局原本全权负责泰国旅游业的行业管理，但是经过政府部门改革后，泰国旅游局仅负责泰国旅游形象的营销推广，原有的其他职能转移至新组建的泰国旅游和体育部。将旅游管理职能与其他相关职能合并成立一个综合性的政府部门，这在全球也比较普遍。有学者统计了世界旅游组织157个国家会员单位中的123个国家，发现只有37个国家单设国家旅游主管部门，其他都是与经济、文化、环境或交通运输等职能部门相结合。

第三，对旅游业的管理以间接管理为主。这些国家的旅游主管部门对旅游业的管理大多以间接管理为主，充分调动市场机制在配置资源中的作用，而很少有直接干预企业经营。即使是在高度集权的泰国和拥有长期君主立宪制传统的日本，对旅游业的管理也主要体现在对旅行社和导游在市场准入方面的管制，以及制定旅游发展规划等方面，企业经营只要遵守相关的法律规定即可。

第四，部分旅游管理职能转移至协会。在许多国家，旅游市场准入、服务标准和旅游投诉等方面的管理职能主要授权给相应的行业协会执行。例如日本旅行社经理人的资格考试、游客投诉受理和旅行社业务保证金的管理都由日本旅行业协会（JATA）负责，导游资格考试则由国际观光振兴机构负责；而英国的行业协会更是种类繁多，就连地方政府都有自己的行业协会。

第五，关注国家旅游形象推广。上述国家有不同的政治经济环境，旅游业的发展路径也不尽相同，但是都不约而同地强调了旅游营销推广在旅游行业管理中的重要作用。泰国进行管理体制改革后，泰国旅游局仍作为政府管理部门，但是专职负责本国旅游形象推广；英国旅游局在政府资助下推广英国旅游形象；法国的旅游办公室在宣传法国旅游形象上也取得了较好的成效；日本国际观光振兴机构也专职从事日本旅游形象推广。这说明对于一个国家的旅游业发展来说，旅游地营销仍然是一个较大的课题，甚至需要专职机构负责推进。

在旅游管理方面，国外有很多先进的经验，但是这并不意味着某国的旅游管理体制就是完美的或者可以直接移植到中国。越来越多的西方学者开始担心，在植根于消费文化的一人一票的代议民主制度下，政府、市场和社会所反馈的信息很可能导致即时的自我满足，而缺乏长期的统治能力①。即使是完美的制度，由于政治经济环境的差异，在不同国家之间的借鉴也要考虑到本国的适用性。

（2）国内旅游管理模式评析

长期以来，中国实行的是政府主导型旅游管理体制，这种模式在旅游业

---

① 尼古拉斯·伯格鲁恩，加森·加德尔斯．智慧治理：21世纪东西方之间的中庸之道［M］．朱新伟，译．上海：格致出版社，2013：18.

发展初期可以快速整合资源，在政策法规制定、旅游基础设施建设等方面具有先天的优势，焦作模式的成功正是彰显了政府主导的独特魅力。然而，在中国市场化程度比较高的地区，例如广东，政府主导的弊端已经暴露出来，并催生了旅游管理体制的变革。香港和广东在旅游管理体制中都强调了行业协会在分担/转移政府职能上的合理性，并还原其作为“政府和企业的桥梁”这一应有之义。香港旅游业议会应是广东省旅游协会的发展目标，即通过服务行业取得业界的信任，并获得政府和民众的支持。

（3）国内外旅游管理体制发展趋势

没有哪个国家恪守一成不变的旅游管理体制，旅游管理模式的变化与社会经济发展水平和旅游业的发展阶段密切相关。随着世界旅游的纵深发展，不同的国家或地区设置了不同模式的旅游管理体制，但是，这些旅游管理体制也呈现出某些相似的发展趋势，形成了“部际协调—法律规范—协会自律—专业机构宣传推广”的运行机制。

第一，部际协调。旅游业是综合性很强的行业，在客观上要求各相关部门加强协作。在制度设计上可分为两种，一种是凭借行政权威协调本行政区内各部门协同发展旅游业，例如焦作模式和旅游委员会模式；还有一种是组建官方机构负责部门协调，例如日本的观光政策审议会。

第二，法律规范。旅游业本是一个高度竞争的行业，在各国的中央行政机构中都存在一定程度的边缘化倾向，即使在泰国，旅游业在其国民经济中占有重要地位，近年来泰国旅游局的职能也有所弱化。与此相对应的是，很多发达国家或地区在旅游立法方面却有强化的趋势，例如，日本先后制定了《观光基本法》、《旅行业法》、《观光立国推进基本法》等几十部法律法规，对旅游行业的方方面面进行规范。

第三，行业自律。随着旅游业的发展，政府不再是唯一的行业管理主体，行业协会在旅游管理体制中应该发挥越来越重要的作用。例如香港旅游业议会承担了处理旅游投诉、组织导游考试和颁发导游证等重要职责，并在很多重大行业事件中担任了独特的角色。但是从全球来看，行业协会运行的模式不尽相同，中国香港和英国属于英美法系，行业协会代表企业利益向政府争取成员利益，具有更大的自治权，多站在政府的对立面；而日本、法国等欧陆法系国家的行业协会则多由政府主导自上而下产生，并以政府助手的角色出现。中国的法律体系接近于欧陆法系，旅游行业协会也应该与后者更为接近，但是自治性更低。

第四，专业机构宣传推广。在以上的案例中，不管是中国还是外国，亚洲还是欧洲，旅游推广都被作为旅游主管部门一项重要职能，或者设置专门机构从事旅游形象推广。例如泰国旅游局和英国旅游局的主要职能是旅游推广；日本国际观光振兴机构、法国的市镇旅游办公室和香港旅游发展局是专门负责本国国际旅游推广的机构；焦作虽然没有专门的机构从事旅游推广，但是作为一个省辖市，它在旅游营销上的投入和成效也是可圈可点的。

综上所述，没有一项制度是绝对完善的，在长江经济带旅游空间治理的过程中，我们需要树立自己的制度自信和文化自信，在这一前提下考量国内外先进制度的地区适应性问题。

7 旅游经济的空间治理

7.1 基本要求

空间治理理论要求在旅游业发展中尊重空间的差异性和发挥利益相关者的作用。其基本要求如下：

7.1.1 明确多元参与主体

社会经济的发展和民主意识的觉醒使公众对政府的期望相应增加，并希望争取更多的话语权。在此背景下的行业管理势必要求政府与市场、社会之间加强互动，强调政府、市场和社会的自我治理、共同管制和合作管理。

因此，旅游决策的主体除了旅游主管部门之外，还应充分吸纳行业协会、旅游企业、旅游地居民和旅游者参与决策过程。旅游主管部门和行业协会共同主导旅游行业管理，其中，旅游主管部门主要负责制定政策法规和编制旅游规划；旅游行业协会与旅游主管部门摆脱行政隶属关系，实现“政会分离”，主要负责行业标准的制定和实施、旅游目的地营销、旅游统计和调查，以及旅游教育和培训等，并负责协调会员企业与政府、公众和其他社会团体之间的关系。旅游企业、旅游地居民和旅游者通过成立行业组织、参与听证会等多种形式参与旅游决策。由此构成了“G-S-M”三位一体的治理主体，即政府（Government）——以旅游主管部门为代表的政府部门，社会（Society）——旅游行业协会，市场（Market）——旅游企业、旅游地居民和旅游者。

7.1.2 构建有限政府

空间治理理论强调多方参与的一个重要前提是政府失灵的存在。政治经济学认为，由于政府的内部效应、公共利益的不确定性、信息的不对称，以及政策制定的滞后性和执行障碍，会造成政府行为的短期化和低效率，即“政府失灵”。政府失灵的存在是构建有限政府的理论基础。此外，在社会主义市场经济背景下，遵循市场机制对资源配置的基础性作用，也需要政府减少对旅游业的过度干预，将政府职能的重点转变到提供旅游公共服务方面，发挥旅游市场的能动性，实现旅游决策过程的多元参与。

在新自由主义的影响下，经济地理学关注自由市场机制和地方尺度，忽视了对国家尺度的研究，但是2008年开始的世界经济危机表明政府并非一无是处，国家尺度的研究在经济地理学中有所回归①。因此，对空间治理的研究也应置于相应的国家治理体系，肯定政府在空间治理中的权威地位。

7.1.3 强化公共事业属性

新中国成立以来，为了使国际社会了解并认可新中国，旅游业被作为外交事业和政治任务来发展。改革开放后，旅游业的创汇能力日益得到重视。在1986年通过的国民经济和社会发展第七个五年计划中，第一次出现了“大力发展旅游业……增加非贸易外汇收入”等旅游业的相关内容；1998年，中央经济工作会议首次提出把旅游业作为国民经济新的增长点；1999年，中国提出到2020年把中国由亚洲旅游大国建设成为世界旅游强国，使旅游业真正成为国民经济支柱产业的目标；2003年，时任总理温家宝提出要把旅游业培育成为“国民经济重要产业”。同时，中国几乎所有的省（区、市）都明确了旅游业的产业地位，并将旅游业列为本地区新的支柱产业或新的经济增长点。20世纪末21世纪初，中国从中央到地方政府对旅游业产业经济地位的强调达到空前高度。

从中国旅游业的发展情况来看，其在国民经济中的战略地位不断凸显。中国旅游业经过二十多年的发展，已经从一个单纯的经济产业发展成为具有多部门属性的综合事业。近年来，中国旅游服务质量明显提高，市场秩序不断好转，可持续发展能力持续增强。中国中央政府高度重视旅游业的发展，2009年出台的《国务院关于加快发展旅游业的意见》提出“力争到2020年我国旅游产业规模、质量、效益基本达到世界旅游强国水平”，为实现上述目标，需要国家将旅游业摆在更加突出的位置，提升其战略地位，把旅游业培育成“国民经济战略性支柱产业和人民群众更加满意的现代服务业”，并通过加大政策支持、优化发展环境、提高财政投入水平和完善公共服务等方面进一步促进旅游业的发展。该文件将旅游业提升到国家战略的高度，充分显示

① 刘卫东. 经济地理学与空间治理［J］. 地理学报，2014，69（8）：1109-1116.

了旅游业在整个国民经济中的重要性。《国民旅游休闲纲要（2013—2020年）》提出“以满足人民群众日益增长的旅游休闲需求为出发点和落脚点……积极创造开展旅游休闲活动的便利条件，不断促进国民旅游休闲的规模扩大和品质提升，促进社会和谐，提高国民生活质量”。《旅游法》第一章第三条即提出“国家发展旅游事业，完善旅游公共服务，依法保护旅游者在旅游活动中的权利”，明确了旅游行业管理的第一要务是提供公共服务和保障旅游者的合法权利，而不仅仅是实现旅游业的对外出口创汇和对内经济拉动作用。《旅游法》坚持“国家发展旅游事业，完善旅游公共服务，依法保护旅游者在旅游活动中的权利”，说明国家已经开始从制度层面认识到旅游业作为公共事业的特殊性，有必要在旅游管理体制构建上作出相应的调整。旅游业发展过程中所涉及的对社会文化的负面影响，以及对生态环境的破坏，都是过分强调旅游业经济属性所带来的问题。在转型期，这样的问题只会进一步激化社会矛盾，因此在旅游管理体制的重新构建中，必须认识到旅游业的公共事业属性。

从国家层面上看，将旅游业作为公共事业还具有更重要的战略意义。目前，中国在转型期面临的一系列问题，包括国有经济规模相对下降、多元化的价值观和利益诉求、不断加剧的社会分化、不同利益集团之间的紧张关系，以及恐怖袭击和来自国际社会的威胁。在这种情况下，旅游业可以作为一个融合了经济、政治、文化和外交等角色的多功能产业。在政治方面，旅游可以进一步宣传民族主义、爱国主义和社会主义的价值观，加强民族团结；在外交领域，可以展示中国改革开放的伟大成果，促进国际交流；在社会和文化领域，可以提高人民群众的生活质量，实现社会和谐。当然，在社会主义的初级阶段，旅游业多功能角色的发挥需要依赖其经济功能作为基础，其他角色的有效完成在很大程度上要以经济功能的实现为前提。

综上，旅游业空间治理的客体也应相应从以经济效益为目标的旅游产业转向以公共事业为特征的旅游事业。旅游事业的内涵更加丰富，不仅包括经济利益导向的旅游业，更包括旅游公共服务的供给，例如旅游交通服务、旅游信息服务和旅游安全保障等。

7.1.4 实现多重效益目标

除去改革开放前旅游业的政治和外交角色，经济效益目标在中国旅游业管理中的地位几乎从未撼动。在改革开放初期，入境旅游肩负着出口创汇的任务。20 世纪 90 年代开始发展国内旅游以扩大内需，发展出境旅游以平衡国际贸易收支。在转型期，社会矛盾的复杂化对旅游管理体制提出了新的要求，包括在旅游业管理的目标上要摆脱唯经济利益为目标的发展导向，更多地考量旅游业的社会效益和环境效益。旅游业的公共事业属性要求其空间治理应该不仅仅关注旅游业的经济效益，其社会效益和环境效益也不容忽视，旅游业的空间治理应当体现多重效益目标。

就旅游业的产业属性而言，旅游业并不是简单的经济部门，经济目标并不能全面概括旅游业，在某种程度上，旅游业更应该定义为“事业”而不是“产业”，其综合性和关联性特征决定了旅游业的产业属性已经超越了一般的经济产业。在新中国成立初期直到改革开放，中国一直把旅游业作为政治事业或外交事业来管理，中国政府发展旅游业的一个重要目的就是发挥其经济上的创汇能力以及拉动国内消费需求。在很长一段时间，国旅总社和中央旅游主管部门合署办公，旅游接待任务也由政府下达，这一历史事实在很大程度上佐证了发展旅游业的客观目标不仅仅是实现经济效益。旅游业是一个综合性、关联性强的行业。一方面，旅游是人类的基本权利之一，旅游活动的开展在中国复兴民族文化、实现人民福祉和提升国民素质的过程中起到了重要作用。因此，旅游业的发展需要满足中国公民的旅游需求，保障其享受旅游的权利。另一方面，旅游地营销、旅游资源保护等环节具有典型的公共产品属性，必须由政府部门发挥相应的作用（见图 7.1）。

因此，旅游业的发展不仅涉及经济效益的实现，也关系国民福祉的提升、

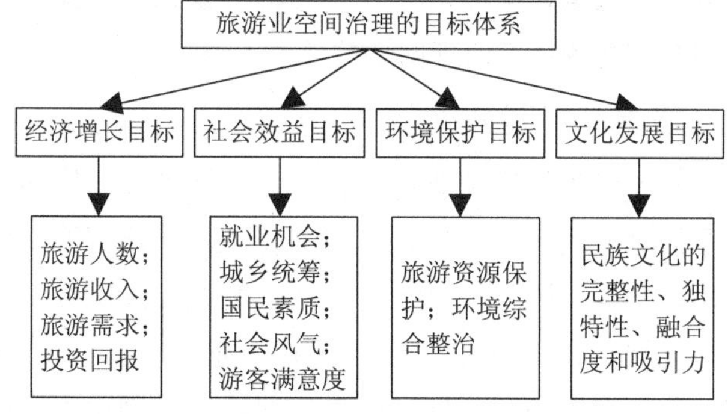

图 7.1 旅游业空间治理的多重目标体系

环境资源的保护和民族文化的传承，旅游业空间治理的目标体系应该既包括经济水平目标，也涵盖社会效益目标、环境保护目标和文化发展目标。

基于空间治理理论的基本要求，在长江经济带流域和省域旅游业的空间治理中，应当基于空间差异对不同行政区域进行差异化定位，并明确多元参与主体，构建有限政府，通过强化旅游业的公共事业属性，实现旅游业的社会效益、经济效益、环境效益和文化效益等综合效益目标。

7.2 改革思路

政府和公众是旅游政策制定过程中的重要影响者，政府部门在整个旅游治理中的角色仍然不可撼动，但是在职能定位上应根据旅游业的发展阶段作出调整。在长江经济带旅游经济的空间治理中，政府不应是唯一占主导地位的治理主体，政府、旅游企业、旅游行业组织、旅游地居民和旅游者共同参与制定旅游决策，通过旅游要素在空间的优化配置，以及不同利益主体之间的交流、互动和协商，实现旅游业的多重效益目标。

具体体现在：治理主体方面，政策制定不再局限于政府部门，各利益群体应广泛参与决策过程；从政策的实现途径看，各级政府部门不仅通过行政权威进行纵向协调，还要与其他相关地区旅游主管部门和私人部门进行横向协调；从立法过程来看，公私部门之间进行广泛的沟通，有效提高决策过程的民主合法性，此外，还应打破僵化的政策法规，采用开放性标准，并依据环境变化对政策措施进行适时修订；在实施过程中，充分尊重区域特色，鼓励知识创新与分享。可见，空间治理的核心特征是通过公众的广泛参与和生产要素在空间的合理配置提高治理网络的效率。

7.2.1 彰显空间规划公平

由于地理空间上资源配置的非均衡性，经济活动在不同区域的分布也是不均衡的，需要使用空间规划突出各区域的特色，利用资源禀赋的比较优势实现差异化的均衡发展，从而维护空间公平。例如武汉市在编制《武汉城市圈旅游发展总体规划（2010—2030年）》过程中充分考虑了旅游资源的空间差异和等级类别，通过GIS空间密度函数得出武汉城市圈中不同类别旅游资源分布的八个密集区，并结合旅游市场定位，使整个圈域旅游开发最终形成

"一个极核，两条景观轴，三大功能集散圈，多个旅游节点"的战略布局，"一核"即武汉市区，两轴即长江一汉江人文旅游发展轴和京珠生态休闲旅游发展轴，三圈即环武汉城郊游憩带、环武汉都市文化休闲圈和环武汉山水生态休闲圈，多节点即散布于各市州的旅游名镇。

7.2.2 提高空间管理能力

在中国，各级旅游主管部门是旅游行业管理的主体，通过改革旅游管理体制明确旅游主管部门的职责职能、提高其管理水平将有助于提升区域旅游业空间治理的绩效。

(1) 加强综合协调职能

旅游业的综合性产业属性和我国旅游主管部门"小部门管理大产业"、旅游监管部门各自为政的矛盾在我国由来已久，为了解决这一矛盾，从1997年开始我国已有北京市、云南省、杭州市、桂林市等多个地方旅游主管部门进行了旅游委员会模式的尝试，希望通过提高旅游主管部门的行政级别来加强其综合协调职能。在中国现行条块分割的行政体系下，各部门的职权不清晰，对于旅游业这样的综合性产业来说，更高级别的行政权限、更高级别长官的关注可能对旅游业的影响更大。截至2018年8月，北京市、云南省、海南省、广西壮族自治区、江西省等25个省区市已经将原地方旅游局改组为旅游委员会。旅游委员会作为省（区、市）政府组成部门，承担旅游综合协调机构的角色，实行专兼职委员相结合的工作机制。旅游委员会可以建立旅游主管部门与发展改革、住建、文化、财政、交通、国土等相关部门紧密合作的联动机制，因此更加符合旅游业的本质属性。

综上，旅游业较为发达的地方旅游主管部门可以在有条件的情况下改组为旅游委员会，作为政府的组成部门；旅游资源丰富的地方旅游局可改组为风景旅游局，统一管理辖区内的旅游景区（点），承担旅游资源保护和开发的综合协调职能。在改革进程的推进上也应充分考虑区域差异，可以发挥少数民族自治地区在管理体制上的先行先试优势，率先进行旅游管理体制改革的尝试，为全流域旅游管理体制的整体优化提供借鉴。

(2) 实现旅游主管部门的职能转移

长期以来，在计划经济的历史背景下，旅游主管部门以部门利益为中心，排斥中小旅游企业，此外还存在多头管理、条块分割等现象，这些问题的根源之一是政府定位混乱①。中国旅游业正在由过去的经济产业转向公共事业，旅游主管部门应相应地由行政管理转向监管与服务并重，通过简政放权和综合协调逐步实现以促进和协调功能为主。在旅游业的空间治理网络中，各级旅游主管部门的主要职能应该回归政府的本质，即从原来以招商引资、市场监管等主要职能转为提供公共产品，具体包括旅游政策法规的起草与实施、旅游公共信息服务、旅游形象推广等。在湖北省目前的旅游管理体制中，主要涉及旅游主管部门的职能转移问题，即将管理企业的部分职能转移至行业协会进行自律管理，并在政策和资金上保证协会独立开展工作。根据对湖北省旅游主管部门"三定"方案的聚类分析，其主要职能体现在制定和贯彻政策法规、编制和执行旅游规划和旅游基础设施建设等九个方面。按照空间治理理论的要求，其中的旅游标准化、旅游市场秩序维护、旅游教育和培训三项职能可以通过向旅游行业协会的职能转移实现市场化；制定和贯彻政策法规、编制和执行旅游规划、旅游形象推广、旅游综合协调四项职能在实施的过程中需要在旅游主管部门的主导下，鼓励旅游行业协会的积极参与；旅游主管部门在旅游基础设施建设和旅游安全方面仍须承担主要责任（见表 7.1）。

表 7.1　旅游主管部门向旅游行业协会的职能转移

序号	原旅游主管部门的职能	旅游主管部门的职能（职能转移后）	旅游行业协会的职能（职能转移后）
1	制定和贯彻政策法规	▲	O
2	编制和执行旅游规划	▲	O
3	旅游基础设施建设	▲	×
4	旅游形象推广	▲	O
5	旅游综合协调	▲	O
6	旅游标准化	×	▲
7	维护市场秩序	×	▲

① 王诚庆，戴学锋，金准. 中国旅游业发展中的体制改革与创新［G］// 何德旭. 中国服务业发展报告 No. 5：中国服务业体制改革与创新. 北京：社会科学文献出版社，2007.

续表

序号	原旅游主管部门的职能	旅游主管部门的职能（职能转移后）	旅游行业协会的职能（职能转移后）
8	旅游安全	▲	×
9	旅游教育和培训	×	▲

注：“▲”表示主要职能；“O”表示辅助职能；“×”表示非职能范围。

（3）强化旅游主管部门的核心职能

旅游形象推广越来越成为国内外旅游主管部门的核心职能，甚至有的国家设置专门机构负责国内外市场推广，例如泰国旅游局、英国旅游局、法国旅游办公室和日本国际观光振兴机构等。其中泰国最为明显，泰国旅游管理体制同中国较为类似：高度集权、政府主导。泰国最早于 1960 年 3 月 18 日成立了“旅游组织”，专门负责泰国旅游业营销和推广，并于 1960 年改名为“泰国观光振兴组织”。基于泰国旅游业的持续增长及其在出口创汇中的重要角色，泰国政府认为有必要更加重视旅游业的发展，因此在 1979 年通过了相关法案，成立了泰国旅游局。在 2002 年之前，泰国旅游局承担“对旅游行业的直接管理职能”①②③，全权负责泰国旅游业的行业管理，2002 年后，泰国旅游局开始专职负责本国旅游形象的国内外推广，成为专门负责泰国旅游业海外营销的政府部门。截至 2013 年，泰国旅游局已经成长为一个成熟的旅游营销组织，并设有 35 个国内办事处和 26 个海外办事处。英国旅游局对国家旅游形象的推广也作出了突出的贡献，根据英国国家统计局的数据，在 2013 年，英国接待海外游客 3289 万人次，海外游客的旅游消费达 210 亿英镑，创历史新高。英国旅游局每投入 1 英镑旅游营销费用，由此带来的入境旅游消费超过 19 英镑，这说明英国旅游局的旅游促销政策取得了良好的效果，210 亿英镑的旅游消费也为英国国民经济的复苏作出了显著贡献。

---

① 田世政．论中国旅游行业管理制度的改革［J］．西南师范大学学报（人文社会科学版），2003，29（4）：88-92.

② 蒋莎．中国旅游产业发展中的政府职能定位分析［J］．云南地理环境研究，2006，18（9）：108-112.

③ 王东．珠海市政府主导旅游产业发展战略研究［D］．长春：吉林大学行政学院，2012：37-38.

上述国家和地区有不同的政治经济环境，旅游业的发展路径也不尽相同，但是都不约而同地强调了旅游营销推广在旅游行业管理中的重要作用，各级旅游主管部门在部门设置时也应把旅游形象推广作为本部门具有垄断性的核心职能。

7.2.3 打破行政区间界限

通过改组为旅游委员会从而提高旅游主管部门的综合协调职能在中国具有一定的合理性，毕竟“地方领导的支持对旅游决策的制定和施行具有很重要的影响”①，然而委员会模式的尝试并不是实现旅游综合协调的唯一途径，可循序渐进地推进综合协调，例如首先从规范旅游市场秩序入手，打破行政区之间的界限，推动各地方旅游主管部门之间的横向协调。

近年来，中国旅游市场秩序的失范成为阻碍旅游业发展的顽疾，在 2015 年全国旅游工作会议上，国家旅游局制定了中国旅游业未来发展的五大目标，即“文明、有序、安全、便利、富民强国”，对旅游市场秩序的依法治理成为其未来三年工作的重中之重。在规范旅游市场秩序方面，武汉城市圈做出了有益的尝试，武汉城市圈的统一旅游执法为湖北省旅游主管部门之间的横向协调提供了参考和基础。从 2011 年底开始，武汉城市圈开始实行旅游市场监管一体化，即在旅游执法中打破行政壁垒，由旅游投诉首接地的旅游质监部门先行受理投诉，经调查取证和收集材料后，再移交被投诉方所在地旅游质监部门处理，处理的结果要及时函告首接受理的旅游质监部门。近年来，横向协调在国际层面也越来越占据主导地位②，通过建立旅游执法联动协查机制和案件会审制度可以有效解决目前旅游业发展最为突出的市场纠纷。

7.2.4 培育市场参与主体

空间治理理论要求在旅游管理体制上打破政府单一主导的局面，就中国的国情和本研究的调研情况来看，可以从改革旅游行业协会和完善市场参与机制两方面入手培育多元参与的治理主体。

（1）鼓励旅游行业自律

长期以来，旅游行业协会在旅游管理体制中充当了“二级政府”的角色，

---

① AIREY D., CHONG K.. National policy-makers for tourism in China[J]. Annals of Tourism Research, 2010, 37(2): 295-314.

② MORRISON T. H.. Developing a regional governance index: The institutional potential of rural regions[J]. Journal of Rural Studies, 2014, 35(2): 101-111.

具有先天性的优势从“附属者”转型为“管理者”，在中国一些开放程度比较高的发达地区也进行了相关的尝试，因此改革的成本相对于其他群体会大大降低。

中国改革开放后成立时间最早的旅游行业组织是中国旅游协会，属于全国综合性的旅游行业协会，目前有理事 238 名，会员单位 64 家①。中国旅行社协会、中国旅游饭店业协会、中国旅游车船协会和中国旅游景区协会接受中国旅游协会的指导，并相对独立开展工作。除了全国层面的旅游行业协会外，中国 31 个省（区、市）和新疆生产建设兵团也成立了各自的旅游行业协会，并接受对应旅游主管部门的领导。按照组织结构的不同，地方层面的行业协会可以分为两类②：一类是省级旅游行业协会及各专业协会均具有独立法人资格；另一类的省级旅游行业协会是独立法人单位，而下设的专业分会则没有独立法人资格。湖北省旅游协会属于第二种类型，旅游行业组织的发展相对滞后，但是对于未来实现行业自律反而是一种优势，与第一类行业协会相比，湖北省旅游协会的历史压力较小，更有利于采取自下而上的方式进行改革。

近年来，我国行业协会改革的呼声很高，但是改革进程却相对缓慢。我国的大多数旅游行业协会都脱胎于不同的旅游主管部门，既具有改革的先天优势，又面临无法回避的障碍。旅游协会在接受来自地方旅游主管部门的职能转移时，还应该在人员编制上逐步减少公务员数量，增加通过会员选举的企业代表数量，增加协会的自我管理能力，并弥补行业协会的代表性不足和法律授权缺乏等问题③。旅游行业协会的主要工作包括举办旅游节庆、开展旅游地促销、进行相关的调查研究等，使协会真正代表会员企业行使话语权，成为政府管制、市场运行之外的第三方力量。

(2) 完善市场参与机制

虽然政府部门是主要的政策制定者，但是政策法规的有效实施仍然需要以旅游企业为代表的市场主体，以及以旅游者、旅游地居民为代表的社会群

---

① 中国旅游协会. 会员简介［EB/OL］.［2014-04-11］. http://www.chinata.com.cn/Introduce/Director/p0_c0_g1.

② 国家旅游局. 杜江在全国旅游协会调研座谈会上的讲话［EB/OL］.（2011-04-21）［2014-07-07］. http://www.cnta.gov.cn/html/2011-4/2011-4-21-11-3-07759.html.

③ 钱莹. 我国行业协会的治理及其完善：基于经济法视角的分析［J］. 江苏科技信息，2018，35（4）：18-20.

体的通力配合。如果得不到他们的参与和认同，政策执行的效果必然会大打折扣。从调查结果来看，受访的旅行社从业人员几乎都认为应当参与旅游决策，但是缺乏参与的渠道，从而影响了对旅游决策的认可度。在前一阶段实现行业自律的情况下，旅游企业可以通过行业协会参与决策。对于社会参与而言，则应该通过旅游主管部门的官方微博、微信，以及传统媒体，在政策制定前就公开征集意见，而不仅仅是事后征询。

7.3 时空配置

空间治理不仅表现为多元主体之间的协商和沟通，也表现为旅游要素的空间配置。现具体研究长江经济带流域和省域两个维度下旅游要素的时空配置和空间重构。

7.3.1 流域空间配置

根据长江经济带上游、中游和下游各自的经济条件、资源禀赋和产业基础[①]，以长江三角洲、长江中游城市群和成渝城市群三大跨区域城市群为主体，以各流域中心城市为核心，副中心城市为补充，促进城市群内部、城市群之间的分工协作，优化空间布局，推动产城融合，形成区域旅游协调发展新格局。

（1）长江经济带上游：成渝双核联动

长江经济带上游区域包括我国西南地区的四川省、云南省、贵州省和重庆市 3 省 1 市。上述地区通达性差，产业基础薄弱，旅游经济发展较为滞后。但旅游资源特色较为突出，云贵的奇山秀水和民族风情、川渝的巴蜀文化和地方美食具有较强的竞争优势。目前已形成了以重庆市、成都市为中心城市，以贵阳市、昆明市为副中心城市的旅游空间格局。

成渝两地旅游资源禀赋和产业优势都十分明显，旅游业发展水平也已经处于西部的领先地位。由于受行政区域限制，成渝两地的区域带动作用尚未充分发挥。未来应强化重庆市和成都市的中心城市功能和国际化水平，发挥

---

① “流域空间配置”部分参考自：马远方. 长江经济带旅游合作现状、动力机制与对策研究［D］. 武汉：华中师范大学，2017.

成渝双核联动作用和旅游经济辐射能力，加强与雅安、达州等边缘地区旅游经济的互动，重点提高与东北部区域的旅游经济连通能力，重点建设成渝主轴带和沿长江、成都—绵阳—乐山等次轴带，推进旅游资源整合和跨区域一体化发展。

云贵两地区域经济发展水平欠佳，但是旅游资源特色十分突出，仍不失为旅游经济洼地中的节点城市。在黔中城市群应强化贵阳市的基础设施配套建设，提升要素集聚能力，重点建设遵义—贵阳—安顺主轴带，打造民族文化旅游基地，形成我国西部地区新的旅游经济增长极。在滇中城市群提升昆明市面向东南亚和南亚的中心旅游城市功能，重点建设曲靖—昆明—楚雄、玉溪—昆明—武定发展轴，打造特色文化旅游基地，形成西南地区旅游经济的重要桥头堡。

(2) 长江经济带中游：三足鼎立、四周辐射

长江经济带中游地区包括湖北省、湖南省和江西省 3 省，涵盖了武汉城市圈、长株潭城市群和环鄱阳湖城市群等多个城市群。长江经济带中游地区经济发展水平在全流域也处于中流，3 省经济发展差异较小，在旅游资源上以荆楚文化和三国文化为主要特色，目前已形成了以武汉市为中心城市，以长沙市和南昌市为副中心城市的三足鼎立发展格局。但由于旅游资源相近，在旅游市场态势中更多地表现为相互竞争的关系，互补性欠缺。

武汉市是我国中部地区唯一的副省级城市和特大城市，长江和汉江在市区交汇，市域湖泊纵横，号称“百湖之市”，具有典型的滨江滨湖特色。作为中国内陆最大的水陆空交通枢纽，武汉市具有承东启西、贯通南北的区位作用，应充分发挥大城市都市旅游功能，链接长沙市和南昌市在武汉城市圈、长株潭城市群和环鄱阳湖城市群的辐射带动功能，促进三大城市群之间旅游资源的优势互补和旅游产业的分工协作，把长江中游城市群建设成为引领中部地区崛起的核心增长极和资源节约型、环境友好型社会示范区，打造三足鼎立、四周辐射的旅游经济空间布局。

(3) 长江经济带下游：多节点、多轴线的网状格局

长江经济带下游包括上海市、江苏省、浙江省和安徽省 3 省 1 市，以上海市为中心城市，南京市、杭州市和合肥市为副中心城市，是我国区域经济水平最发达、基础设施最完备、城市化水平最高的地区之一。该地区优越的社会经济环境为旅游业发展提供了有力的支撑，各城市之间互为客源市场，

共享旅游资源，已基本形成了多节点、多轴线的网状格局。

上海市是国家中心城市和长江经济带的龙头城市，应充分发挥上海市作为国际化大都市对南京市、杭州市和合肥市等副中心城市的带动作用，促进长江三角洲区域一体化发展，建设具有国际竞争力的世界级城市群。以南京市、杭州市和合肥市为圆心，以其周边中小城市为节点，以城际交通网为轴线，形成梯级递减的区域旅游网状布局。以长江经济带下游多节点、多轴线的网状格局为基础，逐步向华中、中南、华南周边区域辐射。

7.3.2 省域时序配置

根据湖北省的经济发展水平、旅游资源赋存等现实基础，依照彰显空间规划公平、提高空间管理能力、打破行政区间界限和培育市场参与主体的空间发展思路，湖北省旅游业应在近期实施增长极战略和“核心—边缘”战略，实现以武汉市、襄阳市、宜昌市、十堰市和恩施州五市州为核心节点的点状极化，增强各节点的集聚能力；中期实施包含长江生态休闲旅游轴、汉江历史文化旅游轴和山水人文旅游轴三轴的等级轴线战略，通过区域旅游经济发展的增长轴线和循环线路实现轴线联动化；远期实施“点—轴—圈”战略和网络一体化战略，通过打造区域旅游经济的立体网络，实现圈层网络化（见表 7.2）。

表 7.2 湖北省旅游经济空间治理的时序组织

时序	战略模式	战略重点	发展思路	战略目标
近期	增长极战略 “核心—边缘”战略	核心节点：武汉市、襄阳市、宜昌市、十堰市和恩施州	增强节点的集聚能力和拉动效应	点状极化
中期	等级轴线战略	三轴：长江生态休闲旅游轴、汉江历史文化旅游轴和山水人文旅游轴	构建区域旅游经济发展的增长轴线和循环线路	轴线联动化
远期	“点—轴—圈”战略 网络一体化战略	两圈：武汉城市圈和鄂西生态文化旅游圈	打造区域旅游经济的立体网络	圈层网络化

（1）近期：节点极化

运用增长极理论和“核心—边缘”理论，在近期发挥湖北省各市州的比较优势，培育武汉市、襄阳市、宜昌市、十堰市和恩施州五市州作为区域旅游增长极，通过节点的集聚能力和拉动效应全面提升旅游组织能力。综合旅游业发展基础、旅游资源禀赋和区位条件，优先发展武汉市、襄阳市、宜昌市、十堰市和恩施州作为湖北省旅游业的增长和创新中心，即核心节点，培育成区域旅游集散中心、重点旅游客源地和旅游目的地，实现节点对各自周边旅游区域的有序组织（见图 7.2）。

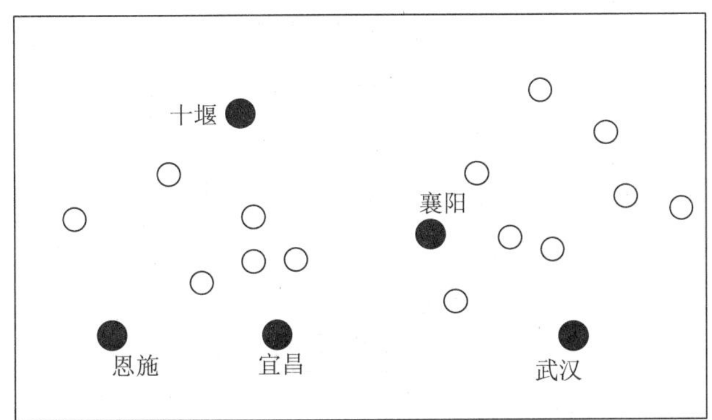

图 7.2 湖北省旅游业近期节点极化图

（2）中期：轴线联动化

伴随核心节点的不断发展，旅游功能的集散作用和辐射作用持续强化，运用等级轴线战略使周边高等级极核获得优先发展机会成为次级节点，核心节点和次级节点之间的联系日益增强，此时应运用等级轴线战略，发挥不同节点之间的互动作用和整合效应，实现旅游发展轴线对重点旅游区域的带动效应（见图 7.3）。通过连接武汉市、襄阳市、宜昌市、十堰市和恩施州 5 个核心节点可形成 3 条旅游经济发展轴，即连接武汉市、宜昌市和恩施州的长

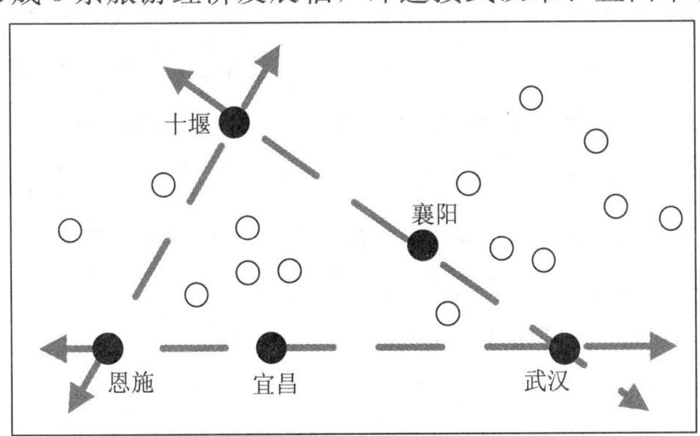

图 7.3 湖北省旅游业中期轴线联动化图

江生态休闲旅游轴，连接武汉市、襄阳市和十堰市的汉江历史文化旅游轴，连接恩施州和十堰市的山水人文旅游轴。每条轴线串联起大致相似的资源类型，同时区域差异明显，产品特色互补。

（3）远期：圈层网络化

远期在轴线联动的基础上，以武汉市、襄阳市、宜昌市、十堰市和恩施州旅游中心城市为基础，以长江生态休闲旅游轴、汉江历史文化旅游轴和山水人文旅游轴为通道，以武汉城市圈和鄂西生态文化旅游圈为依托，通过“点—轴—圈”战略和网络一体化战略，实现旅游资源与市场定位、旅游产品与旅游市场、市场主体与主管部门之间的一体化协作，构建“点线共存，线圈互动”的区域旅游网络体系。

7.4 空间重构

7.4.1 流域空间重构

空间布局是落实长江经济带旅游经济空间治理的载体，根据区域经济基础、旅游经济现状和旅游资源禀赋，构建“一轴—三极—多点”的空间格局，即以长江黄金水道为主轴，以长江三角洲城市群、长江中游城市群、成渝城市群三大城市群为增长极，以各中心城市和副中心城市为节点，加强区域内部的经济联系和互动，并发挥对周边区域的辐射作用。

（1）一轴：以长江黄金水道为主轴

“一轴”指以长江黄金水道为依托，发挥上海市、武汉市和重庆市中心城市在长江三角洲城市群、长江中游城市群、成渝城市群三大城市群的核心带动作用，以沿江其他副中心城市为节点，增强核心城市和节点城市对人口、资源和产业的集聚能力，引导各生产要素向中心城市和副中心城市集聚，并以沪瑞运输通道和沪蓉运输通道为依托，实现中心城市和副中心城市对其他城镇的辐射，夯实长江经济带旅游经济的发展基础。

（2）三极：以三大城市群为增长极

“三极”是指以长江三角洲城市群、长江中游城市群、成渝城市群为主体，发挥对周边地区的辐射带动作用，打造长江经济带旅游经济的三大增长极。

长江三角洲城市群以古镇、园林和吴越文化等旅游资源见长，地缘临近，文化相似，区域内基础设施完备，交通通达性良好，有利于区域旅游协调发展。上海市是长江经济带的龙头城市，更是长江三角洲城市群的核心城市，应以上海市为龙头，提升南京市、杭州市、合肥市等城市的国际化水平，以建设世界级旅游目的地为目标，加快对周边旅游资源的整合，形成国际竞争新优势。

长江中游城市群包括武汉城市圈、长株潭城市群和环鄱阳湖城市群等多个城市群，是长江经济带三大跨区域城市群支撑之一，也是实施促进中部地区崛起战略、全方位深化改革开放和推进新型城镇化的重点区域，在我国区域发展格局中占有重要地位。区域内聚集了荆楚文化、三国文化等旅游资源，可利用优越的区位优势，发挥长江水道和高铁对旅游目的地和客源地的强大联动作用，整合长江三峡—荆州—长沙—洞庭湖—武汉—九江—鄱阳湖—南昌沿江旅游线路，共同打造高铁旅游精品路线和国内外知名旅游品牌。通过全面推动生态旅游、文化旅游、红色旅游，大力发展水上旅游、绿道自驾、低空旅游，形成差异化发展的旅游产品体系，共建区域性大型旅游联合体。

成渝城市群位于长江上游地区，处于全国“两横三纵”城市化空间格局中，战略地位重要。随着西部大开发战略的推进，成渝旅游经济得到长足发展，联系日趋增强，双核节点地位突出，“核心—边缘”结构明显，核心区呈现扩张趋势，但旅游经济网络紧密程度较低，网络结构不均衡明显，节点依赖性总体减弱。因此，需要进一步实现网络均衡化发展，减弱核心城市对区域旅游发展的控制力，降低旅游发展对核心城市的依赖。同时，提高区域旅游经济交换能力，充分发挥网络资源流动的渠道作用，实现旅游要素的快速流动，提高旅游经济活力，带动落后区域旅游发展①。

(3) 多点：以中心城市和副中心城市为节点

“多点”是指以发挥长江经济带旅游中心城市和副中心城市为节点，发挥其辐射带动作用，以及其他地级城市的支撑作用。

继续发挥长江经济带上中下游各中心城市对周边地区的辐射作用，同时

---

① 李勇泉，阮文奇. 中国西部经济区旅游经济网络时空演化及影响因素：以“十二五”期间成渝经济区为例［J］. 资源开发与市场，2018，34（5）：698-702，740.

围绕交通路网的建设和运营，积极吸引优质旅游要素资本进入副中心城市和其他地级城市；鼓励副中心城市加快旅游产品的转型升级，扩展旅游业发展的外向空间，缩小区域内部的旅游经济差异；引导中小城市依据自身特色，积极发展旅游新业态、新模式，实现差异化发展；以“全域旅游”理念推进区域旅游目的地建设，不断优化旅游资源、基础设施和产业布局，建立跨区域旅游协同发展的体制机制，推进全流域旅游一体化建设。

7.4.2 省域空间重构

湖北省旅游经济的空间治理要求不同区域的旅游要素通过合理配置完成差异化均衡发展，从而实现湖北省旅游发展格局的空间重构。目前，由于极化效应和距离递减规律的长期作用，武汉城市圈的总体经济规模远高于鄂西生态文化旅游圈，但各市州之间的差异特别显著，武汉长期保持了旅游经济的高速度和高水平运行，而鄂西生态文化旅游圈各市州之间的发展水平差距较小，发展速度也较为均衡。空间治理改革将促使湖北省旅游经济的空间结构产生如下变化：武汉城市圈将从目前的“中心—外围”结构演化为多中心结构，鄂西生态文化旅游圈则通过发挥本区域的旅游资源优势实现区域整体旅游经济水平的提升。

（1）武汉城市圈：从中心—外围结构到多中心结构

旅游经济的空间治理改革促使武汉城市圈的旅游经济空间布局经历三个阶段的变化：从第Ⅰ阶段典型的中心—外围结构到各市州之间横向联系加强，最后演化为多中心结构。

目前武汉城市圈各市州的区域旅游经济分布呈现出典型的中心—外围结构（第Ⅰ阶段），且位于中心的是单核心城市——武汉市。在城市圈发展的初期，单核心的区域结构可以满足武汉市快速发展的需要，相对于外围城市，旅游资源、资金、人才等要素高度集中于武汉市，武汉市凭借比较优势从外围市州获取更多的剩余价值，促进和巩固了武汉市的一城独大格局。相对于中心城市，外围的自发性发展面临重重困难①。

通过加强武汉城市圈各市州旅游主管部门之间的横向协调有助于统一区域旅游经济体制环境，并逐渐强化各市州旅游主管部门之间在更广泛领域的

---

① 李小建. 经济地理学：第3版［M］. 北京：高等教育出版社，2018：237.

区域旅游合作（第Ⅱ阶段）。在统一的旅游体制环境中，各市州能够依据市场规律自主、公平竞争，促进资源合理配置，实现区域差异化发展，培育更多与武汉实力相当的次中心城市（例如咸宁市、孝感市、黄冈市、黄石市和鄂州市），以及旅游经济落后地区（例如天门市、仙桃市和潜江市）实施旅游市场差异化战略，实现各市州之间协同发展的局面。旅游主管部门之间的区域旅游合作有助于协调区际经济联系，构建互动、有序的旅游经济区域，实现区域旅游经济效益的整体提升，从而形成多中心的空间布局（第Ⅲ阶段），见图7.4。

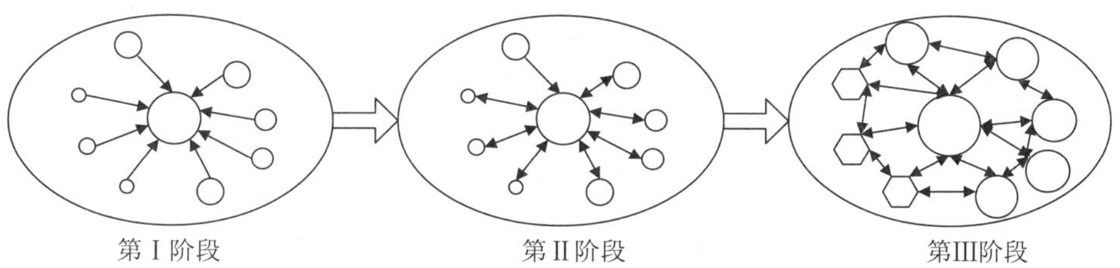

图7.4 武汉城市圈的空间重构

7.4.3 鄂西生态文化旅游圈：从低水平到高水平协同发展

根据前文对鄂西生态文化旅游圈各市州旅游经济规模的分析，目前鄂西圈的旅游空间布局为扁平化的网络结构，但是这种网络化结构的水平较低，即没有特别突出的中心城市，各市州之间的旅游发展水平相差不大（第Ⅰ阶段）。

通过圈域各市州旅游主管部门之间的横向协调及其旅游形象推广职能的强化，鄂西生态旅游文化旅游圈的旅游经济联系进一步加强，区域旅游形象逐渐鲜明，独具特色的旅游资源得到市场认可。空间战略上，可选取发展基础较好的宜昌市、十堰市和恩施州，培育为多核心城市的中心—外围结构，发挥对区域旅游的拉动效应（第Ⅱ阶段）。在第Ⅲ阶段凭借原有的网络化基础和多核心城市的带动作用，实现区域的整体发展（见图7.5）。

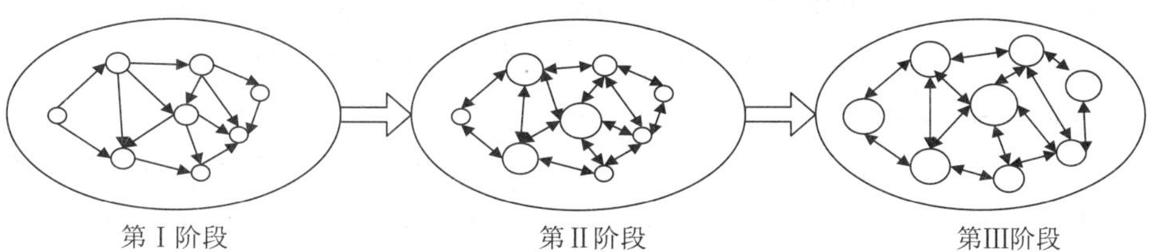

图7.5 鄂西生态文化旅游圈的空间重构

综上，长江经济带旅游经济的空间治理改革不仅应反映空间治理理论的基本要求，而且需要对中国特定的政治经济环境进行充分的响应。空间治理理论对长江经济带旅游业提出了新的改革要求，包括明确多元参与主体、构建有限政府、强化公共事业属性和实现多重效益目标等。在中国国情下的空间治理改革要求在政府角色上实现从政府主导向政府促进的转变，在治理目标上从经济效益向综合效益转变。

空间治理的具体路径包括：基于旅游资源禀赋、旅游经济发展水平等具体条件选择差异化的空间规划方案，提高各地区旅游主管部门的空间管理能力，打破行政区之间的界限建立横向协调机制，培育市场参与主体等。

基于空间治理理论对长江经济带旅游经济的改革将会对区域旅游空间结构造成怎样的影响？根据长江经济带旅游经济规模的发展差异，主要从时空配置和空间重构两个角度，流域和省域两个维度，预测其时空演变过程。

在流域维度，强化长江经济带上游重庆市和成都市的中心城市功能和国际化水平，发挥成渝双核联动作用，在中游形成以武汉市、长沙市和南昌市为核心的三足鼎立、四周辐射状空间布局，在下游发挥上海市作为国际化大都市对南京市、杭州市和合肥市等副中心城市的带动作用，促进长江三角洲区域一体化发展，建设具有国际竞争力的世界级城市群。以南京市、杭州市和合肥市为中心，以其周边中小城市为节点，以城际交通网为轴线，形成梯级递减的区域旅游网状布局。通过上述时空配置实现以长江黄金水道为主轴，以三大城市群为增长极，以中心城市和副中心城市为节点的“一轴—三极—多节点”的旅游经济空间格局。

在省域维度，在近期培育武汉市、襄阳市、宜昌市、十堰市和恩施州5个核心节点，实现节点极化；在中期通过核心节点的带动效应形成串联核心节点的长江生态休闲旅游轴、汉江历史文化旅游轴和山水人文旅游轴，实现轴线联动化；远期通过“点—轴—圈”战略实现武汉城市圈和鄂西生态文化旅游圈的圈层网络化。

武汉城市圈目前为单一中心的“中心—外围”结构，武汉市一城独大的极化效应培育了华中地区最大的旅游城市，但是却过度吸收了外围城市的资源，造成武汉城市圈除武汉之外的其他城市旅游经济水平相对滞后，并远远落后于武汉。通过旅游业的空间治理，各市州之间的旅游经济联系有望得到加强，并逐步实现旅游要素和资源在各市州的合理配置，最后实现多中心、差异化的区域协调发展。鄂西生态文化旅游圈各市州的旅游经济规模比较均衡，但是整体水平也较低，表现为扁平化的网络结构。通过旅游管理体制的变革，培育以宜昌市、十堰市和恩施州为中心的多核心的“中心—外围”结构，实现对整个区域的旅游拉动作用，最终提升空间治理网络的整体水平。

8　结论与展望

8.1　主要研究结论

本书基于经济地理学制度转向的理论背景，构建了长江经济带旅游业空间治理的研究框架；以2001—2016年相关面板数据为基础数据，从流域和省域两个空间维度勾画了长江经济带的基本格局和空间分异，并系统探究时空分异的影响因素；探寻长江经济带旅游管理中存在的问题，借鉴中外旅游管理经验；最后提出长江经济带旅游经济空间治理的基本要求、改革思路和时空配置措施，实现全流域旅游经济的空间重构。主要研究结论如下：

第一，从流域维度看，2001—2016年，长江经济带上中下游各区域旅游经济的绝对差异呈逐年下降的趋势，但中游三省之间的绝对差异最小；各区域的相对差异也呈下降趋势，其中下游地区的相对差异最大，主要表现为安徽省同江浙沪地区之间的相对差异；此外，由于西南地区国民经济发展相对滞后，因此上游地区旅游经济在国民经济中的相对优势明显。具体到各省市，长江经济带旅游总收入主要集中在江浙沪地区，但各省市之间旅游经济的离散程度逐年降低，首位度有所减小，绝对差异呈微量下降趋势；各省市旅游经济之间的相对差异不大，发展较为均衡，良好的社会经济环境为旅游经济的协调发展奠定了基础；各省市旅游经济的专业化率普遍较高，各省市之间的差距不大，贵州省、上海市和云南省居流域前列。

第二，从省域维度看，湖北省区域旅游经济的绝对差异不断扩大，相对差异稳中有降，鄂西在全省的比较优势较为突出。近年来，湖北省旅游业在国民经济中的地位持续提升，各市州旅游经济之间的绝对差异更加显著，在空间格局上表现为武汉市“一城独大”的状况。但由于各项利好政策的叠加落实，湖北省旅游业的发展环境进一步改善，呈现出各市州齐头并进的发展态势，各市州之间的相对差异较为稳定，且呈缩小态势，表现出“强者恒强，弱者恒弱”的现状。因此，未来应加大对武汉市、宜昌市、十堰市等旅游经济发达地区的投入力度，以发挥其对周边市州辐射和带动作用，并通过差异化战略发挥各市州的竞争优势，实现区域旅游协调发展。

第三，定量模拟结果表明，区域经济发展水平、旅游资源禀赋、基础设施和对外开放程度是影响长江经济带流域和省域旅游经济时空分异的主要因素。据此可知：旅游经济的时空分异在一定程度上是区域社会经济时空分异的折射，二者相辅相成、相互作用，需在全域旅游发展理念的指导下，统筹谋划，齐头并进；旅游资源禀赋对促进区域旅游经济的发展有重大意义，因此，为了促进区域旅游经济的均衡、协调发展，需加大对旅游经济欠发达地区的资源开发和宣传力度，增强旅游吸引力，同时完善基础设施建设，提高可达性，从而带动其旅游经济的发展。

第四，旅游需求的变化在一定程度上影响了旅游经济的空间非均衡性特征。我国旅游市场散客化、自由行的趋势日益突出，越来越多的旅游者放弃了传统的服务设施，转向新的旅游业态，致使区域旅游服务设施和基础设施状况不再是区域旅游业发展的制约因素。在这一背景下，各区域在保障基本可进入性和服务设施供给的基础上，应深入分析游客的需求变化，发展适应游客需求的新业态。

第五，随着世界旅游的纵深发展，国内外旅游管理体制呈现出“部际协调—法律规范—协会自律—专业机构宣传推广”的共同趋势。具体表现为：旅游主管部门与其他相关政府部门之间的协调加强；通过详细的旅游立法对旅游行业的各个方面进行规范；通过行业协会承担部分旅游行业管理的职责；加大旅游促销的投入，设置专门机构负责国家或地区旅游形象的推广。

第六，空间治理的具体路径包括：基于旅游资源禀赋，旅游经济发展水平等具体条件选择差异化的空间规划方案，提高各地区旅游主管部门的空间管理能力，打破行政区之间的界限建立横向协调机制，培育市场参与主体等。长江经济带流域旅游经济最终形成“一轴—三极—多点”的空间格局，即以长江黄金水道为主轴，以长江三角洲城市群、长江中游城市群、成渝城市群三大城市群为增长极，以各中心城市和副中心城市为节点，区域内部的旅游经济联系得到加强；空间治理改革也促使湖北省旅游经济的空间结构产生如下变化：武汉城市圈将从目前的中心—外围结构演化为多中心结构，鄂西生态文化旅游圈则通过发挥本区域的旅游资源优势实现区域整体旅游经济水平的提升。

8.2 研究创新之处

本书的创新之处具体体现在以下方面：

第一，将空间治理理论引入区域旅游行业管理的研究领域。本书尝试以空间治理理论指导区域旅游业的行业治理，在坚持多元治理的同时，将地理学擅长的空间分析工具用于区域旅游治理，通过空间规划实现要素配置的空间公平。

第二，从多学科视角研究区域旅游业的空间治理。以往文献在研究区域旅游业的空间治理时，或从地理学的视角强调空间规划的重要性，或从管理学的角度主张各利益主体参与旅游决策。本书以现代系统论为科学支撑，融合了地理学和管理学的双重优势，对旅游业空间治理问题进行了多学科视角的研究。

第三，将旅游业研究置于现代系统论的研究框架。旅游业具有很强的综合性、复杂性和敏感性等特征，对旅游业的研究必须有宏观的视野，现代系统论将系统作为整体和部分的统一，研究系统内部的整体与部分之间的相互关系，为旅游业的研究提供了一个可行的渠道。

第四，全面揭示长江经济带区域旅游的空间演化规律。本研究采用2001—2016年长江经济带各省市旅游经济的面板数据，并选取典型省份湖北省作为省域代表，从全流域的宏观视角和省域的中观视角系统刻画区域旅游经济的动态变化过程，全方位研究旅游经济的空间结构特征。

第五，定量模拟区域旅游经济空间分异的影响因素。现有关于区域旅游经济空间非均衡性影响因素的研究则多以定性分析为主，较少进行定量模拟。本研究首先构建待实证检验的模型，然后运用多元回归分析方法，基于2001—2016年长江经济带全流域和省域两个空间维度的面板数据，实证检验区域旅游经济空间格局的影响因素，为区域协调发展提出有针对性的政策建议。

8.3 后续研究展望

本研究对长江经济带旅游经济的时空分异、影响因素和空间治理进行了些许探索，尝试从宏观和中观视角把握长江经济带流域和省域两个空间维度旅游经济的时空动态过程和空间治理方略。然而，由于本人能力和精力的限制，仍留下了诸多遗憾。例如：仅仅定义了“空间治理”，未对其内涵、外延和作用机制开展进一步的挖掘；由于数据可得性的限制，在旅游经济时空分异的研究中，主要基于旅游总收入的分析有一定局限；在依据空间治理理论对长江经济带旅游经济发展进行时序调整时未能确定明确的时间期限。

在今后的区域旅游业空间治理研究中，应继续借鉴多学科的研究成果，基于更加丰富的时代背景和更加充实的基础数据，以望在下列方面取得更多进展：（1）补充数据来源。综合考虑旅游总收入、旅游总人数甚至旅游经济贡献等，以便更全面地把握区域旅游经济的时空格局；同时，还需要将区域旅游经济细分为入境旅游经济和国内旅游经济来把握二者时空格局的异同。（2）引入非传统旅游资源。在影响因素的研究方面，还可纳入民宿、汽车露营地等非传统旅游设施，全面剖析旅游经济空间非均衡性的成因。（3）旅游经济空间治理的作用机制。具体包括：空间治理对旅游经济活动的作用机制是什么？作用形式包括哪些内容？旅游管理制度通过何种途径影响旅游业的空间格局？二者之间存在怎样的互动关系？（4）治理主体的设置依据和行为模式。除了不可控因素之外，地方旅游主管部门作为治理的主体，其机构设置的客观依据是什么？基于旅游资源赋存和旅游业发展水平的不同是否存在不同的空间治理模式？它们之间存在怎样的内在联系？以上问题还有待从多学科的角度开展进一步的研究。

主要参考文献

[1] BEAUMONT N, DREDGE D. Local tourism governance: A comparison of three network approaches[J]. Journal of Sustainable Tourism, 2010, 18(1): 7-28.

[2] HALL C M. A typology of governance and its implications for tourism policy analysis[J]. Journal of Sustainable Tourism, 2011, 19(4-5): 437-457.

[3] KEYIM P. Tourism collaborative governance and rural community development in Finland: the case of Vuonislahti [J]. Journal of Travel Research, 2018, 57(4): 483-494.

[4] MASSIDDA C, ETZO I. The determinants of Italian domestic tourism: A panel data analysis [J]. Tourism Management, 2012, 33(3): 603-610.

[5] MORRISON T H. Developing a regional governance index: the institutional potential of rural regions[J]. Journal of Rural Studies, 2014, 35(2): 101-111.

[6] Organization for Economic Cooperation and Development (OECD). Governance in transition OECD[R]. Paris: OECD, 1995.

[7] 曹芳东，黄震方，吴丽敏，等. 基于时间距离视域下城市旅游经济联系测度与空间整合：以长江三角洲地区为例 [J]. 经济地理，2012，32（12）：157-162.

[8] 曾菊新. 空间经济：系统与结构 [M]. 武汉：武汉出版社，1996.

[9] 方创琳. 区域规划与空间管治论 [M]. 北京：商务印书馆，2007.

[10] 方叶林，黄震方，陆玮婷，等. 中国市域旅游经济空间差异及机理研究 [J]. 地理与地理信息科学，2013，29（6）：100-110.

[11] 冯迎，张军民. 新疆旅游经济空间分异及影响因素 [J]. 地域研究与开发，2017，36（4）：99-104.

［12］符文颖．区域创新系统的管治框架演化：来自深圳和东莞的对比实证［J］．人文地理，2013，28（4）：83-88.

［13］甘静，郭付友，陈才，等．吉林省旅游经济差异性及其空间格局研究［J］．地域研究与开发，2016，35（6）：121-127.

［14］高铁梅．计量经济分析方法与建模：EViews 应用及实例：第 3 版［M］．北京：清华大学出版社，2016.

［15］顾朝林，王颖．城市群规划中的管治研究：以绍兴城市群规划为例［J］．人文地理，2013，28（2）：61-66.

［16］韩玉灵，申海恩．最新境外旅游法律汇编［M］．北京：中国法制出版社，2012.

［17］胡萍，卢姗．国外区域管治的实践及其对我国的启示［J］．上海城市管理职业技术学院学报，2007，(4)：27-30.

［18］姜海宁，陆玉麒，吕国庆．江苏省入境旅游经济的区域差异研究［J］．旅游学刊，2009，24（1）：23-28.

［19］蒋莎．中国旅游产业发展中的政府职能定位分析［J］．云南地理环境研究，2006，18（9）：108-112.

［20］靳诚，徐菁，陆玉麒．长三角城市旅游规模差异及其位序规模体系的构建［J］．经济地理，2007，27（4）：676-680.

［21］李东和，张捷．国内旅游现象空间分异研究进展与展望［J］．人文地理，2009，24（5）：96-100，70.

［22］李小建．经济地理学：第 3 版［M］．北京：高等教育出版社，2018.

［23］刘军胜，马耀峰，高军．基于偏离份额与灰色关联分析的河南入境旅游产业结构研究［J］．河南科学，2012，30（5）：647-651.

［24］刘克华，陈仲光．区域管治的新探索：厦泉漳城市联盟规划战略［J］．经济地理，2005，25（6）：843-846.

［25］刘卫东．经济地理学与空间治理［J］．地理学报，2014，69（8）：1109-1116.

［26］陆林，余凤龙．中国旅游经济差异的空间特征分析［J］．经济地理，2005，25（3）：406-410.

［27］罗恩•马丁．经济地理学中的制度方法［G］// 埃里克•谢泼德，

特雷弗·J. 巴恩斯. 经济地理学指南. 汤茂林，谈静华，李江涛，译. 北京：商务印书馆，2008：79.

[28] 吕拉昌，魏也华. 新经济地理学中的制度转向与区域发展 [J]. 经济地理，2005，25 (4)：437-441.

[29] 马丽君，龙云. 基于社会网络分析法的中国省际入境旅游经济增长空间关联性 [J]. 地理科学，2017，37 (11)：1705-1711.

[30] 马远方. 长江经济带旅游合作现状、动力机制与对策研究 [D]. 武汉：华中师范大学，2017.

[31] 毛寿龙. 现代治道与治道变革 [J]. 南京社会科学，2001 (9)：44-47.

[32] 苗长虹. 变革中的西方经济地理学：制度、文化、关系与尺度转向 [J]. 人文地理，2004，19 (4)：68-76.

[33] 乔·佩因特. 国家和管治 [G] // 埃里克·谢泼德，特雷弗·J. 巴恩斯. 经济地理学指南. 汤茂林、谈静华、李江涛，译. 北京：商务印书馆，2008.

[34] 沈惊宏，陆玉麒，周玉翠，等. 安徽省国内旅游经济增长与区域差异空间格局演变 [J]. 地理科学，2012，32 (10)：1220-1227.

[35] 唐晓云. 中国旅游发展政策的历史演进（1949—2013)：一个量化研究的视角 [J]. 旅游学刊，2014，29 (8)：16-28.

[36] 唐燕. 德国大都市区的区域管治案例比较 [J]. 国际城市规划，2010，25 (6)：58-63.

[37] 田世政. 论中国旅游行业管理制度的改革 [J]. 西南大学学报（人文社会科学版)，2003，29 (4)：88-92.

[38] 王诚庆，戴学锋，金准. 中国旅游业发展中的体制改革与创新 [G] // 何德旭. 中国服务业发展报告 No. 5：中国服务业体制改革与创新. 北京：社会科学文献出版社，2007.

[39] 王东. 珠海市政府主导旅游产业发展战略研究 [D]. 长春：吉林大学行政学院，2012.

[40] 王开泳，张鹏岩，丁旭生. 黄河流域旅游经济的时空分异与 R/S 分析 [J]. 地理科学，2014，34 (3)：295-301.

[41] 王坤，黄震方，余凤龙，等. 中国城镇化对旅游经济影响的空间效

应：基于空间面板计量模型的研究［J］. 旅游学刊，2016，31（5）：15-24.

［42］吴骏莲，崔功豪. 管治的起源、概念及其在全球层次的延伸［J］. 南京大学学报（哲学·人文科学·社会科学版），2001，38（5）：123-127.

［43］徐菊凤. 旅游公共服务：理论与实践［M］. 北京：中国旅游出版社，2013：72.

［44］许贤棠，胡静，陈婷婷. 湖北省旅游资源禀赋空间分异的综合评析［J］. 统计与决策，2015，（5）：107-110.

［45］俞可平. 推进国家治理体系和治理能力现代化［J］. 前线，2014（1）：5-8，13.

［46］张京祥，黄春晓. 管治理念及中国大都市区管理模式的重构［J］. 南京大学学报，2001，38（5）：111-116.

［47］张艳平，吴殿廷，岳晓燕. 我国省际入境旅游发展空间差异浅析［J］. 旅游论坛，2009，2（5）：748-751.

［48］赵东喜. 中国省际入境旅游发展影响因素研究：基于分省面板数据分析［J］. 旅游学刊，2008，23（1）：41-45.

［49］赵金金. 中国区域旅游经济增长的影响因素及其空间溢出效应研究：基于空间杜宾面板模型［J］. 软科学，2016，30（10）：53-57.

［50］赵磊，方成，吴向明. 旅游发展，空间溢出与经济增长：来自中国的经验证据［J］. 旅游学刊，2014，29（5）：16-30.

［51］赵黎明，焦珊珊，姚治国. 中国旅游经济发展的分布动态演进［J］. 干旱区资源与环境，2018，32（1）：181-188.

［52］钟章奇，李山，王铮，等. 中国旅游业空间分异的ABS分析［J］. 地理研究，2014，33（8）：1427-1441.

［53］周彩屏，戈冬梅. 旅游规模差异及其位序规模体系研究：以浙江省为例［J］. 经济地理，2010，30（2）：345-350.

［54］朱磊，胡静，周葆华，等. 区域旅游景点空间分布格局及可达性评价：以皖南国际文化旅游示范区为例［J］. 经济地理，2018，38（7）：190-198，216.

附录1　长江经济带旅游资源概况

表1　长江经济带上中下游各省市国家级自然保护区概况

所属区域	所属省市	数量	名称
长江经济带上游	重庆市	6	重庆大巴山国家级自然保护区、长江上游珍稀特有鱼类国家级自然保护区、重庆金佛山国家级自然保护区、雪宝山国家级自然保护区、重庆阴条岭国家级自然保护区、重庆五里坡国家级自然保护区
	四川省	29	四川龙溪一虹口国家级自然保护区、四川白水河国家级自然保护区、四川攀枝花苏铁国家级自然保护区、四川画稿溪国家级自然保护区、四川王朗国家级自然保护区、四川广元唐家河国家级自然保护区、四川马边大风顶国家级自然保护区、四川长宁竹海国家级自然保护区、四川蜂桶寨国家级自然保护区、四川卧龙国家级自然保护区、四川九寨沟国家级自然保护区、四川小金四姑娘山国家级自然保护区、四川若尔盖湿地国家级自然保护区、四川贡嘎山国家级自然保护区、四川察青松多白唇鹿国家级自然保护区、四川亚丁国家级自然保护区、四川美姑大风顶国家级自然保护区、长江上游珍稀特有鱼类国家级自然保护区、四川广元米仓山国家级自然保护区、四川雪宝顶国家级自然保护区、四川花萼山国家级自然保护区、四川海子山国家级自然保护区、诺水河珍稀水生动物国家级自然保护区、黑竹沟国家级自然保护区、格西沟国家级自然保护区、四川小寨子沟国家级自然保护区、栗子坪国家级自然保护区、千佛山国家级自然保护区、南莫且湿地国家级自然保护区
	贵州省	10	贵州习水中亚热带常绿阔叶林国家级自然保护区、贵州赤水桫椤国家级自然保护区、贵州梵净山国家级自然保护区、贵州麻阳河国家级自然保护区、长江上游珍稀特有鱼类国家级自然保护区、贵州草海国家级自然保护区、贵州雷公山国家级自然保护区、贵州茂兰国家级自然保护区、贵州宽阔水国家级自然保护区、佛顶山国家级自然保护区

续表

所属区域	所属省市	数量	名称
	云南省	21	云南轿子山国家级自然保护区、云南元江国家级自然保护区、云南哀牢山国家级自然保护区、云南高黎贡山国家级自然保护区、云南大山包黑颈鹤国家级自然保护区、云南大围山国家级自然保护区、云南金平分水岭国家级自然保护区、云南黄连山国家级自然保护区、云南文山国家级自然保护区、云南无量山国家级自然保护区、云南西双版纳国家级自然保护区、云南西双版纳纳版河流域国家级自然保护区、云南苍山洱海国家级自然保护区、云南白马雪山国家级自然保护区、云南南滚河国家级自然保护区、长江上游珍稀特有鱼类国家级自然保护区、云南药山国家级自然保护区、云南会泽黑颈鹤国家级自然保护区、云南永德大雪山国家级自然保护区、乌蒙山国家级自然保护区、云南云龙天池国家级自然保护区
长江经济带中游	江西省	15	江西鄱阳湖南矶湿地国家级自然保护区、江西桃红岭梅花鹿国家级自然保护区、江西九连山国家级自然保护区、江西武夷山国家级自然保护区、江西井冈山国家级自然保护区、江西官山国家级自然保护区、江西马头山国家级自然保护区、江西鄱阳湖国家级自然保护区、江西九岭山国家级自然保护区、江西齐云山国家级自然保护区、江西阳际峰国家级自然保护区、江西赣江源国家级自然保护区、江西庐山国家级自然保护区、铜钹山国家级自然保护区、婺源森林鸟类国家级自然保护区
	湖北省	21	湖北青龙山恐龙蛋化石群国家级自然保护区、湖北神农架国家级自然保护区、湖北五峰后河国家级自然保护区、湖北石首麋鹿国家级自然保护区、湖北长江天鹅洲白鱀豚国家级自然保护区、湖北长江新螺段白鱀豚国家级自然保护区、湖北星斗山国家级自然保护区、湖北九宫山国家级自然保护区、湖北七姊妹山国家级自然保护区、湖北洪湖湿地国家级自然保护区、湖北龙感湖国家级自然保护区、湖北赛武当国家级自然保护区、湖北木林子国家级自然保护区、湖北堵河源国家级自然保护区、十八里长峡国家级自然保护区、洪湖国家级自然保护区、南河国家级自然保护区、大别山国家级自然保护区、湖北随州洛阳镇千年银杏谷国家级自然保护区、巴东金丝猴国家级自然保护区、湖北五道峡国家级自然保护区

续表

所属区域	所属省市	数量	名称
	湖南省	23	湖南炎陵桃源洞国家级自然保护区、湖南东洞庭湖国家级自然保护区、湖南壶瓶山国家级自然保护区、湖南张家界大鲵国家级自然保护区、湖南八大公山国家级自然保护区、湖南莽山国家级自然保护区、湖南永州都庞岭国家级自然保护区、湖南小溪国家级自然保护区、湖南黄桑国家级自然保护区、湖南乌云界国家级自然保护区、湖南鹰嘴界国家级自然保护区、湖南南岳衡山国家级自然保护区、湖南借母溪国家级自然保护区、湖南八面山国家级自然保护区、湖南阳明山国家级自然保护区、湖南六步溪国家级自然保护区、湖南舜皇山国家级自然保护区、湖南高望界国家级自然保护区、湖南东安舜皇山国家级自然保护区、湖南白云山国家级自然保护区、湖南西洞庭湖国家级自然保护区、九嶷山国家级自然保护区、金童山国家级自然保护区
长江经济带下游	上海市	2	上海九段沙湿地国家级自然保护区、上海崇明东滩鸟类国家级自然保护区
	江苏省	3	江苏盐城湿地珍禽国家级自然保护区、江苏大丰麋鹿国家级自然保护区、江苏泗洪洪泽湖湿地国家级自然保护区
	浙江省	10	浙江清凉峰国家级自然保护区、浙江天目山国家级自然保护区、浙江南麂列岛海洋国家级自然保护区、浙江乌岩岭国家级自然保护区、浙江大盘山国家级自然保护区、浙江古田山国家级自然保护区、浙江凤阳山—百山祖国家级自然保护区、浙江九龙山国家级自然保护区、浙江长兴地质遗迹国家级自然保护区、浙江象山韭山列岛海洋生态国家级自然保护区
	安徽省	7	安徽鹞落坪国家级自然保护区、安徽古牛绛国家级自然保护区、安徽扬子鳄国家级自然保护区、安徽金寨天马国家级自然保护区、安徽升金湖国家级自然保护区、安徽铜陵淡水豚国家级自然保护区、古井园国家级自然保护区

资料来源：国家生态环境部. 全国自然保护区名录[EB/OL].(2018-03-19)[2018-08-13]. http://www.zhb.gov.cn/stbh/zrbhq/qgzrbhqml/.

表 2 长江经济带上中下游各省市国家历史文化名城概况

所属区域	所属省市	数量	城市名称
长江经济带上游	重庆市	1	重庆市
	四川省	8	成都市、自贡市、宜宾市、阆中市、乐山市、都江堰市、泸州市、会理县
	贵州省	2	遵义市、镇远县
	云南省	6	昆明市、大理市、丽江市、建水县、巍山县、会泽县
长江经济带中游	江西省	4	南昌市、赣州市、景德镇市、瑞金市
	湖北省	5	荆州市、武汉市、襄阳市、随州市、钟祥市
	湖南省	4	长沙市、岳阳市、凤凰县、永州市
长江经济带下游	上海市	1	上海市
	江苏省	13	南京市、苏州市、扬州市、徐州市、镇江市、淮安市、无锡市、南通市、泰州市、常州市、常熟市、宜兴市、高邮市
	浙江省	10	杭州市、绍兴市、宁波市、衢州市、临海市、金华市、嘉兴市、湖州市、温州市、龙泉市
	安徽省	5	亳州市、歙县、寿县、安庆市、绩溪县

资料来源：根据网络公开资料整理。

表 3 长江经济带上中下游各省市国家 5A 级旅游景区概况

所属区域	所属省市	数量	景区名称
长江经济带上游	重庆	8	大足区大足石刻景区、巫山区小三峡—小小三峡旅游区、武隆区喀斯特旅游区（天生三硚、仙女山、芙蓉洞）、酉阳土家族苗族自治县桃花源旅游景区、綦江区万盛黑山谷—龙鳞石海风景区、南川区金佛山景区、江津区四面山景区、云阳县龙缸景区
	四川	12	成都市都江堰市青城山—都江堰旅游景区、乐山市峨眉山市峨眉山景区、阿坝藏族羌族自治州九寨沟县九寨沟景区、乐山市市中区乐山大佛景区、阿坝藏族羌族自治州松潘县黄龙风景名胜区、绵阳市北川羌族自治县羌城旅游区（中国羌城—老县城地震遗址—“5·12”特大地震纪念馆—北川羌族民俗博物馆—北川新县城—吉娜羌寨）、阿坝藏族羌族自治州汶川县汶川特别旅游区（震中映秀—水磨古镇—三江生态旅游区）、南充市阆中市阆中古城旅游景区、广安市广安区邓小平故里旅游区、广元市剑阁县剑门蜀道剑门关旅游景区、南充市仪陇县朱德故里景区、甘孜藏族自治州泸定县海螺沟景区

续表

所属区域	所属省市	数量	景区名称
	贵州	5	安顺市镇宁布依族苗族自治县黄果树瀑布景区、安顺市西秀区龙宫景区、毕节市黔西县百里杜鹃景区、黔南布依族苗族自治州荔波县樟江景区、贵阳市花溪区青岩古镇景区
	云南	8	昆明市石林彝族自治县石林风景区、丽江市玉龙纳西族自治县玉龙雪山景区、丽江市古城区丽江古城景区、大理白族自治州大理市崇圣寺三塔文化旅游区、西双版纳傣族自治州勐腊县中科院西双版纳热带植物园、迪庆藏族自治州香格里拉市普达措国家公园、昆明市盘龙区昆明世博园景区、保山市腾冲市火山热海旅游区
长江经济带中游	江西	10	九江市庐山市庐山风景名胜区、吉安市井冈山市井冈山风景旅游区、上饶市玉山县三清山旅游景区、鹰潭市贵溪市龙虎山风景名胜区、上饶市婺源县江湾景区、景德镇市昌江区古窑民俗博览区、赣州市瑞金市共和国摇篮景区、宜春市袁州区明月山旅游区、抚州市资溪县大觉山景区、上饶市弋阳县龟峰景区
	湖北	10	武汉市武昌区黄鹤楼公园、宜昌市三峡大坝—屈原故里文化旅游区、宜昌市夷陵区三峡人家风景区、十堰市丹江口市武当山风景区、恩施土家族苗族自治州巴东县神龙溪纤夫文化旅游区、神农架林区神农架生态旅游区、宜昌市长阳土家族自治县清江画廊景区、武汉市洪山区中国武汉—东湖生态旅游风景区、武汉市黄陂区木兰文化生态旅游区、恩施土家族苗族自治州恩施市恩施大峡谷景区
	湖南	8	张家界市武陵源—天门山旅游区、衡阳市南岳区衡山旅游区、湘潭市韶山市韶山旅游区、岳阳市岳阳楼—君山岛景区、长沙市岳麓区岳麓山—橘子洲旅游区、长沙市宁乡市花明楼景区、郴州市资兴市东江湖旅游区、邵阳市新宁县崀山景区
长江经济带下游	上海	3	浦东新区东方明珠广播电视塔、浦东新区上海野生动物园、浦东新区上海科技馆

续表

所属区域	所属省市	数量	景区名称
	江苏	23	苏州市姑苏区苏州园林（拙政园—留园—虎丘）、苏州市昆山市周庄古镇景区、南京市玄武区钟山—中山陵风景名胜区（明孝陵—音乐台—灵谷寺—梅花山—紫金山天文台）、无锡市滨湖区中央电视台无锡影视基地三国水浒城景区、无锡市滨湖区灵山大佛景区、苏州市吴江区同里古镇景区、南京市秦淮区夫子庙—秦淮河风光带（江南贡院—白鹭洲—中华门—瞻园—王谢故居）、常州市新北区环球恐龙城景区（中华恐龙园—恐龙谷温泉—恐龙城大剧院）、扬州市邗江区瘦西湖风景区、南通市崇川区濠河风景区、泰州市姜堰区溱湖国家湿地公园、苏州市吴中区金鸡湖国家商务旅游示范区、镇江市三山风景名胜区（金山—北固山—焦山）、无锡市滨湖区鼋头渚旅游风景区、苏州市吴中区太湖旅游区（旺山—穹窿山—东山）、苏州市常熟市沙家浜—虞山尚湖旅游区、常州市溧阳市天目湖景区（天目湖—南山竹海—御水温泉）、镇江市句容市茅山景区、淮安市淮安区周恩来故里景区（周恩来纪念馆—周恩来故居—驸马巷历史街区—河下古镇）、盐城市大丰区中华麋鹿园景区、徐州市泉山区云龙湖景区、连云港市海州区花果山景区、常州市武进区春秋淹城旅游区
	浙江	16	杭州市西湖区杭州西湖风景区、温州市乐清市雁荡山风景区、舟山市普陀区普陀山风景区、杭州市淳安县千岛湖风景区、嘉兴市桐乡市乌镇古镇旅游区、宁波市奉化区溪口—滕头旅游景区、金华市东阳市横店影视城景区、嘉兴市南湖区南湖旅游区、杭州市西湖区西溪湿地旅游区、绍兴市越城区鲁迅故里—沈园景区、衢州市开化县根宫佛国文化旅游区、湖州市南浔区南浔古镇景区、台州市天台县天台山景区、台州市仙居县神仙居景区、嘉兴市嘉善县西塘古镇旅游景区、衢州市江山市江郎山·廿八都旅游区
	安徽	11	黄山市黄山区黄山风景区、池州市青阳县九华山风景区、安庆市潜山县天柱山风景区、黄山市黟县皖南古村落—西递宏村、六安市金寨县天堂寨旅游景区、宣城市绩溪县龙川景区、阜阳市颍上县八里河风景区、黄山市徽州区古徽州文化旅游区（徽州古城—牌坊群·鲍家花园—唐模—潜口民宅—呈坎）、合肥市肥西县三河古镇景区、芜湖市鸠江区方特旅游区、六安市舒城县万佛湖风景区

资料来源：国家文化和旅游部. 国家5A级旅游景区名录[EB/OL]. (2017-09-02)[2018-08-16]. http://zt.mct.gov.cn/was5/web/search?searchword=%28doctitle%3D%27%25%25%27%29+and+%28AADDRESS%3D%27%E6%B9%96%E5%8C%97%27%29+and+%28AYEAR%3D%27%27%29&searchword2=&perpage=&templet=&token=&channelid=211942&AADDRESS=%E6%B9%96%E5%8C%97&AYEAR=.

附录 2　湖北省旅游资源概况

表 1　湖北省世界遗产概况

序号	名称	遗产类别	所属市州	所属圈域
1	武当山古建筑群	世界文化遗产	湖北省十堰市	鄂西圈
2	明清皇家陵寝（明显陵、清东陵、清西陵）	世界文化遗产	湖北省钟祥市	鄂西圈
3	土司遗址（湖南、湖北、贵州）	世界文化遗产	湖北省恩施州	鄂西圈
4	神农架	世界自然遗产	湖北省神农架林区	鄂西圈

资料来源：UNESCO. World Heritage List [EB/OL]. (2018-07-02) [2018-07-31]. http://whc.unesco.org/en/list/.

表 2　湖北省国家级自然保护区概况

序号	名称	所属市州	所属圈域
1	湖北青龙山恐龙蛋化石群国家级自然保护区	湖北省十堰市	鄂西圈
2	湖北神农架国家级自然保护区	湖北省神农架林区	鄂西圈
3	湖北五峰后河国家级自然保护区	湖北省恩施州	鄂西圈
4	湖北石首麋鹿国家级自然保护区	湖北省荆州市	鄂西圈
5	湖北长江天鹅洲白鱀豚国家级自然保护区	湖北省荆州市	鄂西圈
6	湖北长江新螺段白鱀豚国家级自然保护区	湖北省荆州市	鄂西圈
7	湖北星斗山国家级自然保护区	湖北省恩施州	鄂西圈
8	湖北九宫山国家级自然保护区	湖北省咸宁市	武汉城市圈
9	湖北七姊妹山国家级自然保护区	湖北省恩施州	鄂西圈
10	湖北洪湖湿地国家级自然保护区	湖北省荆州市	鄂西圈
11	湖北龙感湖国家级自然保护区	湖北省黄冈市	武汉城市圈

续表

序号	名称	所属市州	所属圈域
12	湖北赛武当国家级自然保护区	湖北省十堰市	鄂西圈
13	湖北木林子国家级自然保护区	湖北省恩施州	鄂西圈
14	湖北堵河源国家级自然保护区	湖北省十堰市	鄂西圈
15	湖北十八里长峡国家级自然保护区	湖北省十堰市	鄂西圈
16	湖北洪湖国家级自然保护区	湖北省荆州市	鄂西圈
17	湖北南河国家级自然保护区	湖北省襄阳市	武汉城市圈
18	湖北大别山国家级自然保护区	湖北省黄冈市	武汉城市圈
19	湖北长阳崩尖子国家级自然保护区	湖北省宜昌市	鄂西圈
20	湖北大老岭国家级自然保护区	湖北省宜昌市	鄂西圈
21	湖北五道峡国家级自然保护区	湖北省襄阳市	武汉城市圈

资料来源：国家生态环境部. 全国自然保护区名录[EB/OL].(2018-03-19)[2018-08-13]. http://www.zhb.gov.cn/stbh/zrbhq/qgzrbhqml/.

表 3　湖北省国家 5A 级旅游景区概况

序号	名称	评定时间	所属市州	所属圈域
1	武汉市武昌区黄鹤楼公园	2007 年	武汉市	武汉城市圈
2	宜昌市三峡大坝—屈原故里文化旅游区	2007 年	宜昌市	鄂西圈
3	宜昌市夷陵区三峡人家风景区	2011 年	宜昌市	鄂西圈
4	十堰市丹江口市武当山风景区	2011 年	十堰市	鄂西圈
5	恩施州巴东县神龙溪纤夫文化旅游区	2011 年	恩施州	鄂西圈
6	神农架林区神农架生态旅游区	2012 年	神农架林区	鄂西圈
7	宜昌市长阳土家族自治县清江画廊景区	2013 年	宜昌市	鄂西圈
8	武汉市洪山区中国武汉－东湖生态旅游风景区	2013 年	武汉市	武汉城市圈
9	武汉市黄陂区木兰文化生态旅游区	2014 年	武汉市	武汉城市圈
10	恩施州恩施市恩施大峡谷景区	2015 年	恩施州	鄂西圈

资料来源：国家文化和旅游部. 国家 5A 级旅游景区名录[EB/OL].(2017-09-02)[2018-08-16]. http://zt.mct.gov.cn/was5/web/search?searchword=%28doctitle%3D%27%25%25%27%29+and+%28AADDRESS%3D%27%E6%B9%96%E5%8C%97%27%29+and+%28AYEAR%3D%27%27%29&searchword2=&perpage=&templet=&token=&channelid=211942&AADDRESS=%E6%B9%96%E5%8C%97&AYEAR=.

附录 3　长江经济带各省市旅游经济概况

表　2001—2016 年长江经济带各省市旅游总收入(单位:亿元)

地区	2001	2002	2003	2004	2005	2006	2007	2008	2009	2010	2011	2012	2013	2014	2015	2016
上海市	954	1181	1248	1470	1597	1726	1954	1952	2238	2941	3150	3568	3288	3301	3388	3893
江苏省	743	916	1068	1434	1806	2228	2759	3195	3771	4600	5512	6444	7083	8146	9050	10264
浙江省	586	710	768	1010	1379	1690	2026	2250	2644	3313	4080	4801	5536	6301	7139	8093
安徽省	186	216	197	266	309	412	576	731	909	1151	1901	2618	3010	3430	4120	4932
江西省	161	191	197	241	320	391	464	559	676	818	1106	1403	1896	2650	3638	4993
湖北省	354	408	343	410	473	540	641	744	1004	1461	1993	2630	3206	3752	4309	4879
湖南省	211	246	294	372	454	588	733	852	1099	1426	1786	2234	2682	3051	3713	4707
重庆市	178	219	204	260	301	346	444	562	703	918	1269	1662	1771	2003	2251	2645
四川省	314	380	421	566	721	980	1217	1092	1473	1886	2449	3280	3877	4891	6211	7706
云南省	257	290	307	369	430	500	599	663	811	1006	1300	1703	2111	2666	3282	4726
贵州省	81	106	117	168	251	387	513	652	805	1061	1429	1860	2371	2896	3513	5028

资料来源:国家旅游局. 中国旅游统计年鉴 2001—2017[M]. 北京:中国旅游出版社,2001—2017.

附录 4 湖北省各市州旅游经济概况

表 2001—2016 年湖北省各市州旅游总收入(单位:亿元)

市州	2001	2002	2003	2004	2005	2006	2007	2008	2009	2010	2011	2012	2013	2014	2015	2016
鄂州市	7	8	7	7	7	8	9	10	13	18	25	32	42	50	58	53
恩施州	2	2	1	1	2	11	18	24	29	51	86	120	148	200	250	300
黄冈市	5	6	7	14	16	20	28	26	30	44	56	75	78	100	122	151
黄石市	2	3	4	5	7	9	13	19	24	41	51	55	66	72	94	118
荆门市	9	10	9	12	14	16	19	21	30	41	53	75	91	108	130	147
荆州市	8	9	12	15	18	22	28	32	35	51	70	91	111	138	165	200
潜江市	3	3	3	3	3	3	3	2	2	3	3	3	3	3	3	3
神农架林区	1	1	1	2	2	2	2	3	6	8	10	14	19	25	31	40
十堰市	17	20	17	22	25	29	32	42	62	89	119	161	202	243	300	361
随州市	6	7	8	10	13	14	15	18	26	38	52	74	91	97	110	125
天门市	1	1	1	1	1	2	1	1	2	3	4	4	5	6	7	8
武汉市	161	198	160	203	235	266	314	374	509	750	1054	1396	1690	1949	2189	2503
仙桃市	2	2	2	2	2	3	3	3	3	7	9	12	12	14	15	18
咸宁市	7	8	11	12	14	15	15	21	34	59	78	108	130	172	206	243
襄阳市	28	28	20	25	29	35	41	48	62	88	118	151	181	221	262	297
孝感市	6	7	9	11	14	17	25	30	37	47	58	71	84	100	115	132
宜昌市	25	31	38	48	57	65	72	65	79	104	141	200	260	336	450	602

资料来源:湖北省旅游局. 湖北旅游便览(2002—2017)[Z]. 2002—2017.

后　记

这本书是我学术生涯的第一本专著，也是在我博士学位论文的基础上修改、完善而来的，将它付梓出版是我多年来的一个念想，以此致敬我二十余年的求学生涯。如今回忆起准备博士学位论文时的迷茫、彷徨和后来的拨云见日、豁然开朗，不禁觉得所有过往皆是序章，一切安排都是最好的安排。

深深感谢我的授业恩师——曾菊新教授。当年跨学科读博的艰辛令我踟蹰不前，如果没有曾老师不厌其烦地悉心指导和孜孜教诲，我根本无从完成博士学位论文。深深感谢曾老师在我深陷无助和沮丧时予以我的莫大鼓励和帮助，以及对一个天资愚钝的学生在完成学业的过程中所给予的极大帮助、宽容和理解。曾老师博大精深的渊博学识、严谨求实的治学态度、宽容豁达的处事风范、运筹帷幄的从容气魄值得我终生学习。

还要特别感谢王宏志教授和谢双玉教授对书稿结构和内容所提出的建设性意见，她们的慷慨、无私和坦荡深深令我动容。感谢华中师范大学城市与环境科学学院的罗静教授、周勇教授、龚胜生教授、余斌教授、吴宜进教授、刘嗣明教授、刘仁忠教授，华中农业大学韩桐魁教授，在论文开题、调研、写作、预答辩和答辩过程中给予我的热心指导。感谢中国旅游研究院武汉分院院长胡静教授和我的同事们谢双玉教授、徐东文教授、黄翔教授、李星明教授、冯娟老师、程绍文老师、王晓芳老师、龚箭老师、李艳老师、辜红老师、张祥老师、李亚娟老师和张春燕老师对我工作上的帮助和照顾。

感谢我硕士阶段的线校——北京第二外国语学院为我们提供了绝佳的学习机会。感谢我的硕士生导师、现任中国旅游研究院院长戴斌教授，你的谆谆教诲我始终铭记。

感谢研究生肖婉霜和王琦协助我制作了文中的部分图件。感谢王靖雯等2014级和2016级旅游管理专业本科生帮我搜集了部分原始数据。感谢我的研究生闫玥汝、张一岳、王乔木帮我整理了部分文献资料，刘朝阳、许建波、刘丽、杨煊杰和苏伟志帮我校对了初稿。

感谢华中师范大学出版社的编辑陈良军老师为本书付出的心血，谢谢您们的辛苦工作。

谢谢我的家人。2018 年提交初稿时我尚身怀六甲，如今已是俩娃的妈，愿两个宝贝健康快乐地成长，愿我的家人平安喜乐。

本书的研究和出版还得到了国家自然科学基金“鄂西山区旅游地农户生计脆弱性引致返贫的风险评估及预警机制研究”（项目号：42001172）、教育部人文社会科学研究基金“中国旅游扶贫政策绩效评估及长效减贫机制研究——以鄂西生态文化旅游圈为例”（项目号：16YJC630097），以及 2018 年度华中师范大学出版基金的联合资助，在此谨致谢忱！

这是一个结束，也是一个开始。

乔花芳

2020 年 12 月 8 日于桂子山